21 世纪战略创新系列

U0369341

Crisis Management Strategy

危机管理战略

（修订本）

余明阳　张慧彬 等编著

清 华 大 学 出 版 社

北京交通大学出版社

·北京·

有人以 2003 年非典事件作为分水岭，提出 2003 年以后中国开始进入危机的高发期。2003 年以后的 5 年，所发生的危机事件，比此前的 5 年要多出数倍。究其原因，大概有这么几条。（1）互联网和手机的普及，使得信息传播管道被空前放大。一个以前可能很难传播的信息，现在可以在瞬间传播到千家万户，无论是深圳林嘉祥猥亵女童案，还是南京的周久耕"最牛局长"事件；无论是周正龙的"纸老虎"事件，还是"躲猫猫"闹剧，无法设想，如果没有互联网，信息传播会如此迅速。因此，Web 2.0 时代的今天，信息的传播，无疑进入了全方位、全天候、全系统的高速公路时代。（2）民众民主意识的提升。随着社会的开明，人们的民主意识和维权意识空前高涨，社会的正义感也被迅速放大，成为主流舆论，也成为揭露社会不公、披露人间黑幕的重要推手，以至于网民们屡屡使用人肉搜索这样法律边缘的手段来倡导和维护社会的公正和人权。（3）政府管理的日益透明与包容。随着中国的民主化进程的加剧，科学发展观理念和和谐社会的意识逐步深入人心，政府将越来越多的权利还给人民。即便对于一些有所偏差和偏激的言论，也有了更高的包容心。（4）前几年高速发展所留下的后遗症日益显现。一方面类似豆腐渣工程逐步开始出现恶果；另一方面，由于盲目发展破坏生态破坏环境开始得到了应有的报复。更多的是，高速发展所带来的一俊遮百丑的管理现在开始到了需要清理、反思和提升的时候。记得美国在 20 世纪初曾经出现过一个轰轰烈烈的"扒粪运动"，并由此诞生了以艾维·李和爱德华·伯内斯为代表的公共关系大师。历史的许多进程是无法超越的，中国的民族强盛也需要走过这样的阶段。这大概是中国这几年危机频发的主要原因。

正像人的生命与危险永远共存一样，企业和组织的发展与危机事件也是永恒共生的。任何企业和任何组织都不可能说自己与危机无缘，而危机可以在顷刻之间将企业、组织和品牌彻底击毁。有道是只有充满危机感的人，才能真正避免危机。因此，全社会和所有的企业、组织和个人，都必须对危机有足够的重视和充分的关注。

同样的，危机也并不可怕。既然谁都会碰到，也就没必要大惊小怪。直面现

I

实，诚信相对，才是最好的出路。

危机之中，既有危难也有机遇，人心都是肉长的，只要处理得当，危难会变成机遇，坏事也会变成好事。因此，大可不必谈危机色变，更不应该讳疾忌医。

然而，人们处理危机的思路和方法，又显得简单和生硬。通常的做法是，控制媒介，引导舆论，掩盖事态，大事化小，小事化了。而事实上，危机的产生具有偶然性，但危机的根源具有必然性。危机是由多种原因在一定要素的共振之下而产生的，光靠表面的灭火显然难以解决全部的问题。有人把她比喻为，一个人因为炎症而发高烧，我们在退烧的同时，更应当关注的是，去除炎症。从某种意义上讲，发烧只是炎症的外部表征，它提醒人们要充分重视内部炎症。如果发烧这样的预警机制被简单屏蔽，而内部的炎症并没有消除，将会对人体的机能产生巨大的破坏。就好像火灾发生时火灾警报骤然响起，我们应当去灭火而不是简单地关闭火灾警报。

正是基于这样的考虑，我们于 2008 年在武汉大学出版社出版了《品牌危机管理》，从品牌危机的角度提出了一系列的思考。当然，即便是品牌的危机，其原因未必在于品牌本身，所以，对危机的思考应该是系统的、全方位的。因此，我和我的团队同时着手编写了这一本教材。

本教材由我提出每一章的基本结构与观点，由上海第二工业大学张慧彬老师协助我组织团队共同编写，具体分工如下：序，余明阳；第 1 章，张慧彬；第 2 章，周少慧、张慧彬；第 3 章，陈晞；第 4 章，吴霏；第 5 章，张慧彬；第 6 章，张慧彬；第 7 章，张慧彬；第 8 章，程洁、张慧彬；第 9 章，程洁、张慧彬；第 10 章，陈晞、张慧彬；第 11 章，王悦；第 12 章，张慧彬。参与修改的有王悦、刘柳。张慧彬校阅了全部书稿，我负责最后审定。主编对全书的核心观点负责，作者对具体的文字原创性负责。

我们的团队组合时间比较短，手头资料有限，研究的深度也很不足。我们只是希望抛砖引玉，让更多的同仁来关注危机，研究危机管理。在此，我们特向已注明出处和未注明出处的学者致以我们诚挚的谢意。我们也有信心，通过不断的修正，来逐步完善这一学科和体系。

本书的完成以及其他书稿的完成都特别感谢责任编辑赵彩云老师，她敏锐的选题眼光和认真务实的态度给我们留下了深刻的印象。

余明阳

2009 年 8 月

第 1 章

危机管理概说

危机的定义与特征

危机管理的定义、职能及原则

第 1 章

危机管理概说

内容提要

（1）危机是对组织的基本价值和行为架构产生严重威胁，要求组织在时间紧迫的情况下作出决策的情境状态。它具有突发性、不确定性、紧迫性、破坏性、无序性、隐蔽性、扩散性等特点。

（2）从危机的生命周期的角度来考察危机管理，是指组织通过危机的事前监控、事中处理与事后恢复，最大限度地降低或消除危机带来的损害的一系列过程，具有可预防性、系统性、灵活性、开放性四大特征，以及危机监测与预防、危机决策与评估、危机组织与领导、危机控制、危机创新等五项主要职能。正确认识危机及危机管理是组织有效地避免危机与应对危机的前提。

从 20 世纪 30 年代的美国金融危机到 20 世纪 80 年代初的强生公司"泰诺"药片危机，再到 2008 年三鹿集团三聚氰胺事件继而引爆的全国乳业危机，一直以来，随着社会的发展与进步，危机并没有消亡的趋势，而是始终隐匿在社会的某个角落，时刻伺机而动。尤其在当今互联网迅速发展、全球化趋势日趋明显的背景下，信息的触角已延伸到世界的各个角落，海量信息的共享与通信技术的发达日益成为危机"崭露锋芒"的温润土壤，危机不仅未显颓势，反而愈演愈烈。在此背景下，加快对各种危机的理论研究与实践探讨便具有格外重大的意义。

1.1 危机的定义与特征

1.1.1 危机的定义

危机（Crisis）一词来源于希腊语中的 Krinein，其原始含义是指筛选、鉴别。后来随着人类的发展，人们赋予它的含义也逐渐发生了变化。一些主要的工具书对"危机"都有相关的定义。

英文《韦伯辞典》将危机定义为：有可能变好或变坏的转折点或关键时刻。

《朗曼现代英语词典》对危机的解释是：① 严重疾病突然好转或者恶化的转折点；② 事物发生过程中的一个转折点、不确定的时间或状态、非常危险或者困难的时刻。

《牛津词典》对危机的定义是：① 危险和非常困难的时期；② 决定性的瞬间或转折点。

《现代汉语词典》对危机的界定：① 危险的根由，如危机四伏；② 严重困难的关头，如经济危机、人才危机。

在学界，多年来许多学者在该领域不懈努力与探索，从不同角度对危机进行过界定。

危机研究的先驱赫尔曼（Hermann）认为：危机是指一种情境状态，在这种形势中，其决策主体的根本目标受到威胁，作出决策的反应时间很有限，形势的发生也出乎决策主体的意料。

福斯特（Forster）认为危机具有四个显著特征：亟须快速作出决策、严重缺乏必要的训练有素的员工、严重缺乏物质资源、处理时间有限。

危机研究专家罗森塔尔和皮恩伯格（Rosenthal and Pijnenburg）：危机是对一个社会系统的基本价值和行为架构产生严重威胁，并且在时间性和不确定性很强的情况下必须对其作出关键性决策的事件。

经济学家巴顿（Barton）：危机是一个会引起潜在负面影响的具有不确定性的事件，这种事件及其后果可能对组织及其员工、产品、资产和声誉造成巨大的伤害。

班克思（Banks）：危机是对一个组织、公司及其产品或名声等产生潜在的负面影响的事故。

里宾杰（Lerbinger）：对于企业未来的获利性、成长乃至生存发生潜在威胁的事件。他认为，一个事件发展为危机，必须具备以下三个特征：一是该事件对企业造成威胁，管理者确信该威胁会阻碍企业目标的实现；二是如果企业没有采取行动，局面会恶化且无法挽回；三是该事件具有突发性。

国内学者胡百精：危机是由组织外部环境变化或内部管理不善造成的可能破坏正常秩序、规范和目标，要求组织在短时间内作出决策，调动各种资源，加强沟通管理的一种威胁性形势或状态。

上述关于危机的诸多定义，都从不同视角揭示了危机的特点。如赫尔曼的定义注意到了危机的突发性与紧迫性；罗森塔尔和皮恩伯格则强调了危机的威胁性；巴顿将危机的影响扩大到了组织及其员工、产品、资产和声誉的层面；胡百精则从传播学视角，注意到了危机的诱因及沟通的重要性。综合以上定义，我们认为危机是对组织的基本价值和行为架构产生严重威胁，要求组织在时间紧迫的情况下作出决策的情境状态。

在我们对危机的类型与特征进行分析之前，有必要先进一步廓清危机的概念。

1. 危机与风险

"危机"（Risk）与"风险"（Crisis）两个词虽在字形、字音上相去甚远，但词义却有诸多共通之处，以至于人们经常将两者混为一谈。正确认识危机首先必须理清两者之间的关系。

目前，经济学家、统计学家、决策理论家和保险界学者对风险概念的认识主要有以下四种：① 风险是损失发生的可能性（或机会）；② 风险是损失的不确定性；③ 风险是实际结果与预期结果的偏差；④ 风险是实际结果偏离预期结果的概率。综合上述观点，"风险是指损失的不确定性"，这里的损失是指对人、企业和政府等经济主体的生存权益或者财产权益产生不利影响的事故。[①]

从定义出发，风险的定义比危机的定义要宽泛一些，风险所具有损害性、不确定性、突发性等特征，危机也同样具有，但危机更加强调紧迫性。

从损害程度上来看，危机所造成的损害通常比风险要严重。风险是指可能出现的损害或危险，而危机是指即将或已经形成的威胁或损害。两者的区别从两则新闻标题中可见一斑——"亚洲金融：危机尚远　风险仍多"[②]、"危机缓和风险尚存——下半年世界经济走势分析"[③]。

从时间上来看，风险是危机的萌芽阶段，是危机的前奏，而危机是风险的外化与显化。因此，风险管理通常被视作危机预警管理的一部分。

2. 危机是事故、事件还是状态

事故是使一项正常进行的活动中断，且有时造成人身伤亡或设备损毁的意外事件，可以认为是由于未能识别危险或控制危险的现有系统不合适造成的。较危机而言，它同样具有突发性、破坏性等特点。但两者在影响程度上还是有所不同的：事故影响较小，是对组织的局部破坏，而危机影响较大，容易对组织造成根本性的损害。保夏特（Pauchant）和米德罗夫（Mitroff）曾举了一个很形象的例

---

① 刘钧. 风险管理概论. 北京：清华大学出版社，2008：11.
② 《经济参考报》，2000 年 9 月.
③ 《新闻周刊》，1999 年 6 月.

子来说明二者之间的区别：一个工厂里的水龙头坏了，如果仅仅导致会议时间被拖延，那就是事故；但如果由此造成工厂停产，甚至引起倒闭，那就成为了危机。

事件是历史上或社会上发生的不平常的大事情，如政治事件。较之事故，它强调的是非正常性，而不是损害性。从对危机的界定来看，罗森塔尔和皮恩伯格、巴顿、里宾杰等学者都将危机视作一种"事件"，而赫尔曼、胡百精等人将危机定义为一种"状态"。诚然，危机常常由特定的事件引发，其表现形式也主要是突发性的、具有威胁性的事件，但事件一词并不能完整地反映出危机状态下组织内外交困、基本价值和行为架构面临全方位威胁的情境。因此，将危机定义为状态能帮助我们更深刻地认识到危机的本质，同时也有助于我们建立更全面的危机预警机制及应对机制。

1.1.2 危机的特征

毛泽东曾经说过："不但事物发展的全过程中的矛盾运动，在其相互联结上，在其各方面情况上，我们必须注意其特点，而且在过程发展的各个阶段中，也有其特点，也必须注意。"可见，认识事物的特点，对我们抓住事物的本质、进一步廓清事物的内涵有着举足轻重的作用。从上述对危机的定义出发，我们发现危机具有突发性、不确定性、紧迫性、破坏性、无序性、隐蔽性、扩散性等特征。

1. 突发性

危机的爆发是量变到质变的结果，然而遗憾的是，其量变的过程总是不易引起人们的注意，偶尔露出端倪，也不总是会被纳入预警的视野。因此，现实中危机总是呈现出突发性的特征，2001 年美国"9·11"恐怖袭击事件、2003 年 4 月中国"非典"疫情的爆发都是如此。突发性是危机的首要特性，正是由于危机这一特征导致了危机处理的紧迫性与无序性、增强了危机的破坏性、增添了危机的不确定性。

2. 不确定性

危机的发生无论从表现的形式、波及的范围、造成的影响等方面来看，还是从危机变化发展的方向、资源的供给来看都体现出了极大的不确定性。不确定性是危机的重要属性。

美国联合碳化物公司是美国最早生产石油化工产品的企业之一。1984 年 12 月 3 日凌晨，印度博帕尔市郊联合碳化物公司农药厂的一个装有 45 吨液体剧毒性异氰酸钾酯的储气罐阀门失灵，罐内的剧毒化学物质泄漏了出来，一个小时之后，毒气形成的剧毒烟雾已笼罩了整座城市，致使中毒人数达20多万人，10万余人终生残废，5万人双目失明，3 000多人死亡。一时间新闻媒介的记者、环境组织的代表、政治家、毒气专家都介入了这场灾难。有关博帕尔事故的报道在其发生后几小时里就出现在报纸的头版，成了头条新闻，电视广播也在主要的新闻节目中对事故进行了专门报道。整整一个多月，这一事件成了新闻报道的热点。这起毒气泄漏事件给联合碳化物公司也带来了巨大损失，事后印度政府向联合碳化物公司索赔139亿美元。

从案例中可以看到，危机的突然爆发、波及之广、影响程度之重、发展演变之迅速，相信都是美国联合碳化物公司始料未及的，诸多的不确定性迫使企业在危机时刻必须作出迅速的反应。

3. 紧迫性

危机的紧迫性主要体现在时间紧迫、资源匮乏、信息不畅三个方面。从时间上来看，危机一旦爆发就呈扩散趋势，反应迟钝必然会导致愈加严重的损失，所以在危机处理过程中，人们常常以"分"、"秒"为单位争取时间，迅速正确的决策往往能力挽狂澜，阻止或延缓危机的连锁反应。

2005年5月25日，浙江省工商局公布的一份儿童食品质量抽检报告指出，"雀巢金牌成长奶粉3＋"被发现碘含量超过国家标准要求，要求本省商家对相关商品下架。据悉，工商局在对外公布检测结果前给雀巢公司15天的时间让它说明情况，然而在这15天里，雀巢公司既不说明情况也不申辩。当晚，中央电视台《经济半小时》栏目播出了《雀巢早知奶粉有问题》节目，与此同时，这一消息还被各大媒体报道、刊载，使雀巢一下子陷入了难以脱身的泥淖。从5月10日获得危机信息到25日危机的全面爆发，雀巢公司原本有足够的时间采取相应的措施，结果却一拖再拖，无视危机的紧迫性，错过了处理危机的最佳时机。

从资源角度来看，一方面，危机中人力、物力、财力往往会遭受到不同程度的破坏；另一方面，危机处理中对资源的整合与有效配置却有赖于拥有大量可支配的资源，因此，资源的匮乏无疑为危机的处理带来了新的挑战。

从信息层面来看，危机对组织的基本价值、行为架构、运营体系等多方面的冲击，必然导致信息渠道的不畅及信息内容的混乱与无序，这都构成了危机紧迫性的重要诱因。

4. 破坏性

所有的危机都必然会不同程度地造成损害，破坏性是危机的本质属性。危机的破坏性可以是有形的，如危机造成的人员伤亡、财产损失、对社会秩序的破坏等；还可以是无形的，如企业形象的损害、声誉的下跌、公信力的下降等。现实中，危机的有形损害通常伴随着无形损害，而随着无形损害的蔓延，有形损害常呈现出扩大的趋势。

9·11 事件是珍珠港事件以来美国遭受到的最惨重的袭击。美国东部时间 2001 年 9 月 11 日早晨八时四十分，恐怖分子劫持了四架美国民航飞机进行自杀式恐怖袭击，其中两架撞击位于纽约的世界贸易中心，一架袭击了首都华盛顿五角大楼——美国国防部总部所在地。世贸中心的两幢 110 层大楼在遭到攻击后相继倒塌，附近多座建筑也受震而坍塌，而五角大楼的部分结构被大火吞噬。据统计，在事件中共有 2 986 人死亡，包括美国纽约地标性建筑世界贸易中心双塔在内的 6 座建筑被完全摧毁，其他 23 座高层建筑遭到破坏，美国国防部总部所在地五角大楼遭到局部破坏，部分墙面坍塌，美国经济同样遭到严重打击。救援活动持续了数月，仅事发现场的清理工作就持续到次年年中。

美国 9·11 事件一周后，一位政府经济官员在哀痛的同时指出，造成的美国最大的损失不是人员的死亡、不是几栋坍塌的大楼，更不是股市的持续下滑，而是美国公民对政府的信任危机：他们对这样的政府是否有能力保护自己产生了怀疑，他们的消费激情、工作激情、创作激情遭到了前所未有的打击。①

该事件还在心理上对美国民众造成了前所未有的影响。恐怖袭击发生后的半年内，寻求心理治疗的多是幸存者、他们的亲属、救援人员以及常看有关节目的电视观众。随后，有关当局不止一次地发出可能再次发生恐怖袭击的警报，使得人们感到前途未卜。有公司官员反映，越来越多的职工反映他们的情绪紧张焦虑且失眠；纽约市消防局 100 多人因精神紧张告假；一些向来镇静和自信的人现在开始服用安眠药和镇静剂，越来越多的人向心理医生咨询。休假在家的一位消防队员说，他即使在同孩子玩耍时脑海里也会浮现出他在"9·11"事件后在现场捡拾遇难人员残肢的场面。②

从上述案例中可以看到，9·11 恐怖袭击不仅造成了大量的人员伤亡、建筑物破坏等有形的损坏，还在一定程度上影响了市民的心理健康，造成了市民对政府的信心下降等无形的危害。这些无形危害的形成与蔓延，部分又会以有形损害的形式表现出来，如股市的下跌、经济的下滑无不与这些无形的损害相关。可见，在危机的处理过程中，一方面要关注危机造成的有形损害，另一方面，也决不能对危机的无形损害掉以轻心。

---

① http://www.chinamtcm.com/html/31611 – 5.htm,2006 – 04 – 27.
② "9·11"事件在美国人中的心理创伤依然存在. 新华网，2002 – 03 – 06.

5. 隐蔽性

隐蔽性与突发性凸显了危机从积累到爆发阶段的特征。危机的隐蔽性是一个动态的过程，它是危机量变的阶段。应注意到，危机具有的隐蔽性虽构成了危机预警的难点，但并不意味着在危机爆发之前我们都毫无察觉或者束手无策。组织树立正确的危机意识、建立有效的危机预警机制有助于其及早发现危机，并将之消除在萌芽状态。

6. 扩散性

危机的影响与危害是具有高度扩散性的，尤其是在当今互联网普及、通信技术发达、传播手段日趋多元化、信息呈几何级数增长的背景下，危机一旦爆发，一夜之间几乎就人尽皆知。危机的扩散性还体现为危机的涟漪效应，牵一发而动全身的系列危机也日益常见，三鹿集团危机引爆的全国乳业危机就是明证。

危机的高度扩散性在危机管理过程中表现为时间上的紧迫性，同时也凸显了危机中的媒介管理与沟通管理的重要性。

1.1.3　危机的类型

认识危机的类型是正确处理与应对危机的首要环节，也为制定相关的危机管理战略提供了重要的依据。危机的分类根据不同的标准可划分为多种类型。

1. 按照危机的性质划分

按照危机的性质划分，危机可分为自然危机与人为危机。自然危机是指非人为原因引发的危机，如暴雪引发的城市交通瘫痪、地震造成的人员伤亡与财产损失等；人为危机即由人为的原因引发的危机，如企业内部财务危机、恐怖活动、破坏性事件等。

2. 按照危机产生的诱因划分

按照危机产生的诱因划分，危机可分为外生型危机、内生型危机以及内外双生型危机。外生型危机是指由于外部环境的变化带来的危机，如禽流感疫情爆发引发的与"鸡"相关产业的危机；内生型危机主要是指由于组织内部要素的异化、管理不善等原因造成的危机，如上文提到的雀巢奶粉碘超标事件就是由企业内部管理不善造成的。

然而，现实中的危机常常是企业外部环境变化与内部管理不善等因素交叉作用的结果，很难清晰地划定两者的边界，故许多危机都表现出内外双生的性质。下面以美国克莱斯勒汽车公司为例，看看企业的外部环境与内部管理是如何交互影响、共同作用产生危机的。

美国克莱斯勒汽车公司建于 1925 年，是美国三大汽车公司之一，总部设在底特律。在 20 世纪 40 年代公司为降低成本一直不肯改进原有车型，墨守成规，未进行重大技术改革，因而丧失了迅速扩张市场的时机，丢掉了很大一部分市场份额。1979 年，中东石油价格暴涨，美国出现了经济危机，汽车行业首当其冲。为了应付国际原油价格上涨以及激烈的市场竞争，公司被迫将大部分重要的国外资产处理或改组。此时由于油价的上涨，消费者日益倾向选购节能、价低的小型车，而克莱斯勒公司此次又错估了形势，在重要转型时期没有迅速调整生产方向，而是继续保持大型车的生产，导致克莱斯勒汽车在国内市场上的销售比重仅占 8.1%，库存积压 8 万余辆，亏损 11 亿美元，积欠各种债务达 48 亿美元，几乎濒临倒闭。

国内学者胡百精曾尝试将以上两种分类维度结合起来，建立了一个开放的危机的类型模型（见图 1 – 1）。

该模型包含如下基本点[①]。第一，危机类型可以划分为两组对立的基本形态：人为危机与非人为危机、内部危机与外部危机。第二，图中 ACO 区域指示由外部人为原因引发的危机；BCO 区域指示由内部人为原因引发的危机；ADO 区域指示外部非人为原因引发的危机；DBO 区域指示内部非人为原因引发的危机。第三，图中将危机系统置于 X 轴与 Y 轴构成的坐标系下，是为了体现危机生成与发展的动态性和开放性。第四，ACBD 形成的圆环系统指示由各种要素交织于一体而引发的复合性危机。第五，O 点代表在各类危机诱因的相互作用下，最终促成危机爆发的"燃点"。

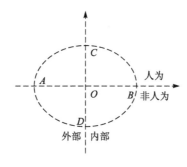

图 1 – 1　胡百精建立的模型

该模型虽对危机的类型进行了更为细致的划分，但由于危机诱因的复杂性，其在实践中可能缺乏一定的可操作性。

---

① 胡百精．危机传播管理．北京：中国传媒大学出版社，2005：12.

3. 按照危机的影响范围划分

按照危机的影响范围划分，可划分为国际危机、国内危机和组织危机。如全球能源危机、国家之间的外交危机都属于国际危机范畴；5·12 汶川地震、非典事件、社会骚乱、武装冲突都可视作国内危机；上文提到的克莱斯勒汽车公司危机、雀巢奶粉危机都是组织危机。

此外，还有学者根据危机中的不同利益主体将危机划分为一致性危机、冲突性危机；按危机发生的不同方式将危机划分为渗透性危机、定期性危机、突发性危机等。

1.2 危机管理的定义、职能及原则

1.2.1 危机管理的定义

我们认识危机是为了更好地把握与应对危机，并且尽可能地转危为机。自 20 世纪中叶危机管理的概念被提出以来，作为管理学研究的重要领域与课题，危机管理的理论研究与应用实践日趋活跃。一直以来，关于危机管理的定义，不同的学者有不同的看法。

美国学者史蒂文·芬克（Steven Fink）认为，危机管理是对于企业前途转折上的危机，有计划地消除风险与不确定性，使企业更能掌握自己前途的艺术。[①] 该观点侧重于危机的预防。

研究学者鲍勇剑和陈百助认为，危机管理是一门研究为什么人为造成的危机会发生，什么样的步骤或方法可以避免这些危机发生，一旦危机发生，如何控制危机发展及消除危机影响的学科。[②]

格林（Green）注意到危机管理的一个特征是"事态已发展到无法控制的程度"，认为危机管理是尽可能控制事态，在危机事件中把损失控制在一定范围内，在事态控制后要争取重新控制住。[③]

米特罗夫（Mitroff）和佩尔森（Pearson）认为，收集、分析和传播信息是危机管理者的直接任务。危机发生的最初几个小时（或危机持续时间很长时的最初几天），管理者应同步采取一系列关键的行动。这些行动是"甄别事实，深度分

---

① FINK S. Crisis management: planning for the invisible. New York: American Management Association, 1986: 15.

② 鲍勇剑，陈百助. 危机管理：当最坏的情况发生时. 上海：复旦大学出版社，2003：7.

③ 罗伯特·希斯. 危机管理. 王成，宋炳辉，金瑛，译. 2 版. 北京：中信出版社，2004：13.

析，控制损失，加强沟通"。①

日本学者泷泽正雄从经济角度出发，将效用理论引入危机管理中，认为在发现、确认、分析、评估、处理危机流程的每个阶段，必须以最小费用获得最大的效用为目标。这是一种侧重于效用价值的观点。②

国内学者苏伟伦认为危机管理是组织或个人通过危机监测、危机预控、危机决策和危机处理，达到避免、减少危机产生的危害，甚至将危机转化为机会的目的。③

薛澜等人认为危机管理包含对危机事前、事中、事后所有方面的管理。有效的危机管理需要做到如下方面：移转或缩减危机的来源、范围和影响；提高危机初始管理的地位；改进危机冲击的反应管理；完善修复管理，以便迅速有效地减轻危机造成的损害。④ 该观点侧重于从危机的生命周期的视角来界定危机管理。

上述观点，有的侧重于危机的规避，有的侧重于危机的事中处理，而有的则主张从信息传播的角度来研究危机管理。在这里，我们更倾向于从危机的生命周期的角度来考察危机管理，认为危机管理是指组织通过危机的事前监控、事中处理与事后恢复，最大限度地降低或消除危机带来的损害的一系列过程。具体而言，危机管理体现出如下特点。

1. 危机管理的可预防性

如 1.1 所述，危机具有突发性与隐蔽性等特征，这些特征为危机的发现与处理带来了极大的困难，也正因如此，才体现了危机管理存在的意义与价值。从理论上来说，不论是人为危机还是自然危机都是可预防的，通过采取有效的管理手段进行监测与控制，我们完全有可能将危机扼杀在萌芽状态。以三鹿奶粉三聚氰胺事件为例，有关资料显示，早在 2008 年 3 月，三鹿集团就接到个别消费者反映：婴幼儿食用三鹿婴幼儿奶粉后，出现尿液变色或尿液中有颗粒现象。在此后的 5、6 月，三鹿集团又陆续接到婴幼儿患肾结石等病状去医院治疗的信息，然而三鹿集团对危机的嗅觉极其迟钝，没有抓住最有利的时机控制住危机的蔓延。可见，危机在量的积累阶段往往是有迹可循的，危机管理的可预防性告诉我们，建立健全危机的预警机制，对危机的预防有着举足轻重的作用。

2. 危机管理的系统性

在自然界和人类社会中，一切事物都是以系统的形式存在的，任何事物都可

---

① 罗伯特·希斯. 危机管理. 王成，宋炳辉，金瑛，译. 2 版. 北京：中信出版社，2004：13.
② ［日］泷泽正雄. 企业危机管理：组织迈向安全经营的法则. 香港：高宝国际有限公司，1999. 转自汪传雷. 基于生命周期的企业危机信息管理. 合肥：安徽大学出版社，2007：8.
③ 苏伟伦. 危机管理：现代企业实务管理手册. 北京：中国纺织出版社，2000：1.
④ 薛澜，张强，钟开斌. 危机管理：转型期中国面临的挑战. 北京：清华大学出版社，2003：44.

以看作是一个系统，危机管理也不例外。尽管危机本身充满着不确定性，但并不意味着危机管理的过程也是无序的和混乱的。危机管理体系中涉及的组织领导管理、管理决策与评估、人力资源管理、信息管理、沟通管理等领域内容并不是各类科学知识的简单堆砌与叠加，也不是各种互不相关的论点与论据的机械组合，而是根据危机管理本身形成的一个有机联系整体。认识危机管理的系统性，有助于我们从宏观上把握危机管理的整体性与综合性，并通过实践与理论研究不断优化危机管理系统，提高危机管理的效率。

3. 危机管理的灵活性

早在春秋时期，经商鼻祖范蠡曾有过"水则资车，旱则资舟，以待乏也"的名言，强调要善于观察市场变化，随机应变；战国时期田忌与齐王赛马，孙膑提出"今以君之下驷彼上驷，取君上驷与彼中驷，取君中驷与彼下驷"的计策，也正是战术上灵活性的体现。危机管理较之其他的管理领域而言，有更多的不确定性与难预测性，管理上也更强调灵活性。所谓"兵无常势，水无常形，能因敌变化而取胜者，谓之神"①，在危机管理之中一方面要遵循危机管理的规律，循序渐进；另一方面，对随时出现的新变化与新形势，必须在短时间内作出迅速决策，见机行事，因时因地制宜。

4. 危机管理的开放性

危机状态下，组织往往面临来自多方面的挑战，如政府部门、消费者、公众、媒体、竞争对手，甚至供应商、投资者以及相关社会团体等。因此，危机管理本身并不是一个封闭的系统，危机管理的环境是开放性的、对象是多元化的。理解危机管理的开放性，能够帮助我们了解危机管理过程的复杂性与综合性，告诉我们在应对危机的时候必须与各类利益相关者保持良好的沟通，争取他们的理解和支持，以达到将内部资源与外部资源整合与优化的目的。

1.2.2 危机管理的职能

职能即人、事物、机构应有的作用与功能。危机管理的职能可以理解为在对危机进行处理的整个过程中管理的职责与功能。有人将危机中组织对内、对外的沟通与传播作为危机管理的核心内容，也有人把对危机的控制视作危机管理的主要职能，我们主张用一种更全面的观点来审视危机管理的作用与功能，只有这样才能对危机管理的范畴有更清晰的认识，并有助于更好地发挥危机管理的作用。危机管理的职能主要包含如下五个方面的内容。

---

① 《孙子兵法·虚实篇》.

1. 危机监测与预防职能

《黄帝内经》有段名言："上工不治已病治未病，不治已乱治未乱。"大概意思是，高明的医生不是等到疾病发生了才去治疗，而是采取预防措施，防患于未然。古时行医的智慧，尤其是其强调"防微杜渐"的哲学，对危机管理有着重要的借鉴意义。危机管理的监测与预防职能是对可能引起危机的因素进行严密的跟踪，对可能出现的危害及其程度作出准确的评估，对可能引发危机的要素进行有效的控制，从而从根本上将危机消灭在萌芽阶段。及早发现危机并迅速反应，是最大程度降低组织损失的有效方法。因此，危机的监测与预防职能可视作危机的首要职能。

2. 危机决策与评估职能

决策是管理的核心，诺贝尔经济学奖得主西蒙曾说过，管理就是决策，决策充满了整个管理过程。决策的核心是在分析、评价、比较的基础上，对活动方案进行选择。而危机状态下的决策由于时间紧迫、可利用的资源有限、沟通不畅、情境复杂等因素，对组织的管理提出了更高的要求。

从危机发展的全过程来看，效果评估都有着重要的意义。不论是对危机事前、事中、事后，还是对危机管理的主体、危机的利益相关者都有必要进行科学的评估。危机的评估是改进危机管理工作的重要手段，也是顺利开展后续管理工作的必要前提。

3. 危机组织与领导职能

任何组织的决策与计划都必须通过人的努力而实现，设计合理的组织结构，有效地整合组织成员，是实施决策的有力保障。危机中的组织和领导在危机的管理过程中有着举足轻重的作用。成立危机管理小组，建立合理的危机管理组织模式，打造强有力的领导核心对危机处理有着重要意义。

4. 危机控制职能

各项决策与计划在实施过程中，都有可能遇到各种内外因素的干扰，在危机的混乱与无序状态，干扰通常愈发频繁与复杂。因此，只有在危机的干扰要素出现之前或出现之初就及时排除，才能保障决策与计划的顺利实施，有效地控制势态的发展。危机控制的职能是危机管理顺利进行的重要保障。

5. 危机创新职能

一方面，危机管理中所遇到的时间、地点、环境、人员以及利益相关者等都不可能再被复制；另一方面，危机本身也具有不确定性、隐蔽性、扩散性等特点，在这种情况下，危机管理虽有章可循，但并不意味着任何管理问题在书本中都能找到答案。这就要求我们在危机管理过程中必须具备一种创新精神。只有不断创新才能更好地解决实际问题，促进危机管理理论与实践的丰富与发展。

上述管理职能在本书的后续章节将会进一步阐述，在此不再赘述。

1.2.3 危机管理的模式

从时间序列的角度来看，危机管理实际上是一种过程管理。对于危机管理过程的认识与划分，有如下几种较有代表性的观点。

1. 奥古斯丁的六阶段模式

诺曼·奥古斯丁（Norman R. Augustine）将危机管理划分为六个不同的阶段①（见图1-2）。

（1）第一阶段：危机的避免。危机的避免即预防危机发生。在这一阶段，一个管理者必须竭力减小风险，对无法避免的风险必须有恰当的保障机制。

（2）第二阶段：危机管理的准备。在危机的准备过程中有诸多任务，包括建立一个危机处理中心，制订应急计划，事先选好危机管理小组的成员，提供完备、充足的沟通系统等。

（3）第三阶段：危机的确认。确认危机的发生并探究其根源。在寻找危机发生的信息时，最好听听公众的看法，或请独立调查员和知情者帮助了解情况。

（4）第四阶段：危机的控制。这个阶段的危机管理，要根据不同情况确定工作的优先次序，将危机的损失控制到最低。

（5）第五阶段：危机的解决。通过采取有效的措施，成功地使组织度过危机。在这个阶段，速度是关键。

（6）第六阶段：从危机中获利。危机管理的最后一个阶段就是总结经验教训，如果前五个阶段处理得完美无缺的话，第六个阶段就是提供一个至少能弥补部分损失和纠正造成的错误的机会。

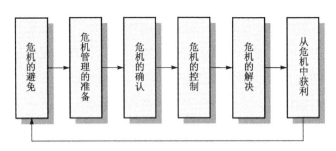

图1-2　奥古斯丁的六阶段模式②

---

① 诺曼·奥古斯丁. 危机管理. 北京新华信商业风险管理有限责任公司，译. 北京：中国人民大学出版社，2004：8-31.

② 胡百精. 危机传播管理. 北京：中国传媒大学出版社，2005：16.

2. 罗伯特·希斯的 4R 模式

罗伯特·希斯将危机管理的过程划分为四大阶段，即缩减、预备、反应和恢复，简称"4R"模式①（见图 1-3）。① 缩减阶段（Reduction）。缩减阶段即通过风险评估与管理，预防危机的发生和减少危机发生后的冲击程度。② 预备阶段（Readiness）。预备阶段即通过预警、培训和演习，使企业做好处理危机情况的准备。③ 反应阶段（Response）。反应阶段即在危机爆发后，合理地运用各种资源和管理方法，在尽可能短的时间内遏制危机的发展，防止事态进一步恶化。④ 恢复阶段（Recovery）。恢复阶段即确认危机带来的冲击和影响，制订危机恢复管理计划，对危机管理工作进行评估。

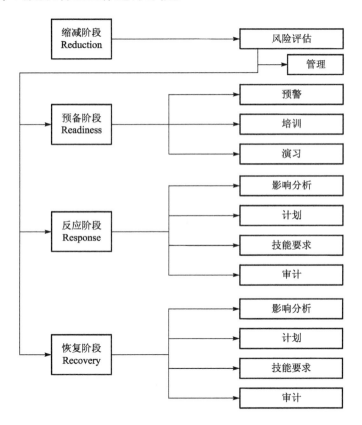

图 1-3 希斯的危机管理 4R 模式图

3. 米特罗夫和皮尔森的五阶段模式

安·米特罗夫（Ian I. Mitroff）和克里斯汀·皮尔森（Christine M. Pearson）认为危机管理由如下五个阶段构成：① 危机信号侦测阶段，即识别危机发生的预警信号；② 危机准备与预防阶段，对可能发生的危机做好准备并预防工作；

---

① 罗伯特·希斯．危机管理．王成，宋炳辉，金瑛，译．2 版．北京：中信出版社，2004：22.

③ 危机损失控制阶段，即在危机发生后，尽可能将损失控制在最小；④ 危机的恢复阶段，尽可能从危机带来的损害中恢复过来，使组织恢复正常运转；⑤ 学习阶段，即总结经验教训，以避免危机、改善危机管理效率。

此外，鲍勇剑、陈百助提出了危机管理的 5P 模式，即端正态度（Perception）、防范发生（Prevention）、时刻准备（Preparation）、积极参与（Participation）以及危中找机（Progression）。国内学者胡百精提出了危机管理的三范畴模式：危机战略规划、危机预控和危机应急管理。其中危机战略规划包括危机发展观与危机理念体系、日常化危机管理制度、危机管理战术框架；危机预控主要包括风险评估、危机预警与危机应对训练；危机应急管理包括危机决策、决策执行、恢复与评估等内容。

以上几种观点虽各有侧重，但都从时间序列的角度将危机的事前、事中、事后管理纳入了危机管理的范畴。基于此观点，本书第 2 章至第 4 章将从危机管理的流程出发，从危机的预警、危机的处理和危机的恢复三个维度来探讨危机管理的过程。

案例直击

南京冠生园"陈馅月饼"事件

事件回放：

2001 年 9 月 3 日，南京冠生园因为将去年霉变的月饼加工成新月饼销售而被中央电视台《新闻 30 分》栏目曝光。在电视画面中，卖不出去的月饼拉回厂里——刮皮去馅、搅拌、炒制入库冷藏——来年重新出库解冻搅拌——再送上月饼生产线……南京冠生园"陈年馅料做新饼"的曝光，不啻于在中国大地上扔下一枚炸弹，震撼海内外。随后，全国媒体一片哗然，与南京冠生园没有任何资产和管理关系的全国其他 20 余家"冠生园"企业都被市场视为"过街老鼠，人人喊打"，整个月饼市场在一年一度的月饼销售旺季普遍陷入困境，使当年全国月饼销售量至少较去年减少四成。

冠生园高层回应：针对中央电视台的报道，南京冠生园随即发表声明称："我公司绝无在月饼生产中使用发霉或退回的馅料生产月饼……对蓄意歪曲事实、毁损我公司声誉的部门和个人，我公司将依法保留诉讼的权利。"

2001 年 9 月 3 日，江苏省及南京市卫生监督部门在当天下午紧急赶到南京冠生园，对其加工现场进行监督检查。检查的情况是：70 箱"山楂细蓉"的保质期只有1个月，但桶上标注的日期却是2000年6月18日；大桶"莲蓉"的生产日期为2000年11月19日；保质期最多一年的月饼专用添加剂，该厂使用的竟还是1995年生产的；10余袋已经包装好的"冠生园莲蓉迷你月饼"生产日期竟是2001年9月5日。

另据知情人介绍，南京冠生园是从1993年开始回收卖不完的月饼，来年再用的。央视记者说："在南京我还采访了为冠生园存放（回收）月饼的冷库，在他们的登记卡上清清楚楚地写着冷藏物品的名称、时间，而且冷库的工人都表示，自己不会去买冠生园的月饼，可就是没有人向有关部门反映，这种淡漠令人难过。"

事态继续恶化中：南京冠生园经理吴震中对此的解释是："全国范围这是一种普遍现象。月饼是季节性很强的产品，每个厂家都想抢月饼市场。这个市场很难估量，没有一个厂家做几个卖几个，都用陈馅做新馅。"此话一出，令消费者的心寒到了极点。风波迅速波及整个月饼市场。据估计，全国月饼销量将因此比去年同期锐减4成左右。据中国焙烤食品糖制品工业协会有关负责人介绍，根据以往月饼在中秋节期间的销量，全国至少有400亿～500亿元的销售市场，而就目前各地厂家汇总的情况来看，今年月饼的销量将比去年同期大幅度下降，销售量损失约在4成，即160亿～200亿元之间。

最后结果：2001年10月15日，南京冠生园宣布停业，总经理吴震中亦准备回美国。2002年2月，南京冠生园以经营不善、资不抵债为由向法院提出破产申请。当时，该厂已拖欠货款2 000多万元，而企业本身的资产只有500多万元。2002年2月4日，南京市中级人民法院已经受理此案。

专家点评：

这样一个百年品牌的倒塌对于人们造成的心理影响是十分震撼的，当然失败的根本在于诚信的缺失，但其中冠生园高层对于这一危机事件的处理方法也是十分失败的，他们的做法不仅没能及时力挽狂澜，使事态平息并重新向良好的方向发展，反而加速了这一结果的产生。作为一个经典的危机管理失败案例，我们就其中产生的沟通失败的方面一一评点，以此为鉴。

在内部沟通方面，该厂许多员工介绍到，自从吴震中担任经理后就大权独揽，原来近500名员工大部分下岗或离去，还有相当部分员工被开除，只剩下60多名正式技术员工在岗。前几年有一些员工向地方媒体举报过南京冠生园陈馅月饼内幕，南京一家电台曾做过报道，但未引起当地主管部门的注意。南京冠生园经理吴震中对此不仅不思悔改，还对涉嫌举报人进行打击报复，可以看出，冠生园的内部是没有凝聚力的，员工对于企业不满，所以危机发生的时候，没有员工会上下齐心，共渡难关，而只能是企业很快破碎。

在事态发展的过程中，冠生园高层的弥补手法也是十分拙劣的。当天下午3时许，南京冠生园公司总经理吴震中就拟好了一份《致各代理及销售商》的传真件，并随即发往全国各地，试图挽回新闻曝光带来的负面影响。在"申诉"材料中，吴震中竭力为自己开脱。新浪网"财经频道"全文刊登了南京冠生园就"陈馅月饼"事件发表的公开信，该信措辞严厉，洋洋数千言，没有对自己过错的检讨，却充满了"火药味"，直接扑向记者及新闻媒体，将事件归罪于记者和新闻媒体，在这个新闻媒体代表正义和良心的时代，无异于将自己推向消费者的对立面，也就无形中失去了消费者的信任。

在这之后，吴震中的另一番谈话更加恶化了整个局势：他声称，全国的月饼生产厂家均是这样做的。用过期的馅料做月饼也是不触及法律的。（当时的确没有明确的法规表示这一做法是违法的，后来的相关政策是在2003年出台的。）这种公然与消费者对峙的态度无疑令消费者更加反感。这一态度的起因则是在事实面前的侥幸心理。

随即在还没有消除消费者的疑虑时，南京冠生园月饼重新上柜。毕竟南京冠生园是老牌子，一出来就又吸引了不少顾客。许多顾客看到冠生园"重出江湖"都要惊奇地询问一番，却没有人敢下手。尽管有南京市疾病防治中心出具的冠生园月饼馅料质量检验报告和月饼品种质量报告书，这两份分别为5页和13页，上面显示的是冠生园2001年9月4日送检和封检的月饼全部合格的证明。

对于企业来说，一旦销售失败，所有的环节便全部失败了。当年重新上市的冠生园月饼是打到三折仍然无人问津，并且波及其他产品的销售，糖果、蜂蜜等产品均出现卖不动的现象。对整个市场的影响也是巨大的，全国各地所有的"冠生园"均出现重大经济损失，甚至有名字带着"生"字的都受到波及。

失信于民，将自身利益放置在公众利益之上，在事实面前急着辩白自己，而不是从消费者的利益出发平息事态，这样一步一步，终于导致了南京冠生园走向被收购的境地。我们在叹息的过程中也是要深思的。

资料来源：根据王文波《谈管理道德与管理道德的改善：以南京冠生园为例》. www. studa. net/lunli/090709/15585728 - 2. html，2007 - 07 - 09. 以及其他相关报道整理.

复习思考题

1. 危机的内涵与特征是什么?

2. 如何对危机进行分类?

3. 什么是危机管理? 它具有哪些特点?

4. 危机管理具有哪些职能?

5. 请结合一个典型的危机事件,分析其特征与类型,并谈谈科学的危机管理的重要意义。

第 2 章

危机前：危机的预警

第 2 章

危机前：危机的预警

内容提要

（1）问题管理的目标是帮助维护市场、减少风险、创造机遇并且管理形象，被忽视的问题往往是危机滋生的温床。在对问题的管理中，常用到 FMEA（Failure Mode and Effect Analysis，失效模式影响分析）的方法对复杂系统和高风险过程潜在风险进行分析。

（2）危机预警实质上就是危机发展中的前兆阶段的危机管理。危机预警的功能主要体现在四个方面：预见功能、警示功能、化解功能与延缓功能。

（3）完备的危机预警机制不仅体现在危机预警系统的科学设计与动态优化之中，还体现在对危机预警策略的灵活运用之上。较常见的危机预警的策略主要有：控制策略、延缓策略、转移策略与教育策略。

英国有句谚语是"一克预防值一公斤治疗"，说的就是预防的重要性。对于组织的危机管理而言，通过有效的预防将危机控制在组织的大门之外无疑是最理想的状态，毕竟处理危机相对于预防危机而言，成本将大大增加，对组织造成的名誉、形象上的损害更是无法用金钱来计算的。美国危机管理学院（ICM）有一种提法，叫作"冒烟的危机"。意思是说，大部分商业危机是由一系列微小的容易被公司高层领导忽视的事件综合而引发的，这种危机在其酝酿期或称潜伏期内，往往有许多像冒烟的导火索征候表现出来。如何"防患于未然"，就是危机管理中的第一要务。危机的预警是危机管理的首要阶段，通过危机预警积极的预防、及时的规避或转移风险，能使组织获得更为稳定的生存环境，抓住更多的发展机遇。

2.1　问题管理与危机预警

2.1.1　问题管理的重要性①

我国的问题管理研究学者孙继伟认为，问题管理与科学管理、人本管理和目标管理并称为"四大管理模式"之一，它是以解决问题为导向、以挖掘问题为基础、以表达问题为辅助的管理理论与方法。在四大管理模式中，科学管理强调以精确性为目标，人本管理强调人的积极性，问题管理与目标管理相对应。在环境稳定，目标容易准确预测时，目标管理发挥更大作用；在环境变化迅速，目标难以准确预测时，问题管理发挥更大作用。海尔集团 CEO 张瑞敏曾说过：管理者必须进行问题管理，而不是危机管理。这里，他并不是认为企业管理者可以忽视危机管理，而是进一步强调了做好危机预防工作的重要性。俗语道"三分医，七分养"，如果将组织视为一个人，将危机视作疾病，是"医"的对象的话，那么"问题管理"则可视作"养"的过程，通过养的过程积极预防，及时发现危机的萌芽。可见，研究危机的前兆，本质上即研究"问题"的管理。

问题管理最早是作为公司应对危机的一种方法而登上历史舞台的，在国外，人们早期普遍把问题管理看作是避免用于解决麻烦的大笔开支的有效方式，以及避免政府针对雇用和其他社会问题制定法律的先发制人的手段。1978 年，美国公共事务理事会（US Public Affairs Council）提出，问题管理是指"一种项目，公司借以增加自身对公共政策过程的认知，并且增加其介入该过程的严密度和有效度"。根据美国公共事务理事会的定义，问题管理的职能包括：确认问题和趋势、评估其影响、确立优先顺序、确定组织的姿态、设计公司的行动和反应，以帮助其实现预定的地位和顺利地执行计划。

关于问题管理的重要性，国外学者海因斯沃尔斯（Hainsworth）在 1990 年撰文指出"就法律法规层面的问题而言，问题的解决总是对一方有利，而对另一方不利。只要公司管理的目标是要尽量增加收益，同时又以对社会负责任的态度尽量减少损失，那么，问题管理就必须被作为关键因素纳入公司计划和管理的整体过程"。美国的问题管理专家塔科尔和布卢姆认为，"作为一种管理程序，问题管理的目标是帮助维护市场、减少风险、创造机遇并且管理形象。"然而，尽管问

---

① 迈克尔·雷吉斯特，朱蒂·拉尔金. 风险问题与危机管理. 谢新洲，译. 北京：北京大学出版社，2005：29 - 41.

题管理对于组织有着重要的意义，但在实际操作中却并未受到足够的重视。国外的一项针对大型英国上市公司的调查显示，尽管公司传播和公共关系部门已经广泛地认可了问题管理的重要性，但在全部样本公司中，只有 10% 认为他们的高管层非常积极地把问题纳入了战略策划过程。而只有不足 5% 的公司运用整合方式把计划、沟通、规章和其他合理方式结合起来，对可能潜在影响公司近期和远期目标的问题进行评估、排序和计划；高达 95% 的公司认为，他们通常是以一种被动的和临时性的方式来处理问题，而这种方式对公司的声誉和财务业绩目标是大为有害的。

可见由于忽视问题管理，不少企业付出了深重的代价。具体来讲，问题管理与危机管理的区别主要体现在如下方面（见表 2-1）：与危机管理相比，问题管理的行动性较弱，其本质更倾向于预期性，问题管理是一种主动出击的行为，它强调确定潜在的变化，并且在该变化对组织产生消极影响之前影响针对这一变化的决策，此外，由于问题管理的目标是消除任何潜在的威胁，这就需要对趋势、变化和事件作出预期，判断他们对组织继续运转并且从根本上取得竞争优势所产生的影响。危机管理则倾向于一种反应式的姿态，它打交道的对象已经引发了公众的注意并且对公司产生了影响的局势，在这种情况下，目标指向通常很明确，行动方案、相关受众和需要在短时间内沟通的信息都很清晰。

表 2-1　问题管理与危机管理的区别

问题管理	危机管理
行动导向性较弱	行动导向性较强
主动出击式	被动反应式
目标较宽泛，难确定	目标较清晰、明确

需要说明的是，这里所提到的"危机管理"更多地侧重于危机的事中处理，根据本书对危机管理的界定，问题管理可以视作危机管理的前奏，是危机预警阶段工作的重要组成部分。英国学者迈克尔·雷吉斯特在《风险问题与危机管理》一书中曾提到，"被忽视的问题是危机滋生的温床"，或许这句话恰如其分地阐明了问题管理与危机管理之间的关系。

在海因斯沃尔斯于 1990 年、孟于 1992 年提出的一个模型中，从问题到危机再到问题的演变，包含于一个四阶段的循环过程中：起源、干预/扩大、成型/危机、解决。在这个问题的生命周期模型中（见图 2-1），纵坐标代表发展中的问题对组织施加压力的程度，横坐标代表问题的不同发展阶段。根据模型，问题的发展是一个循环的过程，因而，在此讨论危机前兆的管理，对预防新危机的产生有重要意义。可见，危机的预防并非一个针对危机成型的阶段性任务，而是贯穿始终的一个重要课题。

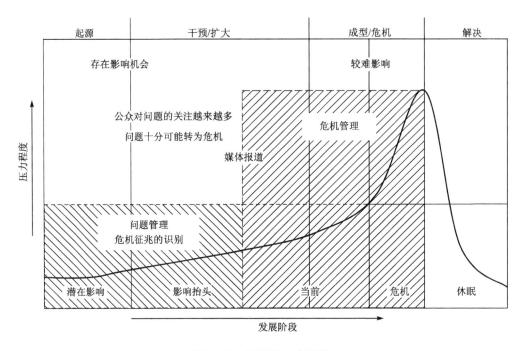

图 2 - 1　问题的生命周期

2.1.2　问题管理的技术方法

1. FEMA

FMEA（Failure Mode and Effect Analysis，失效模式影响分析）是分析系统中所有可能产生的故障模式及其对系统造成的所有可能影响，并按每一个故障模式的严重程度、检测难易程度以及发生频度予以分类的一种归纳分析方法，主要用于对复杂系统和高风险过程潜在风险的分析。执行 FMEA 的目的，在于利用预防措施控制风险，是一种事前行为。按照 FMEA 的分析对象的不同，FMEA 分为设计 FMEA、过程 FMEA、应用 FMEA 和服务 FMEA 等。

FMEA 最初于 20 世纪 50 年代为美国军方所设计，主要用于对复杂系统和高风险过程潜在风险的分析，如航天和国防等高风险行业。到 60 年代后期和 70 年代初期，FMEA 方法开始广泛地应用于航空、航天、舰船、兵器等军用系统的研制中，并逐渐渗透到机械、汽车、医疗设备等民用工业领域，取得了显著的效果。

FMEA 的操作流程为：首先，确定分析对象应当发挥的功能，从而可以确定那些使对象无法正常发挥预定功能的各种状况，并定义为不同的故障模式（Failure Mode）；然后，将具体的某一故障模式可能会对所在系统带来的不同程度的运作阻碍，按照其影响程度的大小给予不同的严重度（Severity，S）等级；之后，寻找并确定造成该故障模式的各种原因和发生的概率（Occurrence，O），以及一旦发生后的检测难易程度（Detect，D），并按照一定的评级标准进行等级评定；最后，通过公式计算出造成某一故障模式的各个故障原因的风险顺序数（Risk Priority Number，RPN）值。

公式为：
$$RPN = s \times o \times d$$

计算得到 RPN 值后，根据值的大小，就可以有针对性地采取措施予以纠正。选择纠正对象常采取"2—8 原则"，即在所有故障原因中选取 20% 的数量优先进行纠正，选择的标准是这些故障原因的 RPN 值最高，其余 80% 的故障原因可自由决定是否需要纠正。这样做的目的是将系统的整体风险尽可能地降低，而投入的效用达到最优。

事实上，FMEA 不仅仅是一种适用于危机事前管理的技术工具，对于整个危机管理过程而言，都是十分明智的技术选择。这是由危机的根本属性所决定的。一方面，危机的产生，往往带有不可预见性；另一方面，危机的产生，往往带有预演性。这是指危机具有演变衍生的特征，危机并非凭空而来的灾难，其滋生的温床，往往仅仅因为人们的忽视而具备了突发性，其产生，就是从问题到导火索再最后爆发为危机的。考虑到危机对组织的破坏性可能是致命的，而这种影响的大小又是随危机的发展而演变的，其影响的可预测性也是十分低微的，为避免致命性破坏的产生，对于任何一个可能演化为危机的前兆问题，企业管理者都有必要采用 FMEA 分析工具，进行危机前兆处理。

FEMA 的具体操作，可以从以下几个方面来剖析。

1）失效模式分析

失效就是企业财务系统、人力系统、营销系统、物流系统等诸多功能系统的某一属性、管理流程、决策、事件等，使所在的某个系统或多个相关系统不能或将不能完成其预定功能的事件或状态。而失效模式是失效的表现形式，如冒牌商品、恶意抢注、负面报道等。在研究企业的系统功能的失效时应该从其失效的表现形式入手，进而通过现象（即失效模式）找出失效原因。

2）失效影响分析

对失效影响的分析中，要注意以下两方面。一方面，危机前兆的低风险问题——转化为危机的可能性较小的问题，对企业也会有或多或少的影响，对此，企业应该引起足够的重视，以防其日后转化为高风险问题。另一方面，对危机前兆的高风险的问题，其失效影响的分析应该采取多维的角度。要特别注意的是，高风险的复杂问题，往往具备多层次甚至多维重叠的影响要素，因此，其失效的影响也就更加复杂。

3）失效原因分析

失效模式分析只说明了企业的各个功能系统将以什么模式失效，并未说明系统功能为何失效的问题。因此，为了避免问题转化为危机或尽最大可能地减少由问题演变而成的危机造成的不良影响，还必须分析产生每一失效模式的所有可能原因。分析失效原因一般从两个方面着手，一方面是导致品牌功能失效的企业自身的生产、经营等直接原因；另一方面是由于环境因素和人为因素等引起的间接失效原因。

正确区分失效模式与失效原因是非常重要的。失效模式是可观察到的品牌功能失效的表现形式，而失效原因描述的是由于企业自身生产经营或外部因素而导致失效的机理。例如，品牌没有进行商标注册，可能导致品牌商标被恶意抢注，在这里"品牌商标被恶意抢注"是失效模式，而"品牌没有进行商标注册"是失效原因。

失效模式产生的原因可能不止一个，应对失效原因的发生概率进行评级，以及失效原因导致相应失效模式的可能性进行评级。但在处理时，由不同失效原因造成的失效模式算作不同的失效模式，即每一个失效模式"只有一个"失效原因。这样，每一个失效模式只有一个严酷度、发生度和检测度。

4）风险分析

风险分析的目的是按每一失效模式的严重程度及该失效模式发生度和检测度所产生的综合影响对失效模式划等分类，以便全面评价系统中可能出现的失效模式的影响，它是一种相对定量的分析方法。风险分析的常用方法有两种，即风险优先数（Risk Priority Number，RPN）法和危害性分析（Criticality Analysis）法，前者主要用于汽车等民用工业领域，后者主要用于航空、航天等军用领域。在进行危机前兆问题管理时可选择前一种方法。

5）补偿措施分析

补偿措施分析是针对每个失效模式的影响、原因，提出可能的补偿措施。分析人员应提出并评价那些能够用来消除或减轻失效模式影响的补偿措施。

2. 问题处理流程

无论采用 FMEA 或是其他的各种技术方法，对危机前兆的问题处理，基本上采用的是一个条理清晰的流程。

第一步，确定问题类型，即分析问题产生的缘由。

以企业组织为例，根据危机结构论，企业外部环境的快速变迁，是企业危机的最重要来源，也被视为企业危机发生的一个不可控变数。企业外部环境的六大危机变数主要包括：同业竞争者的威胁、潜在竞争者的挑战、替代品的压力、供应商的背离、竞争环境结构的改变和市场需求的变化等。

根据引发或者产生问题的来源，将问题区分为同业竞争者的前兆问题、潜在竞争者的前兆问题、替代品的前兆问题、供应商的前兆问题、竞争环境结构的前兆问题和市场需求的前兆问题。在类型划分中，需要注意的是，事实上有许多危机前兆源自企业内部组织，包括组织结构的问题、管理能力和思维的问题、产品品牌和质量的问题等。因此，综合危机结构论，对问题的类型划分可以包括以下几个区隔指标：

外部来源——

（1）同业竞争者的前兆问题；

（2）潜在竞争者的前兆问题；

（3）替代品的前兆问题；

（4）供应商的前兆问题；

（5）竞争环境结构的前兆问题；

（6）市场需求的前兆问题。

内部来源——

（1）组织结构的问题；

（2）管理能力和思维的问题；

（3）产品品牌和质量的问题；

（4）其他。

第二步，分析可能产生的危机。

危机管理最重要的是管理者要引起足够的重视，即便在危机的前兆，对问题也要有最坏的假设，通过未来情境的虚拟，分析问题可能转化成的危机，再倒序从问题这一肇始来解决危机。

事实上，未来情境分析法是一种十分有效的实验分析法，对问题管理最为适用。未来情境分析法，是根据未来可能发生的状况，倒退回现在而制订和调整现在的行动计划。另一方面，对未来情境的分析，会影响到现在的行为，行为的变化则直接导致未来的结果也随之改变。

未来情境分析法的运用，是一个四要素的四象限思维的模式①：

四要素指的是——

（1）关键要素；

（2）关键利益相关者；

（3）主导力量；

（4）趋势并存。

四维空间指的是时间、空间、关系和过程四个系统维度，未来情境分析的四要素，随着四维度的变化而变化，因此，该分析工具实际上是一个动态的调整过程。

第三步，确定问题的严重程度，划分危机前兆问题的等级。

对不同类型的问题，自然有不同的严重性判别标准，但对问题的等级划分，大致可分为高风险、一般风险和低风险三类。其中，高风险问题往往有极大的可能性发展为危机，需要引起非常大的重视；一般风险问题后续发展的不确定性更强，需要从最坏的可能性来防范其恶化；而低风险问题则指在问题阶段就可以解决的企业功能系统障碍，往往对问题所在的系统无甚大影响，对整个企业运作更无阻碍，但仍然需要足够的关注，并且对其的操作利于积累经验，毕竟问题解决总是要耗费相关的成本和精力的。

对问题严重程度的划分，基于对问题引发危机的可能性的分析。因此，第三步的操作和第二步的操作在实际运用过程中，往往是并行的或者前后次序可换的。

第四步，确定交予管理的问题/危机处理机构。

对于联系问题处理和危机处理的机构部门来说，高风险问题的处理，可以交与专门的问题处理小组，也可以直接交与危机管理小组和部门的核心成员解决；而低风险问题的处理，可以仅仅交与问题处理小组，甚至由该小组给予有关部门适当的预警并转交其尽快解决问题即可；一般问题的处理，则可由专门的问题处理小组解决或暂代危机管理小组和部门来照看。当然，这牵涉问题管理小组的职责是解决性的还是以传播沟通性质为主，以及其与危机管理机构部门的关系是从属的或者是并行的，等等。

第五步，订立现实的问题处理方案。

无论是交与相关部门还是问题处理小组或人员自行解决，对于各种严重程度和各种类型的危机，都需要及时确立处理方案，防止小窟窿演变为大问题。

---

① 鲍勇剑，陈百助. 危机管理：当最坏的情况发生时. 上海：复旦大学出版社，2003：125.

第六步，预防问题演化（性质加重，类型复杂化等），确定备选方案。

这一操作步骤和第五步，在实践中往往是同时进行的。危机的前兆是问题，危机的显现往往是突发的，具有不可预测性，而问题的演化发展又十分隐秘和潜在，因此，在对现状问题进行处理时，管理者需要同时做好两手准备，根据对问题可能引发的危机的分析，确定危机管理备选方案，特别要保证与专门处理危机的机构部门保持沟通顺畅，以在问题恶化为危机的第一时间，将无可避免的危机尽早解决，防止影响进一步扩大。

第七步，问题处理效果评估。

问题是否得到及时的处理，处理的效果如何等，可以通过确立一定的具体指标，量化评估体系。对于在危机前兆时就将问题解决，暂时或从根本上避免危机产生的问题处理，其效果评估的加分权重系数要提高。即便是最后无可避免地转化为危机的前兆问题，倘若对外传播得当、对内传播顺畅，并在潜伏期或多或少地降低了危机不良影响的处理结果，也是良好的处理效果。

2.2　危机的预警

2.2.1　危机预警的内涵与功能

1. 危机预警

预警一词最早用于军事领域，后来随着社会的发展逐渐应用到了政治、经济、文化等领域，它是指在灾害或灾难以及其他需要提防的危险发生之前，根据以往总结的规律或观测得到的可能性前兆，向相关部门发出紧急信号，报告危险情况，以避免危害在不知情或准备不足的情况下发生，从而最大程度地减低危害所造成的损失的行为。所谓危机预警，也就是对危机产生的前兆进行通告警示，引起组织内部所有成员和机构的关注，对其防御和改进，以期减少危机发生的概率，或者在肇始阶段就努力将其对组织和组织成员的伤害降到最小。从这个角度而言，危机的预警，实质上就是危机发展中的前兆阶段的危机管理。

其实无论是在问题管理还是在危机管理中，预警都是关键的一个流程。因为问题和危机的潜伏性和难预测性，在第一时间——往往也是系统障碍最小且还未大幅度恶化的阶段——进行预警，及早采取行动遏制事态演变恶化十分重要。

国内研究学者胡百精基于日常风险管理的角度将危机预警系统划分为三个子系统（见图 2－2）：危机监测子系统、危机评估子系统与危机预报子系统。

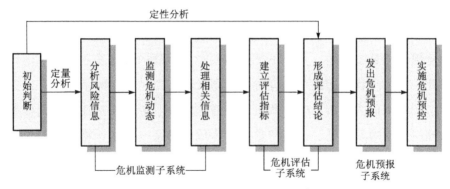

图 2 - 2　危机预警系统的构成①

其中危机监测子系统的主体职能包括三项：分析风险信息、监测危机动态和处理相关信息。分析风险信息强调危机预警与风险管理在策略上的连续性；监测危机动态是对危机的演变发展信息的跟进与了解；处理相关信息强调危机信息监测的全面性。危机评估子系统是对危机获取的信息进行整理和评估，主要包括两个步骤：评估指标的设置和评估结论的形成。设置评估指标的目的是确立预估和评价危机的尺度；危机评估结论是制定危机管理策略的根本依据。在图中我们还看到，形成评估结论的途径除了通过对风险信息的定量分析之外，还包括由初始判断直接形成的定性分析，评估结论的形成是采用定性与定量研究共同得出的结论。危机预报子系统是根据危机评估的结果，对危机的来临、发展及其可能带来的危害向组织内外的利益相关者发出警报，以促使他们及时采取行动，实施危机预控。

这里，基于问题管理的视角，危机预警系统可划分为如下五个子系统。

1）问题信息调查子系统

该子系统对危机的前兆，即可能产生危机的各个方面进行信息资料的实时监控和收集，包括组织内部和组织外部，利用在线系统和离线系统两个层面的调查工具。

2）问题信息调查结果分析子系统

该子系统对收集到的信息调查结果进行分析处理，从而对危机前兆即问题进行等级划分，根据其紧急性、转化为危机的可能性大小等，将其划分为严重问题、重要问题和一般问题等级别，从而更有针对性地处理。该系统包括软件分析系统和人工分析系统。

---

① 胡百精. 危机传播管理. 北京：中国传媒大学出版社，2005：103.

3）问题预警子系统

该子系统对研究分析出的可能转为危机的问题信息进行预警，包括对组织内部的整体的传播沟通整合系统和对对应部门的信息传播系统，利用在线系统和离线系统两个部分的预警整合传播。

4）问题改进实施子系统

该子系统对直接造成和间接关联危机前兆即问题的部分，进行实施改进，尽最大可能在危机的前兆"问题"阶段，改进甚至消除问题。

5）问题改进/解决效果测评子系统

该子系统对问题的改进程度、解决彻底与否，进行考量测评。注意该子系统的测评，除了对问题的后续关注，还应对整个危机前兆预警系统的运作情况进行考察，并总结经验。

2. 危机预警的功能

避免、控制潜在危机是花费最少也是最简便的方法，但在危机管理过程的几个阶段中，危机潜伏期所表现出来的各种症状却往往被组织所忽视，最终造成很多不必要的损失。事实上，通过对可能造成危机的潜在问题进行分类与监测，有效地避免危机或一定程度上的减轻危机带来的损害并不是天方夜谭。2002 年 8 月 1 日，京郊密云和怀柔交接的 9 个山村遭遇 50 年一遇的暴雨和泥石流，降水量达 280.2 毫米，就在"死亡暴雨"来临前的 1 小时，2 000 余名村民接到逃生警报及时撤离。雨后，部分家园被毁，却无一人伤亡。而 1969 年 8 月，这一地区曾发生同样量级的暴雨，造成 59 人死亡、22 人受伤。1991 年 6 月 10 日发生在北部山区的山洪泥石流也造成 22 人死亡和 8 人受伤[①]。可见，由于及时的预报，暴雨和泥石流这类自然危机所带来的危害都能很大程度上得到缓解与减轻，对于组织而言，充分认识到危机预警的重要地位及功能，能极大地提高组织的危机反应速度，减少危机带来的损失。

危机预警的功能一般包括以下四个方面。

（1）预见功能。预见功能是指通过对政治、经济、文化等宏观环境的监测与研究，找出某些敏感性指标的变化并预先指出其发展征兆。预见性功能是危机预警的首要功能，该系统的其他功能基本由此衍生而来[②]。正是由于危机预警具有预见功能，才使得组织在危机中争取危机处理时间、最大化降低损失成为可能。

（2）警示功能。通过对相关指标的监测，组织可以就监测出的部分异常情况

---

① 薛澜，张强，钟开斌. 危机管理. 北京：清华大学出版社，2003：57.
② 肖鹏军. 公共危机管理导论. 北京：中国人民大学出版社，2006：65.

进行分析与判断，并据此对组织管理者、相关工作部门、公众发出警示。警示功能是危机预见功能的外化，在预见了危机发展的征兆之后，通过对相关部门与人员的警示才真正将危机前期的应对与处理提上了议程。

（3）延缓功能。危机的延缓功能主要体现在通过危机的预警机制，及早发现危机的征兆信息，一旦危机不可避免地爆发，由于组织此前对危机有充分的预期与准备，通过有效的管理能在很大程度上减缓危机发展的速度，降低危机的危害程度及波及范围。

（4）化解功能。在危机诱因的萌动之初能及时发现，通过采取一定的措施进行阻止与防范，将危机成功消灭在前兆期。化解危机是危机预警系统中最重要的目标。

2.2.2　危机预警中应注意的问题

无论何种问题，无论采用什么样的技术路线来处理危机的前兆，管理者都需要注意以下问题：

（1）建立预警管理中的激励体系，激发组织成员尽早和尽心地参与问题管理，降低问题演变为危机的概率；

（2）危机预警要从组织利益、成员利益、社会整体福利和环境福利的多维角度考虑，制定周到全面的应对措施；

（3）危机管理的体系中，不仅要确立危机的测定指标，也要重视危机前兆——问题的确立指标；

（4）重视每一个问题，无论是极有可能转变为危机的高风险问题，还是仅仅做累积危机防范经验的低风险问题；

（5）有效率、有原则的传播沟通是有效处理危机前兆问题的关键。原则上，在危机的问题阶段，对外不宜过度传播，引起不必要的恐慌以致加快问题恶化为危机，对内保证信息畅通和到达关键部门的速率以期尽早解决问题或尽早降低危机的恶劣影响。

2.2.3　危机预警机制的建立

1. 危机预警机制建立的作用

建立危机预警机制是为了更加系统、高效地对危机进行管理，其积极作用表现在如下两个方面。第一，有利于提高危机监测的效率。通过建立完善的危机预警体系，能弥补人工监测的主观性强，易受情绪、环境等因素干扰的不足，同时降低危机监测的人力成本，从而全面提高危机监测的效率。第二，有利于降低危机带来的损失。建立危机预警机制的目的就在于减少危机带来的损失。这主要体现在组织通过危机预警机制及时发出的警报信息，迅速进行反应，调配各类资源，全力阻止危机的蔓延与扩散，从而将危机带来的破坏性降到最小。

2. 危机预警机制建立的原则

1）专业化原则

专业化原则强调的是危机预警系统需要具有专业知识和技能的人员进行管理协调。危机爆发之前的征兆表现多种多样，有时甚至瞬息万变，没有接受过专业训练的人员很难从纷繁复杂的信息中分辨、筛选出有效信息，并进行适当的分析处理。危机预警机制的专业化管理是该机制得以正常运行的重要保证。

2）全员参与原则

尽管危机预警机制需要专业的人员进行维护与管理，但并不意味着其他人不能参与危机管理的信息监测工作。毕竟，专业人员不是万能的，很多潜在的危机诱因的发现最初也是通过非专业人士观测到而向上反映的，在公共危机领域尤其如此。全员参与的原则客观上扩展了组织危机监测的范围，有利于危机预警工作得到广泛的支持与参与，取得更好的效果。下述案例中的美国"挑战者号"的爆炸就是忽视全员参与带来的恶劣后果：1986 年 1 月 28 日，美国"挑战者号"航天飞机载 7 名宇航员，进行航天飞机的第 25 次飞行。这一天早晨，成千上万名参观者聚集到肯尼迪航天中心，等待一睹挑战者号腾飞的壮观景象。上午 11 时 38 分，在人们目送之下，竖立在发射架上的挑战者号点火升空，直飞天穹，看台上一片欢腾。但航天飞机飞到 73 秒时，空中突然传来一声闷响，只见挑战者号顷刻之间爆裂成一团橘红色火球，碎片拖着火焰和白烟四散飘飞，坠落到大西洋，飞机上的 7 名宇航员全部遇难，铸成了美国太空计划史上最严重的灾难事故。事故调查委员会后来证实，一位工程师早就发现了造成事故的技术缺陷，并写过一份内部备忘录交给他的上司，但这份备忘录在传递的过程中不知落入何人手中，最终未能起到预警的作用，以避免灾难。[①]

3）开放性原则

危机预警体制并不是一个封闭的系统，它的开放性体现在如下两个方面。一是预警功能的开放。这是指将危机的预警功能向整个战略系统开放，与其他各个系统密切合作，有机结合。与此同时，对于一些丰富、完善危机预警体系的意见、措施也应积极采纳，不断优化危机预警系统，提高其运行的科学性。二是预

---

① 胡百精. 危机传播管理. 北京：中国传媒大学出版社，2005：7.

警经验的开放。预警经验的开放强调的是促进组织内部、组织与组织之间关于预警经验的交流，只有不断学习、多方面借鉴，才能使组织的危机管理工作推向前进。

4）长期性原则

一些对危机管理缺乏重视的组织的危机预警系统常常出现形同虚设的情形：系统内技术分析手段落后，信息严重滞后、无专业人员进行协调管理……尽管对于同一个组织而言，正常情况下危机不会太频繁地出现，但这也绝不能成为疏于预警管理的借口，因为危机一旦爆发，就可能产生致命的威胁。只有长期坚持不懈地做好预警系统的维护与管理工作，才能体现预警机制的真正价值。

2.2.4 危机预警的策略

美国著名的管理咨询专家史蒂文·芬克（Steven Fink）在《危机管理》一书中指出，每一个当权的人"都应当像认识到死亡和纳税是不可避免的并必须为之作计划一样，认识到危机也是不可避免的，也必须为之做准备"。对危机充分的了解与认识必然使组织从战略的角度对危机管理，尤其是危机的预警机制予以重视，然而完备的危机预警机制不仅体现在危机预警系统的科学设计与动态优化之中，还体现在对危机预警策略的灵活运用之上。较常见的危机预警策略主要有如下几类。

1. 控制策略

控制策略是指在发现了危机的征兆后，在对可能引发危机的原因、条件、环境的分析的基础上，采取恰当的措施制止危机要素的继续发展和扩大，将危机征兆排除或控制在安全范围内。实践中，大多数情况下危机的征兆都是不可能被彻底消除的，只要能将它的活动范围控制在相对安全的区域内，控制策略的目标也就基本达到了。

通行的危机控制策略主要有如下几项[①]。

（1）远离危害最大的风险。如遭遇恶劣天气，飞机放弃飞行计划，就能有效地防治出现飞机失事的危机发生。

（2）实施零缺陷的管理。如海尔的OEC（Overall Every Control and Clear）管理法。OEC管理法意为全方位优化管理法，是海尔集团于1989年创造的企业管理法。"OEC"内容包括：

O——Overall 全方位

---

① 胡百精．危机传播管理．北京：中国传媒大学出版社，2005：115．

E——Everyone 每人

　　　Everything 每件事

　　　Everyday 每天

C——Control 控制

　　　Clear 清理

即每天的工作每天完成，每天工作要清理并要每天有所提高。因此，OEC 管理法也可概括为："日事日毕，日清日高。"该法为海尔集团创造了巨大的经济效益和社会效益，朱镕基总理曾批示在全国推广这种管理经验。

（3）缔结与核心利益相关者的稳定互动关系，寻求最强有力的支持。

1985 年 4 月 23 日，可口可乐公司在纽约召开了一场记者招待会，旨在对全世界宣布：可口可乐公司将中止使用老配方，停止生产老可口可乐，取而代之的是新配方，新可口可乐。对新可口可乐，公司的高层们充满信心，他们几乎邀请了全美境内所有新闻单位参加本次记者招待会，公司的决策层信誓旦旦地向公众保证："这项大胆的决定是公司迄今为止作出的最正确的决定。"自信十足的他们怎么也不会想到新可口可乐的推出几乎成了公司的一场灾难。

新可口可乐更甜，而甜恰好是它的最大缺点。消费者宁愿喝以前不那么甜的可乐；新可乐的口味更柔和，不像老可乐那样辣，但人们却恰恰更喜欢以前的那种辣味。更糟糕的是，新可乐所含的热量是老可乐的 5 倍。

新可乐配方的改变立刻引起了轩然大波。24 小时之内，81% 的美国公众知道了这一改变，其速度比新美国总统当选的消息传播速度还快。人们的反应相当强烈，在记者招待会举行后的 5 天以内，公司每天接到 1000 多个抗议电话，还有连续不断的抗议信。

消费者的愤怒程度完全出乎了可口可乐公司的预料。在强大的反对压力下，可口可乐公司终于让步了。1985 年 7 月 10 日，ABC（美国广播公司）打断了日间正在播出的电视节目，插播了一条特别的新闻。以往这种插播仅仅是在灾难或外交危机发生时出现。这次插播的新闻宣布可口可乐公司将重新使用原先可口可乐的配方。第二天，可口可乐公司再一次举行了记者招待会，公司的高层们公开向美国及全世界人民道歉，并宣布公司将重新启用旧的可口可乐配方，生产原来味道的可口可乐。[①]

可口可乐的新配方风波正是由于可口可乐公司与消费者缔结了稳定的互动关系，才使组织在短时间内能果断作出正确抉择，及时停止使用新配方，中止了危

---

① 杨春伟，徐苑琳. 全球饮料龙头：可口可乐. 上海：上海财经大学出版社，2007.

机的核心诱发因素，最大限度地挽回了公司的损失，将危机扼杀在了摇篮之中。

（4）迅速解决小问题。

首先让我们来回忆一则寓言故事：扁鹊见蔡桓公，立有间，扁鹊曰："君有疾在腠理，不治将恐深。"桓侯曰："寡人无疾。"扁鹊出，桓侯曰："医之好治不病以为功！"居十日，扁鹊复见，曰："君之病在肌肤，不治将益深。"桓侯不应。扁鹊出，桓侯又不悦。居十日，扁鹊复见，曰："君之病在肠胃，不治将益深。"桓侯又不应。扁鹊出，桓侯又不悦。居十日，扁鹊望桓侯而还走。桓侯故使人问之，扁鹊曰："疾在腠理，汤熨之所及也；在肌肤，针石之所及也；在肠胃，火齐之所及也；在骨髓，司命之所属，无奈何也。今在骨髓，臣是以无请也。"居五日，桓侯体痛，使人索扁鹊，已逃秦矣。桓侯遂死。寓言中蔡桓公之死就是忽视身体上的小问题而付出的惨痛代价，对于组织而言，又何尝不是如此。由于小的错误带来的企业危机不计其数，"英特尔奔腾芯片危机"就是其中的一个：

1994年6月，英特尔公司刚刚推出其划时代产品——奔腾处理器。在芯片推出的前几天，英特尔公司的技术人员在做测试时发现，奔腾芯片的除法运算会发生某种偏差，这个问题是在90亿次除法运算中才可能出现1次错误。这意味着什么呢？即使那些经常遇到浮点运算的用户在使用该程序的每27 000年中才会遇上一次计算错误，这种误差发生的概率只有几亿分之一。当时英特尔的主管人员认为会被这种运算错误影响的人会很少，决定按原计划推出奔腾芯片。

当月，弗吉尼亚州的数学教授尼斯利博士在用奔腾计算机做一次运算的时候发现了计算机的错误。该教授花费了3个月的时间，得出了计算机芯片可能存在问题的结论。10月24日，尼斯利博士发了一封电子邮件给英特尔的技术支持人员，告之错误，并附上了相关的实验数据，要求英特尔的技术人员进行重复计算。英特尔在给尼斯利博士的回信中，只是指出尚没有人发现类似的错误，但是却没有肯定那是因为奔腾芯片的技术问题而导致的错误。

尼斯利博士并不满意英特尔的回答。10月30日星期日，尼斯利教授给他的几个朋友发了一封电子邮件，告之奔腾芯片可能存在的问题。这些收到邮件的人又将电子邮件转发给他们的朋友，英特尔奔腾芯片存在问题的消息就这样通过网络迅速传播开来。消费者群情激愤，成千上百个电话打去质问英特尔公司，致使公司的电话线路阻塞，成千上万的电子邮件发到了英特尔公司，致使公司的服务器瘫痪。12月12日，英特尔公司最大的客户IBM发表声明，不再接受英特尔奔腾芯片。英特尔股票下跌3.25美元/股。12月20日，英特尔公司在强大的市场压力之下，发表了声明并道歉，并且愿意无理由更换奔腾芯片，为此，英特尔公司拨出 4.2 亿美元的款项，还聘请了上百名客户服务人员来回答用户的问题，并且安排了 4 名员工专门阅读网上新张贴的消息，及时对这些消息进行回复。整个危机花掉英特尔近 5 亿美元。

原本一个 90 亿次除法运算中才可能出现 1 次错误的"小问题"，却让英特尔最终付出了近 5 亿美元的代价，这种强烈的对比再次告诉我们，在危机的预警体系中，不可忽视任何所谓的"小问题"。事实上，迅速纠正这些"小差错"、"小问题"往往并不是太难，组织只要注意防微杜渐，完全可以有效地避免该类危机发生。

2. 延缓策略

延缓策略是指当危机的诱发因素不在组织的控制范围内，或难以消除、控制时，通过采取各种措施，尽可能地减轻危机爆发后可能造成的直接和间接伤害，将其负面影响降到最低。延缓策略的采用往往意味着组织可以争取到更多的危机处理时间和空间。在建筑物内设置隔离墙、在危机水岸修建堤坝都是危机延缓策略的典型应用。

3. 转移策略

转移策略是指当诱发危机的要素很难排除，甚至缓解也十分困难时，组织可以通过将危机带来的风险转移给其他相关机构和个人的方法来减轻组织的危机压力。例如，在地震、洪水、火灾等公共危机中，地方政府一方面会迅速调配交通、医疗、卫生等部门协同处理与配合，另一方面还可以将险情上报国家的有关部门，寻求支援。对于企业等营利性组织而言，购买保险、外包等管理手段也能起到转移危机的作用。尽管保险不能使企业规避危机，但很多已经形成的危机是可以通过保险削弱或者消除的。

4. 教育策略

对于组织内外部的利益相关者进行危机教育，是危机预警工作顺利开展的重要基础。对外部公众的教育，尤其对于政府等公共领域危机而言，既可以为处于危机中的公众提供智力支持和精神动力，也可以唤起民众积极参与危机的责任感和自觉性，同时还能起到维护社会稳定的作用。对于内部成员的教育，可以加强他们的危机意识，提高他们应对危机的能力，减少危机带来的有形和无形的损害。危机教育的内容主要有危机意识教育、危机防范教育、危机案例教育等。

随着夏季的到来，各种台风、雷雨等天气随之增多，为了更好地应对夏季多变的气候，在"2008 北京奥运会"举办前完善部门的应急反应系统，提高团队应对突发自然灾害袭击的能力，2008 年 5 月 30 日，东航山东分公司客舱服务部（以下简称"客舱部"）进行了一场模拟强台风在青岛登陆的应急演练。

演练期间，客舱部会议室被作为部门临时指挥中心，客舱部领导，生产调度室，乘务一、二分部，业务执行部，综合办公室，以及所相关人员接到"台风"登陆的通知后迅速到达指挥中心，客舱部经理作为总指挥向参与人员介绍了"台风"登陆的情况，并宣布按照东航山东分公司要求，客舱部启动应急预案。

接着，客舱部针对情况模拟，临时划分组建了两个小组，并任命两名客舱部经理助理分别任客舱部机场与市里副总指挥。随后，总指挥和两位副总指挥以及各个部门分别阐述了各自所在的位置、职责和所做的各项工作：生产调度室负责分公司相关部门的信息联系，并进行部门全局生产调整跟进工作；乘务分部负责各自人员相关的全面信息联络等跟进工作；业务执行部负责提供业务指导；综合办公室负责一切后勤保障……各部门、每个人都积极地行动起来，相互配合，相互协作，齐心协力应对"突发事件"的发生，最大程度地保证航班安全、正常和优质服务。

演练期间，所有参与人员都开展了积极的研讨，设想了各种可能发生的情况，每个部门都按责任顺序确定了负责人，并根据演练存在的问题对本部门的应急流程进行灵活的修改和补充。

最后，客舱部经理暨该次危机演练的总指挥，根据各部门的应对阐述进行了小结。

这是东航山东分公司客舱服务部第一次进行危机应对演练，暴露出不少有待改进的问题，但是通过演练，每个负责人和相关领导都建立起了危机意识，为提高部门应急反应能力夯实了基础。鉴于客舱部的应急管理还很薄弱，东航山东分公司还决定，客舱部将在奥运会举办前进一步开展各类情况的应急演练，提高管理者参与危机处理的能力，并且通过演练提高全员应对突发事件的能力与信心。[①]

上述案例中，东航山东分公司客舱服务部通过"危机应急演练"的方式，不仅对内部员工进行了危机防范教育与危机意识教育，还在演练过程发现了一些新的危机预警信息。可见切实做好危机的教育工作对危机预警重大意义。

实践中，由于提前做好了危机教育工作而极大降低了危机带来的生命、财产损害的例子屡见不鲜，如 5·12 汶川地震中，桑枣中学正是因为提前通过培训与演习等方式做好了安全教育工作，才在地震中成功挽救了上千余名师生的生命。

---

① 资料来源：《东航山东分公司客舱部进行自然灾害应急演练》，http://news.carnoc.com/list/105/105227.html.

汶川地震发生时，位于汶川附近的安县桑枣中学全校 2 300 多名师生仅仅用时 1 分 36 秒，便从不同的教学楼和不同的教室中极有秩序地冲到操场，以班级为组织站好，无一伤亡。原来，该校校长一直十分重视学生的安全教育和培训工作，每周二都是学校规定的安全教育时间，让老师专门讲交通安全和饮食卫生等。从 2005 年开始，该校每学期都会组织一次全校规模的紧急疏散演习。每个班按照学校规划好的疏散路线，排成单行，依次疏散到操场上的固定位置。每次演习时，校长都会亲自督导，并认真讲评各班级存在的问题。地震那天，学生们正是按照平时学校要求的、他们也练熟了的方式疏散的。

案例直击

聚焦蒙牛特仑苏 OMP 事件

2008 年至今，中国乳品企业的生存境遇之糟可谓前所未有。典型代表是受到三聚氰胺与 OMP 双重打击的蒙牛乳业。前者来源于全行业操作潜规则，后者则带有浓重的蒙牛特色。

OMP 是英文 Osteoblast Milk Protein 的缩写，中文名称是造骨牛奶蛋白。2006 年，蒙牛向市场推出特仑苏 OMP 高端牛奶，其市场销售价格高出普通牛奶近一倍。但是就是这种被蒙牛重点宣传推广的物质却为蒙牛带来一场空前的风波，使其一时间陷入重重危机之中，虽然蒙牛后来凭借超强的公关能力和多方援助挽回局势，可是至今仍是元气大伤，尚未回复当初的良好状态。下面我们来看看这个事件的始末。

企业介绍：

蒙牛乳业集团成立于 1999 年 1 月份，总部设在内蒙古呼和浩特市和林格尔县盛乐经济园区，总资产超过 80 多亿元，职工近 3 万人，乳制品年生产能力达 500 万吨。到目前为止，蒙牛集团已在全国 15 个省市区建立生产基地 20 多个，拥有液态奶、酸奶、冰淇淋、奶品、奶酪五大系列 200 多个品项，产品以其优良的品质荣获"中国名牌"、"中国驰名商标"、"国家免检"和消费者综合满意度第一等荣誉称号，产品覆盖国内市场，并出口到美国、加拿大、蒙古、东南亚及港澳等国家和地区。

本着"致力于人类健康的牛奶制造服务商"的企业定位，蒙牛乳业集团在短短 10 年中，创造了举世瞩目的"蒙牛速度"和"蒙牛奇迹"。从创业初"零"的开始，至 2007 年底，主营业务收入实现 213 亿元，年均递增 121%，成为全国首家收入过 200 亿元的乳品企业；利润实现 10.87 亿元，年均递增 159%；税收实现 10.35 亿元，年均递增 138%。主要产品的市场占有率超过 35%；UHT 牛奶销量全球第一，液体奶、冰淇淋和酸奶销量居全国第一；乳制品出口量、出口的国家和地区居全国第一。

在社会公益事业上，2003 年，率先捐款、捐奶 1 200 万元抗击非典；2004 年，为全国教师捐奶 3 000 多万元；2004 年 6 月 1 日，蒙牛在香港成功上市；2005 年，出资 1 000 万元参与呼和浩特奶牛风险基金的设立；2005 由蒙牛乳业集团与湖南卫视联合打造的"蒙牛酸酸乳超级女声"青春女孩秀，全国震撼；2006 年，积极响应总理号召，率先向全国贫困地区 500 所小学捐赠牛奶一年，受益小学生达到 6 万多人，总价值达 1.1 亿元。

事件回放：

早在 2007 年 3—4 月间，自由撰稿人方舟子就曾在博客中称："特仑苏 OMP 致癌。"2008 年 11 月 9 日，在三鹿事件尚未平息、乳品市场艰难恢复之际，方舟子在他的博客上发表文章认为，蒙牛生产的这种价格为普通牛奶 2 倍多的高端牛奶制品之所以卖得这么贵，是因为炒作概念，而且有很大的健康风险。

对此，蒙牛集团称，他们也强烈希望有关部门组织对特仑苏 OMP 牛奶进行检测，从而彻底弄清真相。

2009 年年初，内蒙古自治区质量技术监督局向国家质检总局报送了《关于核查蒙牛特仑苏牛奶有关情况的报告》。

2009 年 2 月 2 日，国家质量监督检查检疫总局向内蒙古自治区质量技术监督局发出公函，公函中提出："鉴于目前我国未对 OMP 的安全性作出明确规定，IGF-1 物质不是传统食品原料，也未列入食品添加剂使用标准，如人为添加上述物质，不符合现有法律法规的规定。请你局责令蒙牛公司禁止添加上述物质，并通知蒙牛公司，如该企业认为 OMP 和 IGF-1 是安全的，请该企业按照法定程序直接向卫生部提供相关材料，申请卫生部门作出是否允许使用 OMP 及 IGF-1 的决定。"2 月 11 日，此公函被媒体获悉并公布，迅速登上各大报纸、网站的头版头条，一时间人们对蒙牛的产品避而远之，蒙牛迅速陷入了危机之中。

2 月 11 日下午，蒙牛方面发布《蒙牛关于 OMP 牛奶的回应》，明确否认 OMP 与 IGF-1 之间存在关系，称 OMP 与 IGF-1 是两种完全不一样的物质。"OMP 是以牛乳为原料，经脱脂、膜过滤等工艺制成的牛奶碱性蛋白混合物，主要成分为乳铁蛋白、乳过氧化物酶等"，且 OMP 安全性受到了 FDA 等国际权威机构的认可。同时称 IGF-1 自然存在于所有牛奶中，而"特仑苏"OMP 牛奶中的 IGF－1 的含量与普通牛奶一样。

2 月 12 日晚，蒙牛集团副总裁、新闻发言人赵远花向多家媒体发布一份长达 22 页的 WORD 文件，是关于蒙牛特仑苏 OMP 牛奶的科技资料，末尾部分附上了内蒙古质监局在今年 1 月给国家质检总局的《关于核查蒙牛特仑苏牛奶有关情况的报告》全文。

2 月 13 日，卫生部网站发布新闻动态，新闻称卫生部等六部委组织专家对蒙牛公司使用的 OMP 食用安全性进行了研讨，文章认为"消费者饮用目前市场上该产品没有健康危害"，文章指蒙牛未经卫生部批准在特仑苏中添加 OMP，违反了《食品卫生法》，并擅自夸大宣传产品功能，有关执法监管部门将进一步对蒙牛的违法行为作出处理。

至此，围绕着 OMP 安全性的争议以政府部门发布权威结论而暂时告一段落。6 个政府部门联合公布的结论对蒙牛来说，不啻得到了一把"尚方宝剑"。此前，由于国家质监总局叫停在特仑苏牛奶中添加 OMP，引起舆论对特仑苏纷纷质疑。当蒙牛拿到政府的权威认定时，一颗惴惴不安的心算是可以落地了。

2 月 14 日下午两点，蒙牛集团召开新闻发布会，对事件进行详尽说明。在会上，蒙牛集团技术总监母智深博士介绍了 OMP 特仑苏引进研发的资料和情况，并且提供了国外的证明性文件。

专家点评：

蒙牛在应对特仑苏事件中，采取的战略步骤还是比较正确的。当时三聚氰胺的风波还没有完全平息，所以对特仑苏的质疑很容易引发公众的负面情绪，蒙牛一下子被推到风头浪尖，与三鹿奶粉一起成为了焦点。在这样的局势下，蒙牛凭着敏锐的危机嗅觉，及时接招，迅速反应，一定程度上控制了危机带来的恶劣影响。

蒙牛在这场风波中的表现：

1. 迅速发表声明

蒙牛在 2 月 11 日，也就是国家质量监督检查检疫总局向内蒙古自治区质量技术监督局发出的公函被媒体公布的当天下午，就及时发表声明，并在第二天晚上就向多家媒体发布了关于蒙牛特仑苏 OMP 牛奶的科技资料文件，反应速度可谓惊人。

2. 请权威部门鉴定

早在危机露出端倪之时，蒙牛集团就称，他们也强烈希望有关部门组织对特仑苏 OMP 牛奶进行检测，从而彻底弄清真相。危机爆发后，卫生部网站发布

"专家认为饮用OMP牛奶不会产生健康危害"的消息是使蒙牛步出僵局的最重要的一步，至此，蒙牛才有了生机。2月14日，蒙牛集团召开的新闻发布会上，在对特仑苏OMP引进研发的资料和情况进行介绍的同时，也不忘提供了国外的证明性文件。可见蒙牛集团在整个危机的处理过程中还是比较尊重和依赖权威部门检测结果的，也只有积极配合各项检验，真诚地面对政府部门及公众才能助自己早日摆脱困局。毕竟，三鹿乳业在这方面失败的教训是发人深省的。

3. 积极与媒体沟通

蒙牛这次的风波成败都有媒体的参与，一开始媒体蜂拥而上的报道，几乎令蒙牛陷入绝境，在拿到无害的证明之后，蒙牛更是迅速地联络媒体进行宣传，一时间几乎所有的媒体都从开始的批评态度转向正面宣传的态度。不管蒙牛采取了什么策略使媒体急速转换立场，这都是蒙牛能够扳回局势的重要一笔。

资料来源：《蒙牛特仑苏OMP事件的"台前幕后"》. 新华网. 2009 - 12 - 15；《蒙牛特仑苏事件全记录》. 网易新闻专题；《OMP风波之后　乳企责任依然在肩》. 第一财经日报. 2009 - 02 - 16.

复习思考题

1. 问题管理与危机管理的主要区别是什么？

2. 问题处理的流程通常有哪些步骤？

3. 选择一个较为熟悉的组织，试用失效模式影响分析法（FMEA）对组织潜在的风险进行分析。

4. 什么是危机预警？危机预警具有哪些功能？

5. 为什么要建立危机预警机制？危机预警机制的建立必须遵循哪些原则？

6. 常见的危机预警策略有哪些？请结合实例谈谈对危机预警重要性的认识。

第 3 章

危机中：危机的处理

危机处理的原则

危机控制的策略

第 3 章

危机中：危机的处理

内容提要

（1）危机的处理是危机管理中的核心阶段，在危机处理过程中，管理者必须遵循主动性原则、快速性原则、真实性原则、诚意性原则、公众利益至上原则、专业性原则以及利益兼顾原则。

（2）危机处理策略是对危机处理的整体性思考。危机处理的一般策略主要有四种：危机中止策略、危机隔离策略、危机消除策略、危机利用策略。

从危机生命周期的角度出发，如果将危机的预警视作危机管理的首要阶段，那么危机的处理则是危机管理的核心阶段。当危机不可避免时，任何抱怨或唉叹皆于事无补，我们必须积极地进行危机的控制与处理。正如人们生病一样，病因往往是多种多样的，危机爆发后的各种表征都需要我们透过现象认识本质，尽可能地做到对症下药。尽管在此穷尽各种病因，开出各式药方不具有可行性，但可以通过本章对危机处理的基本原则与策略的探讨，为寻找药方指明方向。

3.1 危机处理的原则

在现代市场经济环境中，企业生存随时面对威胁和挑战，企业的危机管理已经越来越成为一门显学。一些曾经规模庞大、雄踞一方的大型企业如三株、爱多和巨人集团，由于在危机爆发时没有进行妥善的危机处理，从此江河日下、一蹶不振。因此，在危机风暴之中，管理者如果能够掌握如何使组织安然规避危险，并从中获得更好的发展契机的能力，无论对企业还是对政府而言都是一笔宝贵的财富。

要正确处理危机，管理者必须遵循以下原则。

1. 主动性原则

主动性原则包括两个方面。一是罗杰斯特所说的"以我为主提供信息"，它要求危机管理者主动提供危机事件的相关情况。在危机情境下，管理者由于突然遭受危机的冲击，反而有自我保护和自我隐藏的倾向，而对外界的追问采取逃避的态度。但是对信息的隐匿是一种错误的做法。由于官方信息的不足，媒体和公众在恐慌情绪下容易转向外界的其他信息源去获取信息。而这些信息的可靠性和真实性通常很低。虚假的信息一旦形成流言在社会中传播扩散，将造成公众情绪的进一步恐慌，使得危机升级，加剧事态的严重程度。因此，为了阻断外界的猜测，使不确切的消息减少传播机会，危机管理者应当抓住危机爆发的第一时间，发布正确和充分的官方信息，以掌握话语权，主导社会舆论。二是主动承担责任。危机一旦发生，不良的舆论环境就已经开始形成，危机企业就已经处于被动状态。因此不论危机性质如何，也不论危机责任究竟属于何方，危机管理者都应该首先表示出愿意承担责任的意愿和气魄，争取解决危机的主动权和有利的舆论氛围。即使事件责任并不在于己方，企业也不应当在证据不够充分的情况下与媒体和公众展开辩论。而当事件责任明确落实后，整个社会反应已度过应激阶段，此时企业既能彻底脱离危机影响，也能为在危机中不推脱、不逃避责任的表现而赢得公众的好感。

2. 快速性原则

危机发生后的 24 小时，是危机处理的黄金时间。因为危机事件在曝光初期具有较大新闻价值，媒体会积极介入，以满足社会公众的知情欲。而此时公众对信息的需求也最为迫切，尤其当企业危机切实关系到公众的自身利益时，他们会密切关注事态的进展，直到获得满意的答复。而企业如果不能在这个时期给关注危机的公众作出一个合理的表态，公众的怀疑和不满情绪将逐渐上升，对企业的信心开始动摇，企业形象和声誉都会由此受损，并很难进行弥补。危机处理拖得越久，企业愈加陷入被动，企业恢复正常运转所耗费的时间越长，付出的代价也就越高。

1993 年 7 月，美国百事可乐公司突然陷入一场灾难。美国出现了关于在罐装百事可乐内接连发现注射器和针头的流言，并且将此事与艾滋病联系起来。许多超市立刻将百事可乐撤下货架。百事可乐公司及时、果断地推出了一系列措施，一方面通过新闻界向投诉的消费者道歉，给予其一笔可观的奖金以示安慰，并邀请其到生产线上参观，以确信百事可乐质量可靠。另一方面百事可乐公司重金买下美国所有电视、广播公司的播出时段反复进行辟谣宣传。由于百事可乐公司及时地把真相告知公众，流言很快就被击破。百事可乐的品牌不仅没有在危机中遭受灭顶之灾，反而在出色的危机处理后得到了提升。

3. 真实性原则

危机爆发后，企业必须主动向公众提供事实的全部真相，而不必遮遮掩掩，以免增加公众的好奇、猜测甚至反感。片断的、不充分的信息只会延长危机影响的时间，增加危机所造成的损失。而不实的、捏造的信息一旦曝光，将加剧公众的愤怒情绪，使品牌、企业信誉等无形资产蒙受巨大的损失，最终造成不可收拾的局面。向公众说出真相是危机处理中最关键、最有效的解决办法。人们通常会原谅一个人的错误，但不会原谅一个人为掩饰错误而说谎。因此，"以诚相待、公开透明"才是使企业在危机中取信于人、转危为安的最佳原则。

2008 年 3 月 5 日，《深圳商报》刊载的《传长虹在美国遭巨额诈骗，受骗金额可能高达数亿》一文称：长虹在美国遭巨额诈骗在业内已传播甚盛，似乎已成不争的事实，并且称长虹受骗已惊动了外经贸部。3 月 6 日，股市刚开盘 1 小时，"四川长虹"就遭受了巨额抛售，股价上演高台跳水。在这次突如其来的危机事件中，"长虹"反应迅速，及时采取了应对措施。在危机爆发的当天，长虹及时提供给各大媒体一份声明，主动透露信息，详细说明了事件的真相。这在一定程度上防止了负面信息的扩散，使危机给企业造成的损失减少到最低，尽可能地控制了危机深化演变。

4. 诚意性原则

诚意性原则就是要求企业在面对公众尤其是危机事件的受害者时，以真诚、诚恳的言行和态度来处理事件，以安慰和弥补他们在精神和情感上所遭受的伤害。危机事件不仅给受害者带来了利益上的损失，而且使公众对企业、品牌的信赖感大大降低，品牌与消费者之间的情感维系也遭到破坏。此时企业应当及时向公众和受害者表示歉意，必要时还可以通过大众媒体向社会公众发表谢罪公告，以表示企业对危机事件处理的诚意，从而赢得消费者、受害者以及社会舆论的广泛理解和同情。

20 世纪 70 年代，日本本田公司曾经历过一次严重的"缺陷车事件"。当时刚打开销路的本田"N360"型小轿车因出现严重的质量问题，造成上百起人身伤亡事故。受害者及家属组成抗议联盟，本田声名狼藉，企业生存岌岌可危。但本田公司立即决定，以真诚的态度承认失误。本田举行记者招待会，通过新闻媒介向公众认错，总经理道歉之后引咎辞职，同时宣布收回所有"N360"型轿车，向顾客赔偿全部损失，并重金聘请记者和消费者担任质量监督员，接受舆论监督。本田的诚意打动了日本公众，又重新树立起了良好的品牌形象。

5. 公众利益至上原则

公众的权益高于一切，在危机中切实保护公众的利益，把危机对公众造成的损失降到最低是企业危机处理的最根本要义。因为公众是组织赖以生存和发展的基础，组织的一切行为都必须以公众的利益为考虑。不坚持这条原则，就不可能真正处理好危机。

1973 年 8 月，英国出现一篇报道指责雀巢等婴儿食品公司为了商业利益而片面宣传其产品的母乳替代作用，导致大量发展中国家婴儿因非母乳喂养而遭受营养不良、疾病或死亡，由此引发抵制雀巢产品的世界性运动。雀巢公司却采取了对抗的方式，将该文作者告上法庭。令雀巢始料未及的是，尽管赢得了官司，却失尽了人心。针对雀巢的抵制运动成为"有史以来人们向大型跨国公司发起的一场最为激烈和最动感情的战斗"。直到 1980 年末，雀巢公司意识到错误，调整产品推广方案，在广告上加入了母乳喂养的好处等营养学常识，还成立了营养学协调中心，平衡市场推广和营养常识普及的宣传力度，才逐步挽回了人心。

6. 专业性原则

专业性原则是指在危机处理时要进行专业化的管理。这需要在内部建立起一个职责清晰、权责明确的危机管理机构。清晰的职责划分是确保危机管理体系有效运作的前提。同时，组织应确保危机管理机构具有高度权威性，尽可能不受外部因素的干扰，以保持其独立性和公正性。为了提高危机管理的效率和水平，不同领域的危机应由不同的部门来负责，以利于各相关部门集中力量将各类危机控制好。但不同的危机管理部门最终都应直接向最高层管理者负责，实现危机的集中管理，保证危机处理时全员的一致性。

管理者在处理危机时必须冷静、沉着、果断，做到协调统一、宣传统一和行动统一，不可出现失控、失序、失真的情况，否则只能造成更大的混乱，使局势进一步恶化。在进行危机沟通时，必须统一信息传播的口径，对一些技术性或专业性较强的问题，应该认真研究，早有准备，并且使用清晰、不产生歧义的语言，以避免出现猜忌和流言。

7. 利益兼顾原则

处理危机时，企业不能只考虑眼前的经济利益，但是又不能抛开经济利益。企业危机管理行为同样需要考虑危机处理的成本与收益。危机处理的（长期）潜在总收益（包括损失的减少）应当高于危机处理的成本。也就是说，危机处理投入的净现值应当为正。一般来说，危机产生之后会发生两项成本。企业一方面要面临危机可能带来的损失，另一方面又要承担处理危机的成本。这二者之和构成了企业为危机付出的总代价。而通常企业处理危机的强度越大，支出越高，危机可能带来的影响和损失就会越小，反之亦然。企业要做的其实就是使二者之和达到最小。为此，企业必须估计危机处理成本和相应的危机影响，对二者之间的相互关系进行估算，最终选择损失最小的点。这就是所谓的成本—收益原则，它也是企业处理危机时的一个基本原则①。

除了组织自身的利益，出现危机时，管理者也不应忽视其他利益相关者的利益，包括员工、股东、合作伙伴、供应商、渠道商以及相关的政府管理部门等。管理者必须就危机处理的办法与他们进行有效的沟通，才能全面地防范危机的波及影响，更好地控制危机可能造成的损失。

3.2 危机控制的策略

3.2.1 危机处理的相关理论

1. 威廉·班尼特的五大战略

开创危机管理战略分析理论的学者威廉·班尼特（William Benoit）曾提出危机处理的五大战略方法，其中很多又可细分出不同的战术差异。

第一个战略是否认。班尼特把否认分为简单否认和转移视线两种。所谓简单否认，就是企业可以直接表示"未做亏心事，不怕鬼叫门"，企业不应该承担责任。

转移视线策略，则类似于金蝉脱壳、李代桃僵，就是企图转移利益相关者的视线。在戴尔"邮件门"事件中，戴尔就曾打出这样的声明：该行为只代表员工的个人行为，并非公司行为。转移视线的好处在于它可以把个人或组织描绘成不公正环境的牺牲品，以引起人们对替罪羊的直接责问。但是这种策略的缺点是颇有推卸、逃避之嫌，可能不利于危机的解决和形象的修复。

第二个战略是逃避责任。这是最复杂的策略。这个策略有四种具体战术：被激惹下的行为（Provocation）、不可能的任务（Defeasibility）、事出意外（Accident）、纯属善意（Good Intentions）。

被激惹下的行为：公司行为是对外在挑衅的防御和正当防卫，可以谅解，将责任归咎于对方的挑衅。

不可能的任务：公司不是不愿处理，而是非公司力所能及，这时至少可以将风险和责任分给其他相关部门。

事出意外：承认是公司所为，但是并非有意为之，可以谅解，但必须承担小

---

① 周春生. 企业风险与危机管理. 北京：北京大学出版社，2007：181 – 186.

部分的责任。

纯属善意：公司行为完全是出于公益或慈善的善意基点，但是没想到后果会是这样。尽管如此，公司还是会承担相应的责任。

第三个战略是减少敌意。如果确实是因企业的错误而导致危机，则可以采取六种策略降低外界对自己的口诛笔伐，减少负面舆论，以保护企业声誉和形象。这六种策略包括：支援与强化（Bolstering）、趋小化（Minimization）、差异化（Differentiation）、超越（Transcendence）、攻击原告（Attack Accuser）、补偿（Compensation）。

支援与强化：答应承担必要的责任，同时运用自己公司的业绩和社会贡献来唤起利益相关者昔日的情感和支持，借此抵消负面情绪。

趋小化：也就是"大事化小、小事化了"。尽量将事态和舆论控制在最小范围内，防止事态进一步恶化。

差异化：以竞争对手为基点作参考，表明自己处理危机的能力和方式比对手优越得多，希望利益相关者可以知足。如联想和戴尔在"邮件门"事件中的表现的确让利益相关者会把他们的作为比较一番，然后给予评判。

超越：企业也应在危机时期让利益相关者明白自己对社会的贡献、对利益相关者利益的维护远远超过自己所犯下的过错，希望大家能够谅解。

攻击原告：攻击是最好的防御，如在高露洁牙膏致癌事件中，高露洁就对报道此事的小报进行了攻击，使其更正不实报道并道歉。

补偿：用于担责，对受害者进行补偿，这是最积极的沟通策略，当然代价不菲，应量力而行。总而言之，第三个战略就是从各个方面减少错误行为传播的范围和程度。

第四个战略是亡羊补牢。这种战略是通过制定相关法律、规定来减少以后类似事件的发生。这种亡羊补牢式的做法，与上面提到的补偿的区别，在于它是针对未来的，而补偿则针对当前的损失。塞农（Sellnow，1998）认为亡羊补牢法应该和其他改善形象的战略共同使用，如否认、援助等，以促进组织重建、维护其合法性。

第五个战略是自责。这项战略包括道歉、忏悔和寻求公众的宽恕。班尼特认为，其他战略必须相互信赖，而这项战略可以单独发挥作用。

综合来看，班尼特的前两个战略强调责任，后两项与消除敌意有关，最后一项则是表达自责。班尼特认为个人或组织是追求声誉最大化的，它们总是不断提高声誉，减少负面影响。而公众可能会包括各种不同的利益群体，需要对他们实施不同的战略措施。媒体作为沟通一个组织和公众的中间因素，在危机管理中发挥着重要作用。班尼特和他的助手，在运用其模式来分析一系列危机方面取得了显著成绩，包括飞机坠毁、产品损害等①。

2. 基于约哈里窗口的危机处理策略

著名的危机管理专家伊恩·I·米特诺夫根据"约哈里窗口理论"提出了自己的危机处理策略。约哈里窗口是由约斯菲·勒弗特和哈里·莫格汉根据人际交往及人际传播过程中常见的自我信息管理的一些情况而总结出来的。

从自己的角度来看，有些自己知道，有些自己则不知道，而有些他人知道，还有些他人不知道。所以，可以分成开放的自我、隐藏的自我、盲目的自我和未知的自我。

在开放区域的情境中，自己能够了解自己，而对方也能够了解自己，所以彼此并没有设限，完全呈现开放的状态，这样的人际不会有所冲突。

在隐藏的自我状态，因为在内心深处有着不想被外人所知的事情，所以自己了解自己，但对方却不了解自己。在这种状况下，自己将某些想法与感情隐藏起来，可能因此而产生人际上的冲突。

在盲目的自我情境下，自己不了解自己，但是别人却了解自己，这样的情境是一种潜在的人际冲突。

如图3-1所示，自己和他人都了解的领域为公共领域，自己了解而他人未知的领域属于隐私领域，自己和他人均未知的领域属于神秘领域，自己未知而他人已知的领域相对而言称为未知领域。

图3-1　约哈里窗口理论

从某种意义上讲，随着信息技术和媒体的日益丰富和发展，在这个世界上几乎不再存在真正的、绝对的"隐私领域"。媒体的穷追猛打也大大增加了"神秘领域"被曝光的可能性。因此，在危机情境下，我们以什么样的速度披露信息，

---

① 高士屹．美国危机传播研究初探．http：//academic．mediachina．net．

信息披露到何种程度都需要认真规划，从战略上来进行把握。

所谓"知己知彼，百战不殆"。米特诺夫的危机处理理论有利于企业根据自身的潜力和已经掌握的信息，根据利益相关者对信息的掌握情况和需求，采取不同的应对策略。这些策略如图3-2所示。

图3-2 基于约哈里窗口的危机处理策略①

被迫告知真相：他人对你的某些情况有所了解，你最后迫于压力"被迫告知真相"，这种行为最终会导致自己非常尴尬、被动，也违背了危机沟通的主动坦诚原则。南京冠生园"陈馅月饼事件"中起初否认，最后被迫告知真相，最终导致公司破产。

先发制人策略：他人对你的某些情况不甚了解，但仍然渴望了解，这个时候你主动出击，告知真相，揭露自己的疮疤，坦诚和真实将会赢得对方的肯定。中美史克在遭遇"康泰克风波"后，不遮不掩，主动出击，配合政府法令，暂停康泰克生产和销售，主动和员工、媒体、经销商等进行沟通，在暂时控制危机损害的基础上，推出新康泰克，主打"不含PPA"进行宣传，迅速恢复市场。

隐藏信息：别人不知道某些情况，你自己也一直遮掩着，应该说暂时不会有什么问题，但是总会有被某些好事者和媒体曝光的危险，那时对你将是毁灭性的打击。如欧典地板被央视3·15晚会曝光，其所谓的"德国制造"完全是谎言，德国总部根本不存在，这种涉嫌欺诈的8年抗战最终将欧典和其他与德国有关的地板生产商拖入危机泥潭。

阻碍信息传递：别人已经知道了你的某些信息，而你又不愿意让他们知道，这个时候你将采取各种方法阻断信息传递，这样各有利弊，但总体而言，利少弊多：即使你一时阻碍成功，但是你无法永久阻碍，"纸包不住火"、"没有不透风的墙"说的都是这个道理；如果阻碍不成，将会引来更大的麻烦，"水门事件"

① *两个横行表示个人会采取的不同行为方式；**两个竖栏表示他人了解或者不了解某人的情况。
资料来源：冯春梅. 企业与利益相关者的危机沟通策略研究 [D]. 北京：中国传媒大学，2006.

中的尼克松企图封杀报道，但是最终未遂，被迫下台①。

3.2.2 危机处理的一般策略

危机处理策略是对危机处理的整体性思考。选择适当的危机处理策略，有助于危机管理者理清思路，改善危机处理的效果，减少危机的危害程度，甚至可以促使危机转变为商机。危机处理策略可以分为以下几种。

1. 危机中止策略

危机中止策略针对的是危机诱因，这在危机尚未曝光或者负面影响尚不严重之前尤其重要。如果危机的根源在于企业产品的质量出现问题、企业的生产经营过程造成污染等，企业就应立即实施中止策略，如停止销售、回收产品、关闭有关工厂或分支机构等，主动承担相应的损失，赔偿受害者损失，防止危机进一步扩散。

美国强生公司因成功处理泰诺药片中毒事件赢得了公众和舆论的广泛同情，在危机管理历史中被传为佳话。

1982年9月，美国芝加哥地区发生有人服用含氰化物的泰诺药片中毒死亡的严重事故，一开始死亡人数只有3人，后来却传说全美各地死亡人数高达250人。其影响迅速扩散到全国各地，调查显示有94%的消费者知道泰诺药片中毒事件。

事件发生后，在首席执行官吉姆·博克（Jim Burke）的领导下，强生公司迅速采取了一系列有效措施。首先，强生公司立即抽调大批人马对所有药片进行检验。经过公司各部门的联合调查，在全部800万片药剂的检验中，发现所有受污染的药片只源于一批药，总计不超过75片，并且全部在芝加哥地区，不会对全美其他地区有丝毫影响，而最终的死亡人数也确定为7人，但强生公司仍然按照公司最高危机方案原则，即"在遇到危机时，公司应首先考虑公众和消费者利益"，不惜花巨资在最短时间内向各大药店收回了所有的数百万瓶这种药，并花费50万美元向有关的医生、医院和经销商发出警报。

对此《华尔街日报》报道说："强生公司选择了一种自己承担巨大损失而使他人免受伤害的做法。如果昧着良心干，强生将会遇到很大的麻烦。"

泰诺案例成功的关键是因为强生公司有一个"做最坏打算的危机管理方案"。该计划的重点是首先考虑公众和消费者利益，这一信条最终拯救了强生公司的信誉。

---

① 冯春梅. 企业与利益相关者的危机沟通策略研究［D］. 北京：中国传媒大学，2006.

事故发生前，泰诺在美国成人止痛药市场中占有 35% 的份额，年销售额高达 4.5 亿美元，占强生公司总利润的 15%。事故发生后，泰诺的市场份额曾一度下降。当强生公司得知事态已稳定，并且向药片投毒的疯子已被拘留时，并没有将产品马上投入市场。当时美国政府和芝加哥等地的地方政府正在制定新的药品安全法，要求药品生产企业采用"无污染包装"。强生公司看准了这一机会，立即率先响应新规定，结果在价值 12 亿美元的止痛片市场上挤走了竞争对手，仅用 5 个月的时间就夺回了原市场份额的 70%。

强生处理这一危机的做法成功地向公众传达了企业的社会责任感，受到了消费者的欢迎和认可。强生还因此获得了美国公关协会颁发的银钻奖。原本一场"灭顶之灾"竟然奇迹般地为强生迎来了更高的声誉，这归功于强生在危机管理中的高超技巧[①]。

2. 危机隔离策略

由于危机的发生往往具有"涟漪效应"，如果不加以控制，危机影响的范围将不断扩大。隔离策略旨在将危机的负面影响隔离在最小的范围内，避免造成更大的人员伤亡和财产损失，殃及企业其他的生产经营部门或相关公众。隔离策略主要有以下两种情形。

情形一：危害隔离

危害隔离即对危机采取物理隔离的方法，使危机所造成的财产损失尽可能控制在一定范围之内。比如，当火灾发生之后，采取果断措施切割火场，以避免"城门失火，殃及池鱼"。对于一些多元化经营的企业，在某一产品线发生信誉危机之后，要采取有效的隔离措施，避免对其他产品线造成不利影响。此外，同行业内的某同类产品一旦出现质量危机等，其他相关企业也应当提高警惕，采取行动，以免遭受由危机带来的"连锁反应"的影响。这在乳业三聚氰胺事件中雀巢公司的处理可以得到映证。

三鹿牌婴幼儿奶粉事件发生后，作为国际乳品行业"领头羊"的雀巢公司也卷入了三聚氰胺事件当中。雀巢在香港的部分产品被检出含有三聚氰胺，并被香港媒体曝光。而雀巢在回应这一事件时的态度却存在问题。事件刚发生时，雀巢信誓旦旦地表明对本公司产品充满信心，所有在中国生产的产品都没有使用掺杂三聚氰胺的牛奶。而在此后，面对无可否认的抽检证据，雀巢终于承认了其在香港的一款纯牛奶含有三聚氰胺。

雀巢的声明不但前后矛盾，而且逻辑也经不起推敲。雀巢认为这次检出的三

---

① http://www.xici.net/b145107/d7251840.htm.

聚氰胺是微量的，不会对健康构成影响，由此坚信所有在中国生产的产品都没有使用掺杂三聚氰胺的牛奶。随后雀巢有关人士又表示，此声明中的中国不包括中国香港。然而，国内的食品权威专家指出：三聚氰胺是一种化学原料，不是食品添加剂，正常情况下，食物当中是不应该存在的。由此可见，三聚氰胺无论是含量高低，都不应该添加在食品中。

雀巢作为中国家喻户晓的"洋品牌"，害怕丢失庞大的中国市场，而选择隐瞒了真相。但是对企业来说，产品有瑕疵应勇于担当责任，公开信息；否则，越隐瞒问题越大，越辩解疑惑越重。漏洞百出的说辞最终还是经不起事实的考验，而回避、隐瞒的态度则使企业进一步丧失了人心，失去了抵御危机的先机。（事实上，如果雀巢公司在三鹿三聚氰胺事件发生之初就能切实做到提高警惕，采取有效的隔离措施，也就不会在此后的危机"连锁反应"中处于被动地位了。）

情形二：人员隔离

危机发生后，应进行有效的人员隔离，即在人员资源上让以危机管理者为首的危机管理小组成员专门负责处理危机，让其他人继续从事企业正常的生产经营活动，以防止危机对企业正常的生产经营活动造成巨大冲击。

3. 危机消除策略

危机消除旨在消除危机所造成的各种负面影响，转变人们的态度和看法。这种负面影响极可能包括物质财富上的损失，如企业生产场地遭受破坏、产品大量积压等，也可能包括精神上的损失和打击，如员工士气低落、股东信心不足、企业形象受损等。面对突如其来的危机，组织应尽可能地保持沉着冷静，根据当时外部与内部环境，选择恰当的途径消除危机带来的负面影响。通用汽车在9·11事件后巧妙地借助社会宏观环境为自己的"销量危机"解困的案例，相信能给大家带来一些启示。

9·11恐怖袭击发生后，通用汽车在北美的汽车销量急剧下滑，面临空前的财务压力。9月13日北美通用汽车销售下挫40%，个别地区达到50%，而在灾难发生地纽约无一人买车。整个美国的消费者都在购买新车时举棋不定。消费者的心理变化不仅是因为对未来的经济形势丧失信心，更多的是在购买新车时有一种负罪感，感觉自己是在别人遭难时大把花钱享受，这显然不是有道德有良心的人的所为。通用是全球最大的汽车制造商，它的一举一动都直接牵动美国汽车工业，甚至美国整个经济的运转。通用公司当时面临着一个两难困境：如果不进行促销，销售无疑会深陷低谷，同时对美国经济造成负面影响；如果进行促销，可能会让公众产生"出风头"或是"利用这场悲剧获利"的想法。

通过缜密思考和讨论，通用美国总裁批准了主题为"让美国继续转动起来（KEEP AMERICA ROLLING）"的促销方案：方案的核心是对通用所有车型实施贷款购车零利息。为了让这项方案顺利实施，通用公司采取了如下行动：首先，9月18日，为了显示工业界对经济复苏的信心，通用公司与美国工业领袖们及商务部长、劳务部长在通用公司的底特律哈姆特拉姆克组装厂举行了9·11事件追思纪念仪式；其次，为了避免刺激消费者感情，广告画面没有采用国旗或其他能够直接和9·11能联系起来的图片，而是确定为一条高速公路，文字则以画外音形式嵌入。

9月20日广告播出，取得热烈反响。"让美国继续转动起来"的呼声激发了公众对未来的信心，让消费者感到自己购车是在为国家经济复苏出力，不仅没有了享受的羞愧感，相反增添了共渡难关的豪情，申请购车贷款的数字翻番，并促使美国汽车工业在第四季度增长了14.4%，显示了持久的效力和感染力。虽然不到30%的人选择了零利息方案，但是"让美国继续转动起来"的呼声把消费者重新召唤到了汽车展厅里来。

"让美国继续转动起来"就是9·11事件给企业带来的机会，通用勇敢地抓住了它，成了致力于振兴美国经济的英雄。当世贸中心大楼轰然倒塌时，一些经济学家悲观地预测美国经济会从此一蹶不振，但通用公司的这一事件营销活动，手法老辣，决策果断，创造了市场奇迹。情感与实惠的双重功效，使得通用汽车的销售量很快恢复增长，并带动美国汽车工业在2001年第4季度增长了14.4%[①]。

4. 危机利用策略

越是在危机时刻，越能反映出一个优秀组织的整体素质、综合实力和博大胸襟。组织在危机中处理得当、表现得体、诚实负责，往往有可能变坏事为好事。

中美史克天津制药有限公司是一家现代化合资制药企业。其代表产品肠虫清、泰胃美、康泰克、芬必得、康得、百多邦等在中国已家喻户晓，其中康泰克为支柱性产品，年销售额在6亿人民币左右。

而2000年左右，美国一项研究表明，PPA即苯丙醇胺，会增加患出血性中风的危险。2000年11月6日，美国食品与药物监督管理局（FDA）发出公共健康公告，要求美国生产厂商主动停止销售含PPA的产品。中国国家医药监督管理局（SDA）于2000年11月16日发布了《关于暂停使用和销售含苯丙醇胺药品制剂的通知》，与美国FDA所发健康公告仅隔10天，并且是以中国红头文件的形式发至中国各大媒体。在15种被暂停使用和销售的含PPA的药品当中，包含

---

① http：//sports. sina. com. cn/s/2004 – 09 – 14/1130366261s. shtml.

了中美天津史克制药有限公司生产的康泰克和康得两种产品。

康泰克进入中国市场已有11年历史，由于其独特的缓释技术和显著的疗效，在国内抗感冒药市场具有极高的知名度，可谓家喻户晓。中国SDA通告一出，顿时引起社会的极大关注。媒体争相报道，经销商纷纷来电，康泰克多年来在消费者心目中的优秀品牌地位陷入危机之中。

在这种情况下，中美史克迅速启动危机管理工作系统，通过实施危机期间的媒体关系管理方案，有效控制并处理了由PPA事件引发的重大危机，有效保护了品牌，更为史克重返感冒药市场奠定了良好的舆论基础。

经过全面周密的调研分析，史克公司认识到，中国政府主管部门和中国各大媒体均已直接或间接介入此次PPA事件，危机管理是否有效取决于对舆论的引导，社会舆论只能引导，不能控制，更不能使其产生抵触情绪，而做到这一点的关键是对中国媒体关系的把握。进行有效的舆论引导，避免媒体的进一步炒作，全力协调中国媒体关系的最终目的是保护品牌，更是为康泰克重返市场奠定基础。

由此，史克公司迅速成立了危机处理小组，在第一时间开通热线电话，记录并回答记者来电，管理信息进出渠道，并由专人统一接听和处理媒体来电，对每一敏感问题准备准确的答案。同时，确定统一的对外信息发布渠道、发言口径及发言人，适时进行新闻发布会和媒介恳谈会，迅速主动阐述事实真相，表明史克公司从消费者健康利益出发，坚决支持中国国家药监局的决定。此外，公司还全面监控国内的各类媒体、网站及竞争对手的消息，及时获取相关的最新动态，收集有关报道的剪报，及时汇总有关媒介报道的情况，以便准确评估事态发展程度，为下一步的行动提供依据。

有了良好的危机管理，危机中也会蕴藏着机会。康泰克因PPA事件而遭受重大挫折，但从市场调查了解到，由于前一阶段的有效处理，消费者对康泰克品牌仍怀有情结，因此，新药重返市场时仍取名康泰克，但加上一个"新"字。PPA事件289天后，史克公司又抓紧时机，将新康泰克产品推向市场。自2001年9月3日，新康泰克已陆续出现在全国各大药店，并取得了难得的销售业绩，而此前SDA发出通告后至新康泰克上市前，史克公司康泰克销售已经降至零。

有效的危机管理帮助史克公司走出"PPA"阴影，更为康泰克的品牌保护，以及新康泰克重新赢得昔日"老大"地位奠定了坚实的基础。由于有了危机中建立的良好媒体关系，各大媒体也对新康泰克的上市进行了积极的报道，为新产品打开市场起到了很好的造势作用①。

---

① http：//media. news. hexun. com/1410528. shtml.

以上四种危机处理策略并非是彼此割裂的。在危机处理过程中，往往综合运用不同的危机处理策略，以达到相辅相成的效果。在危机处理的不同阶段，以不同的处理策略为重点。通常而言，中止策略和隔离策略在危机处理的前期广泛被采用，消除策略和利用策略则在危机处理的后期使用较为普遍①。

案例直击

肯德基苏丹红事件

企业介绍：

现代人没有几个是不知道肯德基的，这个白胡子的老爷爷在小孩子的心目中占有着很重要的位置。肯德基是世界最大的炸鸡快餐连锁企业，肯德基的标记 KFC 是英文 Kentucky Fried Chicken（肯德基炸鸡）的缩写，它已在全球范围内成为有口皆碑的著名品牌。肯德基自 1987 年在北京前门开出中国第一家餐厅到现在来到中国已经 22 年了。肯德基在中国的 22 年，是"立足中国、融入生活"的 22 年，是"为中国而改变，全力打造'新快餐'"的 22 年。如今中国肯德基已在 402 个城市开设了 1 800 余家连锁餐厅，遍及中国大陆除西藏以外的所有省、市、自治区，是中国规模最大、发展最快的快餐连锁企业。从 2000 年至 2004 年，连续 5 年被中国连锁协会评选为"最佳连锁品牌"；2005年被颁发"中国特许奖"。

肯德基在餐饮界的地位是有目共睹的，但这位来自国外的餐饮大王在中国的营销之路也并非是一帆风顺的。在 2005 年的时候，因为原料供应商的问题，肯德基曾经一时卷入了热门的"苏丹红事件"，但是肯德基凭借成熟灵活的公关策略迅速地走出了危机，并且依然受广大消费者喜爱和信任。

事件回放：

2005 年 2 月 18 日

英国在食品中发现苏丹红，下架食品达 500 多种。

2005 年 2 月 23 日

中国国家质检总局发出紧急通知，重点检控进口产品中的苏丹红一号，以防进入国内流通渠道。肯德基所属百胜餐饮集团立即要求供应商对相关调料进行检测，并提供书面确认。

---

① 周永生. 现代企业危机管理. 上海：复旦大学出版社，2007：166－168.

2005 年 2 月 25 日

百胜供应商广东中山基快富食品公司发来书面回复确认其供应的产品不含苏丹红。

2005 年 3 月 4 日

北京市有关部门从亨氏辣椒酱中检出"苏丹红一号",并确认苏丹红来自广州田洋。百胜再次要求所有供应商继续排查"苏丹红一号",并把重点转向国内原料。

2005 年 3 月 15 日

在肯德基新奥尔良烤翅和新奥尔良烤鸡腿堡调料中发现了微量苏丹红（一号）成分。

2005 年 3 月 16 日

百胜要求全国所有肯德基餐厅停止售卖新奥尔良烤翅和新奥尔良鸡腿堡两种产品。同时启动内部流程妥善处理并销毁所有剩余调料，防止问题调料回流到消费渠道。通过媒体和餐厅发布中国肯德基"有关苏丹红（一号）问题的声明"，向公众致歉。

2005 年 3 月 17 日

百胜品控人员在基快富工厂进一步追查苏丹红时，在生产记录中发现宏芳香料（昆山）有限公司提供的含苏丹红的辣粉也曾经在 2005 年 1 月 12 号以前用在部分肯德基香辣鸡翅、香辣鸡腿汉堡和劲爆鸡米花的调料中。肯德基立即通知所有餐厅停用少量剩余基快富调料，由味好美的同样调料替代。

2005 年 3 月 17 日

在百胜集团对上述 3 项产品调料调换处理前，北京市进出口检验检疫局在本公司的万惠餐厅抽样了该批有问题的调料。

2005 年 3 月 18 日

北京检验报告证实该基快富调料含有苏丹红。虽然肯德基已通过专业测试保证来自味好美的新调料不含苏丹红，但北京市食品安全协调办公室为了确保市民安全，要求肯德基将新调料送交该局再次检测，并且在该局证明不含苏丹红之前，必须立即停止销售 3 项产品。为了配合北京市食品安全协调办公室的指示，北京肯德基不得已暂停 3 种产品销售。

2005 年 3 月 22 日

新调料经过北京市食品安全办公室确认不含苏丹红，随即北京恢复了香辣鸡翅、香辣鸡腿汉堡、劲爆鸡米花三种产品的销售。

2005 年 3 月 23 日

通过国家认证检验机构测试不含苏丹红的新奥尔良调料准备就绪，该产品三天内在全国陆续恢复销售。

2005 年 3 月 28 日

肯德基在全国 16 个城市，同时召开新闻发布会，宣布经专业机构对肯德基几百种相关品项检测，证实所有产品不含苏丹红。公司查明所有问题均来自中山基快富公司的供应商宏芳香料（昆山）有限公司。宏芳曾向基快富提供两批含苏丹红的辣椒粉。这两批辣椒粉中的一部分用在了肯德基的新奥尔良和香辣产品中。会上，肯德基宣布了三项食品安全措施，全力防范今后类似事件的发生。

2005 年 4 月 6 日

依据中央电视台"焦点访谈"报道，所有肯德基调料中的苏丹红一号均可追溯至广东田洋公司。该公司以工业原料违法假冒成食品增色剂，销售给河南驻马店豫香调味品有限公司用于辣椒粉加工；再经过安徽义门苔干有限公司包装，卖给宏芳香料（昆山）有限公司，最后售给肯德基的供应商基快富公司，从而混入肯德基的调料。由此可见，从田洋公司到肯德基，中间隔了四家企业。

肯德基的反应：

自事件发生以来，苏丹红事件成为百姓茶余饭后的主要谈资。据媒体报道，由于供应链方面的原因，3 月 16 日肯德基的部分产品出现了苏丹红成分。肯德基因此成为国内第一个主动自曝苏丹红问题并接受公众监督的跨国公司：第一时间在全国停售所有问题产品，主动告知并致歉消费者，始终保持着对公众的透明度，配合政府全面清查并进行自我审查。经过一系列严密、科学的检测，8 天之后，肯德基所有涉红产品都已获国家专业机构确认并全面恢复了销售。

毋庸置疑，肯德基有自己的问题：过于轻信供应商，"涉红"食品可能损害消费者身体健康，等等，但从其发现问题到解决问题这一系列的行动中，我们还是看到了一个跨国公司的责任感和诚信度。与同样因为被发现苏丹红或大声鸣冤或闷声不响或搪塞了事的三种表现相比，肯德基要坦白许多、诚实许多；同汽车出现问题主动召回一样，肯德基的自曝、自检、自律，也是尊重消费者的一种积极态度。

肯德基紧随其后进行了一系列关系修复活动，如举办"KFC 与您一天游"，让家长及小孩透过参观的形式，增加其生产透明度，从而增加消费者对肯德基的信心。之后又举办"KFC 的健康安全"讲座，解答家长对肯德基的疑惑，加强双方的沟通，了解消费者的意见。这两项活动可增强消费者对肯德基食品的信心。

接着通过换购 Q 版人型肯德基上校录音机的行动，抓住顾客追求物质的心理，借购买食品才能换购的方式，提高食品的销售量。

专家点评：

从案例中可以看出，肯德基对于危机的处理是十分娴熟的。

第一，肯德基在事件爆发以后并没有采取很多企业的自卫行动，像矢口否认，刻意隐瞒事实真相等，而是主动承认了这一错误。事件发生第二天，肯德基一边向公众致歉，一边表示"将会追查相关供应商的责任"。在事件发生的第 4 天，肯德基就公布了"调查苏丹红的路径图"，成功地把媒体的注意力从肯德基产品转移到对"苏丹红一号"来源的关心上，将公众的视线引向对苏丹红的关注，而非肯德基本身。"转移视线"的战略大获成功。在短期内公布了调查结果，切断问题供应链。

第二，迅速采取措施。

光有口头的道歉是不够的，必须实实在在地解决问题，不然就会给消费者造成只是口头说说的感觉，肯德基在这方面的表现也是值得称道的。鉴于 3 月 16 日上午，肯德基就已经要求所有门店停止销售新奥尔良烤翅和新奥尔良烤鸡腿堡。对于消费者来说，公共卫生的实质警报已解除，所留下的是对此危机的心理阴影。而 3 月 16 日当天 17：00，肯德基连锁店的管理公司百胜餐饮集团便由总裁苏敬轼出面，向消费者公开道歉。而 3 月 17 日，《南方都市报》、《广州日报》等媒体在头版头条，大幅刊登了关于肯德基致歉的相关报道。由集团总裁出面，传达的信息是：公司对此事件予以最高度关注以及最诚挚的歉意。由公司高层出面也是危机处理的法则。毕竟在危急之中，消费者都是希望能够获得高度重视的。

第三，完善的补救策略。

危机过后，消费者并不会立刻遗忘危机带来的影响。这时的企业也不能放松心态，毕竟企业要继续前进下去就需要一直在消费者心中维护良好形象。危机带来的负面影响是需要通过长时间的积极活动去消除的。例如，肯德基在其后举办"KFC 与您一天游"、"KFC 的健康安全"讲座、换购 Q 版人型肯德基上校录音机等行动。

案例资料来源：部分来源于：游昌乔. 肯德基：苏丹红闯祸. 中国管理传播网. 2005 - 12 - 02.

复习思考题

1. 危机处理的过程中必须遵循哪些基本原则？请试用这些基本原则分析评述一个具体的危机事件。

2. 什么是基于约哈里窗口的危机处理策略？

3. 什么是危机的隔离策略？危机的隔离策略通常有哪两种情形？

4. 危机处理的一般策略有哪些？

第 4 章

危机后：危机的恢复

第4章

危机后：危机的恢复

内容提要

（1）危机的恢复是指危机发生后，其主体利用各种措施和资源进行恢复和重建的过程。危机恢复的具体步骤包括：建立危机恢复小组、获取信息、确定危机恢复对象和危机恢复对象的重要性排序、制订危机恢复计划、恢复计划的执行。

（2）危机恢复管理不是对危机冲击的各个细节都进行修补，更不是同时启动全部任务系统，危机恢复管理的中心任务主要分为两大部分：一部分是以"解决危险"为中心诉求的补救型任务，它包括补偿危机中受到损害的利益相关者和公众、大众心理的修复、组织形象的重建；另一部分则是以"把握机会，超越自我"的改善型任务，它包括提升组织形象改造和总结问题所在并吸取经验教训。

（3）危机的恢复管理是还原真相与重建信任的统一，是事实契约修复与价值契约再造的融合。

时下连绵不断的危机事件，使组织在疲于应付各种突发危机的同时，总是希望寻找一个正确的危机管理的方法。但是，危机管理绝不是危机出现了以后才开始的管理，它有赖于对危机爆发前的有效监控，同时危机管理也不是危机处理后就结束的管理，它还必须对组织及其利益相关者受损的各个方面予以补偿与恢复。正如国内危机管理研究学者游昌乔先生所言，危机既是危险，又是机会，危机管理是"刀尖上的舞蹈"。

4.1　危机恢复管理的界定

概括地说，危机管理到了这个时候，其战略重点从控制事态转移到修补和重建上来。危机事件经过之前危机管理主体的努力，终于渐渐得到平息，然而，危机的平息并不能代表危机的终结，危机管理仍然任重而道远。其实，古话说的亡羊补牢就是我们现在所说的危机的恢复管理，虽说在经过危机之后，所有相关的人和物都会遭受到不同程度上的破坏，想要完全恢复到危机发生以前的状态是不可能的，但是，正如诺曼·R·奥古斯丁等人在《危机管理》中所说："危机恢复管理为组织提供一个至少能弥补部分损失和纠正混乱的机会。"

4.1.1　危机恢复管理的定义

一般来说，危机的恢复是指危机发生后，其主体利用各种措施和资源进行恢复和重建的过程，其中既包括社会、经济、生态环境、组织秩序等内容的恢复，也包括对受到影响的组织以及个体的恢复。所谓的"恢复"并不如字面上所写的那么轻松，其具体过程是复杂的。无论是常态运营秩序、管理结构的回归，还是形象以及价值系统的重建，都需要像早前化解危机事态一样作出艰苦卓绝的努力。称之为"艰苦卓绝"，是因为恢复管理由于处在危机管理的后期，这个时期，组织可以说是"人困马乏、弹尽粮绝"——人财物资源已于前期被极大消耗。如果没有坚持到底的决心，恢复管理是很难进行的。

然而，古话说："目前为机，转瞬为机；乘之为机，失之无机。"危机二字，"危"、"机"并重，转"危"为"机"的关键便是危机的恢复管理阶段。危机可能引发组织结构的改变、社会关系和价值观念的重构，给组织带来转型、再造的机遇。一个成熟、智慧的组织领导者会发现，危机提供了一个崭新的认识视角，使他更理性、更深入地体察组织的生存处境；提供了改善组织形象、进行结构优化和关系调整的机会，因此，恢复管理不但要关注危机的负面影响，以求补救；也要着眼危机的正面影响，以求超越。[①]

4.1.2　危机恢复管理的步骤

正如危机管理有详尽的步骤，危机恢复管理作为关键的管理步骤之一，也有其基本步骤。

1. 建立危机恢复小组

危机恢复小组有别于危机反应小组。第一，危机恢复小组的目的是使组织从危机的影响中恢复过来，而反应小组的目的只是控制危机，减少损失。第二，危机恢复小组的主要职能是恢复管理的决策、监控和协调，而危机反应小组则不但要决策还要快速行动。第三，危机反应小组一般是由专业的危机反应人员组成，很少使用非专业人员，这些专业的危机反应人员可以来自组织内部，也可以来自

---

① 胡百精. 危机传播管理. 北京：中国传媒大学出版社，2005：232.

组织外部（如救护人员）。而危机恢复小组成员则大多来自组织内部。第四，在危机快速反应时由于情况紧急，其决策是由快速反应小组的成员来执行，而危机恢复小组的决策则大都由组织的全体成员共同执行，当组织内部的人力资源不够时，也可以雇用外部组织参与该组织的恢复工作。中国政府在 2008 年南方的低温冰冻雪灾中，依托国家发展和改革委员会设立了应急指挥中心，来加强危机管理，组织开展灾害恢复工作。[①]

2. 获取信息

危机恢复小组要进行危机恢复决策，必须获得有关危机的信息，了解危机的破坏性质和严重程度。信息可以来自危机的受影响者，如危机的受害者、危机反应人员、帮助组织进行危机反应的其他组织成员和受到危机影响的利益相关者。他们可以为危机恢复小组提供一些详细的、容易评估的信息，而那些难以作出评估的信息，则需要企业专门的人员对危机造成的影响进行评估。如机器设备、受伤者的伤势、企业无形资产受损的程度等都不是可以直接认识到的，只有像技术人员、医生、资产评估人员这些专业人员才能对损失情况作出较为客观的评估，为危机恢复小组提供专业的决策依据。

信息搜集过程中，危机恢复小组一方面通过对受危机影响者的调查了解危机的第一手信息，另一方面通过专门的人员进入危机现场对危机的损失进行评估和现场调查。综合两方面的结果，危机恢复小组对危机损失进行分门别类的归纳和整理，形成对危机损失的全面认识。

3. 确定危机恢复对象和危机恢复对象的重要性排序

（1）确定需要恢复的所有潜在对象。

危机造成的损害不仅仅是那些显而易见的损害，危机恢复小组需要对危机进行全面的评估，以了解需要进行恢复的所有潜在对象。确定所有的潜在对象需要全面地了解信息和进行集体讨论。全面了解信息已经在信息搜集中谈过，而集体讨论人员应包括组织各个部门的代表、部分危机反应人员、评估专家、利益相关者的代表和危机恢复小组成员。这样的人员组成具有广泛的代表性，几乎包括了所有的危机受影响者和与信息收集有关的人员。

（2）确定危机恢复对象，决定危机恢复对象的重要性排序。

潜在的危机恢复对象是非常广泛的，确定危机恢复的潜在对象可以使危机恢复工作考虑得更为全面。但实际能够进行恢复的对象是有限的，因为用于危机恢复的资源和时间是有限的；同时，危机恢复的目的也限定了组织需要进行恢复的

---

① 游志斌. 公共安全危机的恢复管理研究. 中国公共安全，2008（3）.

对象，有时候由于各种原因对于一些损害组织会不予恢复，如在汶川地震中倒塌的一部分房屋经探测发现原本就建造在了地震板块间的"危险区域"，如果刻意要去恢复这些房屋，只会增加危险性，因此政府决定不再在原址建造房屋。在确定危机恢复对象重要性排序的时候最好不要采取集体讨论的方式，因为集体讨论可能产生利益权衡的考虑，而不是基于对资源和危机恢复目标考虑后的最优选择，一旦出现争论不休的局面，既无法产生结果，同时又浪费宝贵的时间。此时的决策应该由危机恢复小组成员、危机管理专家、危机高层管理者组成的专家小组进行决策。他们对企业的资源和危机恢复的目标较为了解，并能对危机恢复作出权威性的决策。

专家小组的决策基础是所有潜在的危机恢复对象。专家小组根据组织拥有的和可以获得的资源、危机恢复的目的，决定潜在危机恢复对象中哪些可以列为实际需要恢复的对象，并决定危机恢复对象的重要性排序。需要指出的是，重要性排序不是危机恢复的先后排序，因为危机恢复中，许多危机恢复对象是同时进行恢复的，只是重要的危机恢复对象需要给予更多的时间、资源和人力资源的保证。

4. 制订危机恢复计划

危机恢复计划的常规项目是所有计划书中都有的内容，危机恢复小组只要根据一定的格式制作和填写就可以了。常规项目包括：封面、联系方式、危机恢复目标、计划书阅读者和政策部分。其实，计划书的阅读者是规定了哪些人有权阅读计划书，阅读后要在计划书上签字。危机恢复计划的具体内容主要是指导危机恢复具体工作的开展，规定如何对各个危机恢复对象采取行动。这部分的计划应包括以下一些内容。

（1）危机恢复对象总论：危机恢复对象有哪些，危机恢复对象的重要性排序，为什么要选择这些危机恢复对象，这些危机恢复对象重要性排序的理由等。

（2）每种危机恢复对象分配的资源：每种危机恢复对象可以得到哪些资源，这些资源如何进行储备，又如何提供给危机恢复人员，这些资源供应的时间表等。

（3）每种危机恢复对象的人员配置：每种危机恢复对象由哪些人负责，这些人中谁是主要负责人，负责人有什么样的权力和责任等。

（4）补偿和激励：危机恢复人员的激励政策是怎样的，危机恢复人员因额外付出和努力可以得到什么样的补偿等。

（5）危机恢复的预算：各种危机恢复对象有什么样的预算约束，对这个危机恢复的预算，危机恢复的分阶段预算。

（6）危机恢复个人与团队之间的协调和沟通政策[1]。

5. 恢复计划的执行

在危机恢复计划指导下，组织开始了全面的危机恢复行动，然而危机恢复计划在执行中要充分考量其他各个因素的变化从而适当调整计划。除此之外，在危机恢复的执行中，组织要做到修补和建设两手抓，一方面弥合危机带来的损害和伤痕，另一方面利用危机带来的转型和机会，对组织的运作机制、形象系统和价值系统进行优化和改善，这方面内容将在下文被归纳为修补型任务和改善型任务两大部分论述。

4.2 危机恢复管理的中心任务

危机恢复管理不是对危机冲击的各个细节都进行修补，更不是同时启动全部任务系统，一劳永逸想法的结局只能是失败。危机恢复管理总是需要一个大致的中心任务框架，好让危机恢复管理者在工作中，找到最需要解决的危机恢复管理的中心任务。

本部分将以《2006 年中国危机管理报告》为参考，就政府、企业这两个绝大多数的危机管理主体在危机恢复管理中最关注的问题进行提炼，并结合媒体以及大众的一些调查数据概括出危机恢复管理中的中心任务。

调查表明，政府人员认为的危机恢复管理的三大中心任务是："积极与媒体沟通，引导社会舆论，弘扬主流价值"；"举行庆功会，向员工宣布危机已经过去，加强内部凝聚力"；"对危机中受到损害的利益相关者和公众进行补偿"。而企业人士认为的危机恢复管理的三大中心任务是："补偿消费者和其他利益相关者的损失"；"吸取教训、改造和重构企业的价值体系"；"重建组织形象"（见图 4－1）[2]。

可见政府和企业人士对待危机恢复管理的中心任务的认定除了都将"补偿危机中受到损害的利益相关者和公众"立为首要任务外，其他是有较大区别的。相对企业来说，政府更重视的是大局问题，稳定社会是政府工作的重中之重。而相对政府来说，企业则更重视企业自我核心价值的发展。从某种角度来说，企业人士所认定的危机恢复管理的中心任务比政府人士所认定的更为务实、更为抓住本

---

① 周永生. 现代企业危机管理. 上海：复旦大学出版社，2008：232－233.
② 胡百精. 2006 中国危机管理报告. 北京：中国人民大学出版社，2007：78.

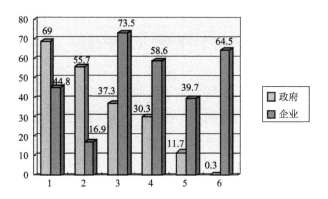

图 4-1 政府和企业危机恢复管理的中心任务

资料来源：《2006 中国危机管理报告》

说明：横轴图标：1. 积极与媒体沟通，引导社会舆论，弘扬主流价值；2. 举行庆功会，向员工宣布危机已经过去，加强内部凝聚力；3. 对危机中受到损害的利益相关者和公众进行补偿；4. 重塑组织形象；5. 召开发布会，对外宣告危机已经结束，表达组织面对美好明天的信心；6. 吸取教训，改造和重构组织价值体系。

质的东西。然而，政府人士也有自己的考虑，毕竟在当今的国情之下，鼓舞士气和稳定社会是政府工作的关键。

如果说政府和企业往往是危机管理的主体，那么媒体则是危机管理体系中的某种社会介质，它既可以是危机管理主体的一部分，也可以作为社会大众的一部分，它可以为危机管理的主体提供应该怎么做的讯息，同时也可以时刻向社会大众汇报危机的处理情况。危机恢复管理的中心任务除了要从主体的认识层面上出发，从媒体的最关心议题排序方面出发也是十分必要的。

媒体在危机传播中的议题排序如图 4-2 所示，首先，由于受众对于危机信息多角度的需求，媒体的议题是相对分散的，但是"局面是否得到控制"、"危机为什么会发生"、"危机受害者是否得到妥善处理"仍然成为了媒体在危机传播议题排序中最主要关心的问题阵列。

最后，大众作为危机的最普遍利益相关者，他们的关心和期待同样将成为危机恢复管理的主要参考坐标。调查表明，近八成的受访者认为危机来临时，最应该受到保护的是老百姓的利益，进而是对"社会稳定"的保护，而危机主体最为关注的"企业形象"和"危机主体的利益"则排在最后两位。而在对主体行为的价值判断中，"承认错误"、"真诚道歉"、"提供补偿"则成为了最高提及率的前三位。

正如前面所说的，"危机"两字包含着两个方面，"危"是指危险，而"机"则是指机会。在古代，人们就开始以两分法看待危机问题，在飞速发展的 21 世

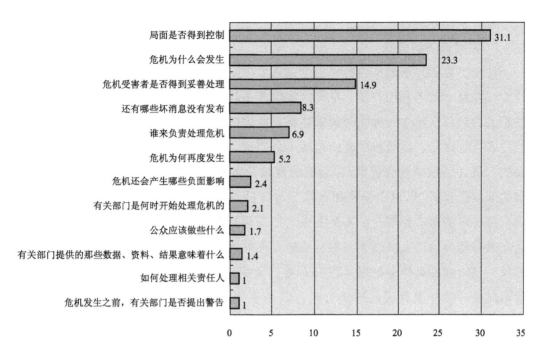

图 4 - 2　媒体在危机传播中的议题排序

资料来源：《2006 年中国危机管理报告》

纪，我们更应该全面地看待危机问题。

根据两分法的观点以及上述数据，可以将危机恢复管理的中心任务分为两大部分。一部分就是以"解决危险"为中心诉求的补救型任务，它包括补偿危机中受到损害的利益相关者和公众、大众心理的修复、组织形象的重建。另一部分则是以"把握机会，超越自我"的改善型任务，它包括提升组织形象、改造和总结问题所在并吸取经验教训。如表 4 - 1 所示。

表 4 - 1　危机恢复管理的中心任务的分类

补救型任务	改善型任务
补偿危机中受到损害的利益相关者和公众	提升组织形象
大众心理的修复	总结问题所在并吸取经验教训
修复组织形象	

4.2.1　补偿危机中受到损害的利益相关者和公众

从前面所引用的数据中可以看到，无论是政府还是企业人士都将补偿危机中受到损害的利益相关者和公众这一个任务排在危机恢复管理中心任务的第一阵列（企业对该任务的排名更要靠前——第一位）。所以作为补救型任务的一种，本节将最先对该任务进行介绍。

1. 临时体系的确立

首先，为了公平公正地对每一个在危机中受到伤害的利益相关者和公众予以补偿，并且有效地利用资源，危机恢复管理主体应该就补偿危机中受到伤害的利益相关者和公众建立一种临时援助体系。而该体系则首先应该对不同程度的危机相关者进行区分。危机相关者的范围十分广泛，可能包括领导和直接参与危机救助的人员（一般指社会危机）、危机的直接受害者（如矿难中的死难者）以及危机的间接受害者。① 对于领导和直接参与危机救助的人员来说，应该做到权责明确，每件事情落实到每一个人身上去，如果只是泛泛地分配任务，最后很可能造成在某些地方援助人员过多，而有些地方却被忽略。也许有的人会提出由于情况紧急，花时间去具体分配根本没有必要，大家应该看到哪里需要就去哪里帮忙，这诚然是一种朴素真诚的援助方式，但是理性的分配是援助工作事半功倍的关键。而对于危机的直接或间接受害者来说，我们也应该尽可能地考虑全面，比如，对于奶粉三聚氰胺污染事件，政府和企业为那些受害婴儿大开绿灯固然是令人欣慰的，但是对于那些没有生病的婴儿，我国政府和企业的反应则相对较慢，市场上一度出现缺少安全可靠、能让消费者放心的奶粉的情况，所以才会出现有些父母索性直接去租赁奶牛这样的事情发生，奶牛的奶需要经过消毒才能使用，那些父母是否有科学安全的消毒措施呢？我们不得而知。

其次，该体系应该对援救需要的轻重缓急进行分类，什么样的受害者应该受到最先的救助，什么程度的受害者应该受到什么样程度的救助。比如，在2008年的汶川大地震中，医疗小组根据受伤人员伤情的轻重设立了若干个治疗区，如"高危区"的伤员将最先得到救助；"受感染区"里面的伤员则需要得到特殊的抗感染治疗，进出该区域的医护人员也需要做一些特别的消毒以防止传染其他病人或使受感染病人的情况进一步恶化。这种临时的救助体系并没有固定的模式，不同的危机需要根据具体情况制定不同的援助制度。

2. 补偿的两个层面

在对临时制度的确定有所了解之后，我们开始对危机中受到损害的利益相关者和公众的补偿进行剖析。

首先，补偿危机中受到损害的利益相关者和公众分为两个层面。第一个层面是就由于危机本身对利益相关者和公众所造成的损害；第二个层面则是指在主体进行危机管理的过程中，采取的一些行动有可能对一些相关者和公众造成的损

---

① 薛澜，张强，钟开斌. 危机管理. 北京：清华大学出版社，2003：88.

失。就补偿的第一个层面来说，即对危机本身造成的损耗的补偿应该是十分好理解的，如强生召回导致结膜炎的所有隐形眼镜药水等。

而对于第二个层面，大多数人却了解甚少，它通常以有形补偿的形式出现。这一个层面通常出现在政府对公共危机的处理上——我们称之为政府紧急权力，通常表现为宣布进入紧急状态、采取一系列紧急措施，如紧急征用、征收等（这其中还包括大量的行政强制措施），紧急立法权，必要时还可中断某些法律的实施，甚至暂停或限制公民的部分宪法权利等。例如，在非典危机期间，各级政府和有关行政机关采取的一些强制隔离、强制火化措施，紧急征用措施，责令企业暂时停产停业，责令文体场所暂时停止活动，暂停某些旅游线路和组团活动，紧急取消人群聚集性活动（如大型婚宴）等，这些均是行政紧急权力的具体表现。问题也由此产生，公共危机过程中政府采取应对的措施常会给某些公民的人身权、财产权造成损失，比如，紧急征用中，补偿额度过低甚至不予补偿，强制隔离措施中产生的诸如误工和歇业所影响的工资收入、房租、摊位租赁费用等财产损失。根据 2004 年 3 月 14 日通过的《中华人民共和国宪法修正案》中的规定："国家为了公共利益的需要，可以依照法律规定对土地实行征收或者征用并给予补偿。""公民的合法的私有财产不受侵犯。""国家依照法律规定保护公民的私有财产和继承权。""国家为了公共利益的需要，可以依照法律规定对公民的私有财产实行征收或者征用并给予补偿。"行政补偿是完全符合宪法精神的。不过，尽管如此，在新中国的宪政史上，长期以来没有将国家赔偿和民事赔偿明确区分开来，并且也没有确立行政赔偿和行政补偿相分离的概念，造成到目前为止我国还没有一部较为系统的有关行政补偿的专门法律，有关规定只是散见于各个单行法律、法规之中。如《民法通则》第 121 条关于公务侵权致损责任的规定，《草原法》第 39 条关于征用、使用补偿的规定，以及《矿产资源法》、《外资企业法》、《中华人民共和国土地管理法》等法律就各自领域的补偿问题所分别作出的专门规定。① 然而，可喜的是，近年来我国并没有因为没有专门的立法而忽略了行政补偿，如我国政府在禽流感事件的处理过程中就实施了补偿政策并受到了广泛的好评。就当前我国的现实国情而言，在公共危机领域实行行政补偿意义重大，十分必要。

首先，这意味着对人权的尊重，是建设社会主义法治国家的需要。作为法治国家，其最重要特征之一是人权得到法律的切实保护。即使是危难时刻，政府同样也需要由于某些必要决策对人民的人身权遭受的侵犯作出补偿。现代法治的核

---

① 张建江. 论公共危机中的行政补偿. 陕西省经济干部学院学报，2005（2）.

心内容之一就是法律面前人人平等，特定的公民因公共利益的需要而作出特别牺牲，自然应当由社会补偿。

其次，公共危机领域实行补偿，更有利于社会公共利益的维护。行政主体在危机管理过程中，为了维护国家、社会公共利益，有时不得不损害特定行政管理相对人的利益，如消防灭火中为建立隔火带而拆除特定相对人的房屋或征用特定相对人的防火器材，公共卫生危机中对疑似病人强行隔离等。对此，行政主体事后如不给予相对人以适当的补偿，就可能造成他们对政府的不理解、不信任，挫伤他们协助公务的积极性。而且多数情况下，相对人通常会主动去向政府要求补偿，政府如果不予补偿或补偿不公平、不适当，他们会不断地上访，这样又会引发新的社会矛盾和纠纷，由此可能会产生新的危机而影响到社会的稳定，最终不利于维护社会公共利益。

最后，行政补偿彰显了政府的经济关怀理念。在公共危机发生时为维护公共利益的紧急应对措施是政府在公共危机领域的一项公共管理职能，给予特定受害人合理补偿也是政府应当承担的公共管理成本。政府的公共管理应当以民为本，损失特定人的利益是为维护社会"大众"免于受损。行政补偿制度以经济补偿的形式弥补"小众"的损失，平衡"小众"与"大众"之间的权益，这实质上是对处于非常状态下的个体法律权利的尊重和维护。[①]

3. 补偿的两种方式

危机中受到损害的利益相关者和公众的补偿还可分为两种形式：有形补偿和无形补偿。有形补偿指的是针对利益相关者的生命、健康和财产损害进行物质和资金方面的赔偿或救助。需要考虑的主要因素包括：组织自身的意愿和可承受力；利益相关者的态度和需求；司法机关，政府部门和第三方总裁机构的评估和裁决。比如，2002 年由于没有说明制作炸薯条和薯饼的食用油中含有牛肉调味成分，美国麦当劳公司宣布将向印度教徒、素食主义者和其他一些相关组织赔偿1 000 万美元。[②] 然而，有形赔偿往往由于以上各因素间的不和谐，而无法顺利实施，这样的不和谐有时候会导致事件的剧烈恶化，甚至引发新的危机。比如，2006 年发生的北京福寿螺致病事件中，当售出致病福寿螺的"蜀国演义"发出第一笔赔偿金 25 677.09 元后，由于当时一些患者不满意"蜀国演义"繁复缓慢的赔偿方式，而组成了患者集体维权小组与酒店方产生了对抗情绪，而作为危

---

① 张建江．论公共危机中的行政补偿．陕西省经济干部学院学报，2005（2）．
② 麦当劳向印度教徒和素食主义者道歉赔款．http：//news．xinhuanet．com/fortune/2002 - 06/06/content_427186．htm，2002 - 06 - 06．

恢复的主体而言，其经济能力和周转速度又不能完全满足患者的意愿。这样，"蜀国演义"的意愿和可承受力与受损失利益相关者的态度需求相距甚远而导致了事件的进一步升温和恶化。当 2006 年 11 月 3 日"蜀国演义"单方面发布的《蜀国演义酒楼关于加快福寿螺赔偿步骤》的函件中提到了让患者倍感意外的四种拒赔情况时，这些受到损害的利益相关者开始愤怒了，11 月 5 日几名患者先后将北京市卫生局以其不及时履行突发事件应急处理职责的不作为行为从而侵犯了患者的合法权益的理由告上了人民法院，至此，受损害利益相关者与补偿主体的矛盾，扩大成了受损害利益相关者与政府部门的矛盾，引发了新的危机。

无形补偿是指对危机给利益相关者心理状态和生活状态带来的负面影响进行化解和消除，补偿的主要形式是精神抚慰。在四川汶川大地震后，国家除了在人力、物力等方面大力救助灾区外，更是派出了若干支心理救助小队，主要针对受灾群众的创伤进行心理辅导，事实证明这样的辅导不无道理，有一个在地震中失去双亲的女孩在被救后迟迟不肯说话，甚至在心理辅导小队到达后，在由专门的医师对其进行心理治疗的初期，表现出严重的灾后自闭症状。最后，在专家们科学地劝解和开导下，该女孩终于放声大哭，开始疏解情绪。专家认为在这样重大的灾难下，心理上的创伤往往更难以愈合，特别是对于心理发育尚未成熟的儿童来说，若不及时进行疏导，很有可能造成终身的心理阴影，需要有人帮他们从海德格尔所说的"漂浮的、恐惧的、无意义的世界"中走出来，然而这样的心理救治并不意味着给予麻痹和怜悯，它不但要让受到伤害的人获得精神上的安宁，更要增强他们对于未来避免、应对危机的能力和勇气。"社会不外是一些个体的综合，他们的意志是至高无上的，且最终决定性的。没有高于社会的东西。即便存在一位上帝或某种超人的实在，这也要经过人类意识和人类体制的过滤。"[①]

无形补偿，不仅仅是对于受灾方而言的，它更是面向整个社会的，汶川地震过后，很多非灾区的民众也出现了一定程度的恐慌，如有些长江下游的民众担心由于灾害导致的疫情会不会污染水源，有些同样处在地震多发带的民众开始恐慌自己的家乡会不会也同样发生地震。笔者认为，这样更为广泛性的恐慌情绪是不容小觑的，如果担心水质问题的民众开始拒绝饮水，抢购其他水源；恐慌自己家乡会发生地震的人群进行广泛性迁徙这些都可能引发新一轮的危机。奶粉三聚氰胺事件发生后，有许多只喝牛奶的成年消费者开始拒绝饮用牛奶，更有甚者开始盲目地拒绝一切奶制品，"一天一斤奶，强壮中国人"的美好希望是否就此破灭？因此，大众心理危机的修复，对于危机恢复管理十分重要。

---

① 胡百精. 2006 中国危机管理报告. 北京：中国人民大学出版社，2007：27.

4.2.2　大众心理的修复

一个事件之所以具有危机性质主要在于它影响到大多数民众的生活和生产，这种影响不仅是物质的，而且也是心理的，在看不见的个体心理和社会心理层面其影响有时是巨大的。心理层面的影响往往会进一步加剧危机的程度，使事情变得复杂。

要修复大众心理首先要把握社会心理客观状况，也就是要实时监测社会心理反应，并能够预测将来的心理状况。应组织相关专业人员，通过适当的渠道和方式了解公众心理的具体状况，针对危机事件中人群的行为变化，掌握民众心理的行为趋势，从而为有关部门采取相应的政策，保护广大民众免受或减少在心理上的伤害。其次，对于大众的心理修复一对一的治疗显然是不明显的，那么危机管理主体就必须以大众媒体为修复介质，通过大众传播合理引导舆论，消除大众由于信息不对称而产生的恐惧心理。

目前在我国，对于危机受害者的心理抚慰工作仍然存在以下问题。

1. 认识上的偏差

在我国心理修复于灾难救助中的深远意义并不被很多人熟知。人们对心理修复普遍存在认识误区。一是认为物质帮助和金钱的赔偿可以代替一切，而对心理的修复没有必要。现实的情况是，往往事故善后赔偿工作一结束，也就表明事故处理的结束，根本不太重视遇难者家属及其亲人的心理创伤。二是认为时间会冲淡一切。很多人认为随着时间的推移，灾民们的痛苦会减少，最终消失。是的，我们常说时间会改变一切，遗忘几乎成为人们记忆的一个特征。但是，我们是不是真的体会到孩子失去父母、老人失去儿女那种精神上的创痛呢？三是认为所谓的心理修复是"马后炮"。四是认为接受一些作为心理修复的治疗就是治疗精神病。许多人虽然已有明显的抑郁症特征，但讳疾忌医，不愿接受心理治疗。中国人的面子观念根深蒂固，不愿将伤心事向他人倾诉，有些人即使意识到自己的心理有问题，也不愿意去找心理医生。五是认为心理修复是普通的安慰，随便找个人就可以做，这样修复只能停留在表面而无法科学解决问题。

2. 法律法规建设滞后

世界上绝大多数国家都通过法律的形式来确保灾难后心理精神卫生问题的解决。世界上已有100多个国家实施了《精神卫生法》，我国也于2002年4月17日由卫生部、民政部、公安部和中国残联联合下发了《中国精神卫生工作规划（2002—2010年）》，首次明确将受灾人群列为重点人群，提出"加快制定《灾后精神卫生救援预案》，从人员、组织和措施上提供保证，降低灾后精神疾病发生率"。我国的《精神卫生法》从 1985 年以来，15 易其稿，经过长达 20 年的反复调研、修改和专项技术研究，《精神卫生法（征求意见稿）》终于形成，现正在征求社会意见。《精神卫生法》草案虽然完成，但最终何时提交全国人大审议，官方没有给出明确的时间表，其出台依然是个未知数。

3. 心理咨询人员匮乏

国务院《中国精神卫生工作规划（2002—2010 年）》中规定：发生重大灾难后，当地应进行精神卫生干预，并展开受灾人群心理应急救援工作，使重大灾难后受灾人群中 50% 获得心理救助服务。与这个目标形成明显差距的是精神科医生全国目前仅有不到 15 000 名，而在这仅有的 15 000 名精神科医生中，掌握危机心理干预专业知识的还不足 1/3，能直接提供的服务十分有限。

4. 心理咨询人员专业水平不高

调查从事该方面心理咨询人员的素质时发现，其水平普遍不高，难以适应心理咨询需要。心理咨询人员多数不是心理学专业或者相关专业的毕业生，其心理学、心理咨询学方面的知识储备不足，缺乏心理咨询所需的有关经验，不能妥善处理心理咨询与思想政治工作的关系，心理咨询常常不能令心理咨询对象满意，自身也感到不能适应心理咨询发展的要求，急需培训提高。并且心理咨询人员的精力投入也不够，心理咨询是需要爱心、花费大量时间的工作，没有充分的牺牲精神难以担此重任。特别是面对灾难这种特殊的情况下，对危机心理干预人员的要求就更为严格，危机的突发性、危险性、多样性等都要求其干预人员必须要比一般的心理咨询人员具备更高的素质和极大的热情和专业性。[①]

4.2.3 组织形象的恢复和重建

有学者从哲学的层面将"形象"的含义解析为五个层次，即个体形象、类形象、组织形象、艺术形象和创造形象。[②] 这里所说的组织形象处在第三个层次。"组织"不同于"类"。类与个体的关系是一般与个别的关系；组织与个体，是整体和部分的关系，或者说是系统与要素的关系。组织的性质，既不是各个组成要素共同特征的抽象，也不是简单地重复各个构成要素的性质，而是具有单个要素所没有的新性质。

组织是具有特殊性质的系统。第一，组织是人们为了特殊的需要而自觉建立

---

① 于淼 . 灾后危机心理干预问题的研究 . 中国郑州市委党校学报，2008（3）.
② 罗长海 . 关于形象五层含义的哲学思考 . 社会科学辑刊，2002（3）.

起来的，因而是具有共同目标和社会宗旨的子系统，从这个层面上来说，国家是组织，企业也是组织，基本上各种危机实践的主体都可以被称为是一个组织。第二，任何组织都要与周围环境进行物质交换、能量交换、信息交换，因而是开放系统。组织系统的特殊性，使得人们不可能用"比类取象"的方法来形成"组织形象"的概念。这是因为组织不是一个一览无余的事务，不能形成直观的感觉形象，不是仅仅靠感官就能把握得了的；组织还有看不见、摸不着的部分，如组织的社会宗旨、各种关系等，它们往往比看得见、摸得着的部分更重要。形成"组织形象"概念，离不开系统的矛盾分析法。抓住一个组织的主要矛盾的主要方面，也就基本上弄清了这个组织的性质。从而也就可以用这个主要矛盾的主要方面来代表这个组织，作为这个组织的象征，代表了这个组织的形象。组织形象是一个象征系统。选择或塑造能突出表现一个组织的性质的若干个体，构筑该组织的形象系统，是一切组织形象工程必须完成的根本任务。[①]

在常态发展中，组织的形象管理是包括组织内部文化的沟通和认同，以及外部传播管理对组织声誉和声誉符号的协调和处理。但是，随着危机事件的发生，组织的形象管理也相应出现了危机。从形象学的角度来讲，形象危机就是指一种可能对个体或社会组织的形象带来高度威胁和不确定性影响的事件或活动。形象危机可以分为一般性形象危机和重大形象危机，一般性形象危机主要指常见的有关个体或组织形象的小纠纷、小摩擦或小矛盾。重大形象危机是由于形象主体在行为、信誉、产品或服务质量等方面造成重大失误而使其形象蒙受严重损失，在这里，我们所指的危机事件后的形象重建中的形象危机指的是后者。如美国前总统尼克松因为"水门事件"而使其形象严重受挫，并最终导致其被迫下台；美国安然公司因为信誉危机而最终破产。由此看出，重大形象危机对个体或组织的危害往往是致命的。[②] 对于这样的形象危机需要启动组织形象恢复重建方案，在形象学中被称为危机形象应对，它在形象学中的定义是指专门针对危机事件的形象活动。根据《2006 年中国危机管理报告》显示，形象的重建任务在政府人士中的首要认同率达到 30.3%，排名第四，在企业人士中的首要认同率达到 58.6%，排名第三。组织形象恢复是一种特殊的组织形象管理活动，危机事件的发生为组织的形象管理工程提出了新的要求和挑战。

对于企业来说，危机事件后的形象重建尤其重要。品牌形象是企业的最大财富，这同时也意味着品牌成本是企业的最大成本。在著名的"二噁英"事件中，

---

① 秦启文，周永康. 形象学导论. 北京：社会科学文献出版社，2004：4，5.
② 秦启文，周永康. 形象学导论. 北京：社会科学文献出版社，2004：224.

可口可乐总损失达到 1.3 亿美元，全球总裁员 5 200 人，时任公司首席执行官的道格拉斯·伊维斯特却庄重宣告"可口可乐的确付出了巨大代价，但是我们成功地保护了自己最有价值的东西——品牌"。企业品牌形象存在对内、对外两个基本向度：对内是指企业自我的定位与感知，对外是指外部利益相关者的认同与评价。二者相辅相成，不可偏废。企业形象涉及方方面面，究竟哪些方面是企业出现危机后最需要去解决的形象问题，见图 4-3：调查结果显示呼声最高的是"维护社会公共利益"。在企业看来，坚守社会公共利益是于危机之中保护自身形象的最佳选择——尽管这往往意味着不得不放弃企业自身的部分利益。所有企业都应意识到，财富创造的全部可能性都来自社会的给予，狭隘的、自私的利益观只能使自己于危机泥潭之中越陷越深。美国盖洛普公司和相关机构连续多年研究表明，很多公众认为，"企业主管和坏蛋之间只隔一张纸"——企业品牌形象竟是如此脆弱，唯有坚持公共利益至上，才能躲过称为"坏蛋"的窘境；企业人士倾向的第二个危机形象状态是"公开、诚实"，第一提及率为 34.4%；近五分之一的企业人士把第一注意率放在了"勇于承担责任"上。近年来一系列危机个案研究表明，回避、推卸责任非但不能自保，反而会引起更大的危机。[①]

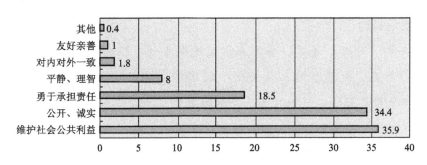

图 4-3　企业危机管理中的形象维护排序

资料来源：《2006 年中国危机管理报告》

组织形象的恢复和重建需要有两个步骤：形象的评估和形象的修复。

（1）危机恢复期组织形象的评估，就是根据一定的标准，对处于危机恢复期中的组织的形象状态以及危机管理启动机制对形象控制的效果进行衡量、检查、对照、评价和估计，以判断形象的总体状况及应该怎样进行形象修复。

（2）危机恢复期组织形象的修复，是危机恢复期组织形象管理的核心任务。班尼特是形象修复理论的代表人物，他认为形象修复策略存在两个重要前提：第一，组织被认为对危机事件的发生承担责任；第二，社会大众对组织责任的看法

---

① 胡百精．2006 中国危机管理报告．北京：中国人民大学出版社，2007：122-123.

比危机事件的真相本身更重要。班尼特进一步解释说：冒犯的举动在事实上不一定是冒犯，完全由公众的认知与此行为有关联，即产生形式上的责任归属。换言之，公众的态度以及他们对组织责任的认定，是影响组织形象的关键因素。倘若组织忽略这两个前提，而想当然地承担自己认为"事实上"应有的责任，是很难实现形象的修复的。这也正是危机状态下形象管理一个突出的特点。

政府和企业是危机管理最普遍的两大主体，这两个主体在危机恢复期组织形象的修复中各有侧重，以下将分开介绍。

政府是社会公共利益和主流价值的代表者，是管理和协调人民为之努力的主导力量。危机对政府形象的破坏，实质上就是对政府作为社会公共利益的主流价值代表者、主导者地位的动摇。因此，政府的形象恢复计划应该以如何得到公众的信赖，从而巩固自己作为代表者和主导者的社会地位为核心。要在危难恢复期中获得民众的信任，使民众拥有恢复创伤的勇气，首先就应该向民众表达政府的决心，并且大力凝聚人心。其次，在危机恢复期，政府应该大力开展各项活动让民众相信政府不但有决心而且有能力帮助他们从危机的创伤中走出来，以此争取民心。中国香港政府在"非典"结束后重振旅游业的案例，为政府形象危机修复提供了宝贵的经验。

2003年初"非典"爆发，香港旅游业遭受重创。根据香港旅游发展局的资料，2003年5月，赴港旅游人数同比下跌68%，旅游收入减少了123亿港元，并且波及其他经济领域，严重打击了香港的零售业和消费服务业。美国三大投资银行纷纷下调了对香港2003年GDP增长率的预期，香港的失业率达到了空前的8%。香港市民对政府未能有效控制"非典"本来就有所抱怨，对经济发展有重要影响的旅游业的不景气更使人们将矛头指向政府。在此背景下，香港政府开展了一系列的公关活动，以重振香港旅游产业，重塑政府形象。首先，香港政府针对旅游服务业推出了信贷补贴服务，让有困难的雇主能按时发工资给员工，实行放水养鱼。香港政府推出了8项救世措施，涉及金额约118亿港币，其中大部分为减免税费的措施。其次，香港旅游发展局号召旅游业界精诚合作，共同推出了超过100项消费者推广活动。例如，旅发局通过其战略合作伙伴，向消费者发出400多万个直邮信件，推荐香港为理想的旅游目的地；国泰航空、港龙航空和其他来香港的航空公司提供超过了28 000张免费机票，赞助旅游业和传媒考察活动等，这些合作在短时间内迅速发展成为了一个振兴消费的全港行动，在缓解"非典"造成的经济压力、凝聚市民人心方面，取得了显著成效。据香港旅游发展局的统计，香港为了消除"非典"负面影响所进行的推广活动共花费5亿港币。但是通过这一系列推广活动，直至 10 月 10 日，在国际上为香港带来了总值 10.43 亿港元的效益。香港作为国际大都市，作为亚洲首选旅游目的地和购物天堂的地位得以恢复，政府的优异表现也得到了广大市民的认可，公共形象彻底得到了恢复。①

企业的形象恢复工程除了需要像政府一样提升民众的信心并采取实际行动外，更重要的是从营利性组织的特点出发，谋求信心恢复的办法，因为绝大多数民众不会怀疑政府与人民利益是一致的这样一种观点，但是对于企业来讲，特别是在危机爆发后，民众疑心重重时，其很容易把企业想成是居心叵测的奸诈商人，因此，为了要让民众重新相信企业，让企业远离"坏蛋"的恶名，企业特别要处理好"我"与"你"的关系，特别需要从"你现在如何评价我？""究竟如何你才能相信我？""你需要我作出怎样的改变才能满意？"出发来确定"我该怎么做"。

在 2008 年的奶粉三聚氰胺事件中，中国本土奶业几乎瞬间崩溃，几乎每个品牌的奶粉或牛奶都不再安全，作为制奶企业，产品中含有三聚氰胺这件事情已经无法改变，任何抵赖都是徒劳。在这个几乎是绝境的时刻，企业，应该跳开"我该怎么才能摆脱困境"的局限，从民众的角度出发，寻求脱离困境的办法。其思路应该是这样的，现在奶粉都出问题了，中国人开始抵制任何奶制品，是不是意味着中国人就此不再喝牛奶？答案是否定的，那么怎样才能让中国人重新购买牛奶或其他奶制品呢？一团乱麻的局面开始慢慢被整理清楚——中国人害怕的不是牛奶，而是三聚氰胺。这个主要矛盾是一切的关键所在，于是，知名品牌的企业纷纷开始对此事件作出回应：其中雅士利集团的做法在"你"和"我"的问题上尤其值得借鉴。9 月 16 日国家公布了检出三聚氰胺的 22 家乳制品企业名单，中国广东雅士利集团股份有限公司中的产品也检出含有少量三聚氰胺，雅士利集团就此问题除了向全国人民表示道歉外，还作出了 4 点承诺：

（1）不合格批次产品全部召回，对持有以上批次产品的消费者不论是否有发票均可凭包装全额退货或换货；

（2）对因使用以上批次产品而引起身体疾患的消费者，雅士利集团将按照国家标准加倍赔偿，五年内出现相关疾患雅士利负责到底；

（3）雅士利已紧急购进多套美国宝特 ELX - 800 酶标仪专业仪器，发放到各奶源收购点及生产基地，对每批产品从原牛奶至成品进行全过程严格监测；

---

① 胡百精．2006 中国危机管理报告．北京：中国人民大学出版社，2007：299 - 230.

（4）为了维护奶农利益，凡经检验合格的原奶将继续收购。[①]

其实，大多数其他企业也都发布了有关承诺，几乎每个企业都承诺将问题奶制品收回，但是收回问题产品是形象恢复的最基本的工程，因为在广大民众的心目中，将能引起疾病的产品收回是理所当然的事情，除非向民众保证已经全部收回问题奶制品，民众才能重新安心食用奶制品，而事实上，保证全部收回问题奶制品在短时间内是没有办法实现的，随意做没有把握的保证对于危机形象恢复来说是饮鸩止渴。雅士利的做法高明之处在于承诺的第三条，表示公司为了杜绝三聚氰胺的出现，自发主动地购买了监测仪器，这个与其他企业仅仅是被动地受国家有关部门监测相比，是一个亮点。因为这一个承诺表示了，雅士利在主观上也非常担心产品内含有三聚氰胺，告诉民众作为奶制品的生产方，他们将把好第一道关，这个做法无疑树立了认真负责的形象且从根本上解决了民众的顾虑。

除此之外，企业还需要特别处理好"我"与"他"的关系。所谓的"他"，是指介于组织和利益相关者之间的第三方权威机构或人士。传播学研究表明，第三方认同是达成传播效果的一个重要机制，这一机制同样也适用于形象修复。在危机中，"我"讲一万句，可能也抵不上第三方权威的一个简单表态。利益相关者重视并且愿意倾听和接受"他"的意见与看法，因为"他"是第三方——至少看起来与危机责任和利益损害没有关系，因而相对诚实可信；因为第三方是权威，能够对问题作出专业分析和解答，在形象修复过程中，企业如果能够找到适宜的第三方权威为自己代言，往往会达到事半功倍的效果。[②]

到此为止，危机恢复的补救性任务已经介绍完毕，也就是说，"危机"的"危"字所造成的损失，已经得到了控制和补救。那我们要如何抓住"危机"的"机"字让企业凤凰涅槃呢？那就涉及以下两个改善型任务，即提升组织形象和总结问题所在并吸取经验教训。

4.2.4 提升组织形象

在危机恢复期间，企业要使危机后的形象得到提升，必须突出新的形象建设策略，让民众明显感觉到企业有作为于"新"的形象。诸如投放新的企业形象广告、推出新产品和新服务、调整企业管理团队、引进代表新形象的高层人物、公布新的市场拓展计划等。[③]

---

① 雅士利发承诺书急购专业仪器加强原料奶检测．http://www.ce.cn/cysc/sp/info/200809/19/t20080919_16855532.shtml，2008 – 09 – 19.

② 胡百精．危机传播管理．北京：中国传媒大学出版社，2005：232.

③ 胡百精．危机传播管理．北京：中国传媒大学出版社，2005：231.

对于国家和政府来说，良好的"危机"处理更能向世界人民证明国家的实力，展现国家的面貌，从而排除因为不了解而产生的误解，并成为提升国家形象千载难逢的好机会。中国一直因为"人权"问题被西方世界所抨击，在很多一味相信西方媒体而没有来到过中国的外国人眼里，中国是一个专制、人权受到极大损害的国家。而在汶川地震中，中国政府快速的反应能力、一切以人为本不惜一切代价的精神，让西方世界对中国刮目相看。这样的例子无独有偶，1988 年 12 月 7 日苏联亚美尼亚发生大地震，夺取了 2.5 万人的生命，50 多万人无家可归，136 家年产值达 125 亿卢布的工厂和工业联合企业毁于一旦，造成的直接损失达 85 亿卢布。这次地震后苏联将发生的灾害公之于世，博得了国际社会的同情和支持。对外国的援助采取来者不拒的态度；对前去援救的外国人放宽限制，飞机可以直飞灾区。西方在评论苏联的做法时说："这个最神秘的国家在地震后完全打开了国界。"苏联《真理报》发表评论说："地震中心已变成人道主义中心。"①

4.2.5　总结问题所在并吸取经验教训

危机的发生其实是一次暴露组织缺点问题的过程，如果可以看清问题本质吸取经验教训，并进行有效改革，从而避免危机再次发生，或者在不可避免的情况下，更好地去解决危机，那么对于组织来说也未免是一件坏事。危机后，经验、教训总结主要包括以下几个方面。

（1）对危机产生的原因进行系统的调查，排除可能诱发危机的因素，对症下药，强化危机防范体系，避免可预防危机的再次爆发。

（2）对预警系统进行评价，建立或强化组织信息管理系统和危机预警系统。

（3）对危机公关和危机处理工作进行评价，详细列举危机管理过程中出现的问题和成功的经验。

（4）根据危机产生和处理过程中暴露的问题和缺陷，修正、完善组织的管理体系、组织架构、规章制度、经营模式等。②

具体来说，对于危机的两大主体——政府和企业，其吸取的经验教训是来自不同方面的。对于政府来说，通过危机可以看到决策，管理机制或者是快速反应的不足，那么必然会给以后的政府工作以启示。如"非典"事件就为中国政府提供了如下几点启示。

---

① 薛澜，张强，钟开斌. 危机管理. 北京：清华大学出版社，2003：86.
② 反败为胜的智慧之事后处理危机恢复管理. http：//prm. manaren. com/wjgg/200808/542. html，2008 - 08 - 18.

第一，完善社会应急救助体系。社会危机到来时，政府的行动当然是最为重要的，但是科学协调和利用全社会的力量，也是危难时期政府履行国家职能的一门艺术。全社会的力量包括公众、媒体、非政府组织以及国际社会。通过"非典"政府开始着手建立适合中国国情的社会应急救助体系，这样的进步在"汶川地震"事件中表现得尤为显著。

第二，建设多领域、统一化的信息共享平台。危机管理战略研究、制定和实施，在很大程度上依赖于所获得信息的充分度和准确度。政府有必要在信息时代的背景下，形成多部门联动、多领域交叉、统一协作的信息共享平台。这一平台能够有效监测社会系统发展中的薄弱环节，在危机预警和危机管理中发挥信息流通中枢的作用。[①]

第三，培养公众危机意识。在"非典"时期，显现出了民众危机意识的薄弱，大面积的恐慌情绪为当时的工作增添了很大的难度。政府以此为鉴，通过媒体、教育系统和社区网络对公共危机进行大量宣传教育，从而使民众的危机意识有了一定的提高。

可以看出，政府在危机中吸取的教训主要分为两个方面，一方面是针对政府自身的管理和快速反应能力，另一方面则是针对民众进行危机意识教育，从而在下一次危机到来时可以有更少的伤害和更快的恢复。

对于企业来说，从危机中吸取经验教训很可能为其创造更好的未来。

首先，危机使企业看到了自身战略方向上的偏颇，使其对市场、竞争和资源等该类影响生存和发展的要素有了更深刻的认识和评价。企业将更注意洞察社会和市场的发展大势，做到明确方向、因势利导；将以前车之鉴为后事之师，开辟实现目标、任务的通途，走可持续发展之路；将通过危机学习和提升运营、管理技能，加强驾驭企业发展的能力。如可口可乐"二噁英"事件后，可口可乐在全球范围内开展了员工危机管理知识和技能培训，使公司每一名员工在发生危机后，都知道自己向谁通过什么渠道进行汇报，知道自己应该做什么、说什么。

其次，危机也促使企业对自身的价值观和价值链进行重构，危机的巨大冲击迫使企业进行自我反省、修正和重构自身的价值系统。许多研究者都共同指出一个问题：企业遭遇危机，特别是那些因管理不善造成的危机，其根源往往是企业的价值观存在问题。所谓企业价值观，是指企业对自我存在意义和对社会存在意义的根本观念，其直观反应是企业如何定位自己的使命。强生在"泰诺事件"处

---

① 胡百精. 危机传播管理. 北京：中国传媒大学出版社，2005：233.

理上的成功，被所有危机研究者称为企业价值观的胜利；罗氏制药在"非典"期间大发"国难"财，导致声名狼藉，则是企业价值观出现偏差带来的恶果。可见，就像影响一个人的成长轨迹一样，价值观也决定着一个企业的兴衰。危机过后，企业可以重新审视自己的价值观，这是企业可持续发展的根本保障。

最后，危机会促使企业从沉重的危机代价中获得许多有益的教训和启示，把坏事变成好事。危机的妥善处理将充分体现企业的综合实力，危机中企业社会责任感的良好表现，更是企业形象的有力展示，企业知名度和美誉度将大大提升，由此带来的无形资产的增值有时甚至远远超过危机造成的损失。另外，抓住大范围行业危机带来的生产要素和市场重组的机会，企业常能因祸得福，获得更大的发展。①

4.3　危机恢复管理的基本原则与策略

4.3.1　还原真相与重建信任的统一

从哲学层面来说，危机是事实损害与价值异化的共同体，而危机恢复管理存在着两种导向——事实导向与价值导向，危机恢复管理从本质上说遵循了事实与价值辩证统一原则。然而哲学界冠以事实与价值之间的关系的辩论经历了相同——分化——批判分化——辩证统一的过程，了解这一过程有助于我们从本质上了解危机恢复管理。那么就先让我们从事实与价值的意义开始讨论。

从哲学的角度看，关于"事实"的含义应有狭义和广义之分。广义的事实就是客观存在着的一切事物、过程、关系、属性的总称；狭义的事实是作为认识与实践对象的客观存在的事物。广义的事实无疑有本体论的意思。根据其定义，包括在人之外或之前的具有先在性的客观自然界以及打上了人类意志烙印的人化自然、人工自然等一切具有客观实在性的存在本身都是事实。这一定义从某种程度上来说是符合唯物主义客观性原则的，因为它承认外部事物、过程等不依赖于人。但却存在着以下局限。首先，它把客观事物或事件本身当作事实，这无异于名词和术语的简单变换而已，这不利于对事件或对客观事物的了解。同时，也不利于对"事实"内涵的把握。其次，这一界定未能就客观性与主、客体的关系作进一步的分析。因此，常常被加以客体主义式的理解和使用。在这里，事实被等同于一种纯粹的"自在之物"。再次，把事件、事物等同于事实混淆了科学与哲

① 胡百精．危机传播管理．北京：中国传媒大学出版社，2005：237．

学研究的对象。更为重要的是，这一定义忽视了人的主体性，忽视了主体对客体的主观能动性。事实只有在被人们认识和实践活动所掌握时才成为事实，否则便不能成为事实。马克思说："被抽象的理解的自为的，被确定为与人分隔开来的自然界，对人来说也是'无'。"因此，笔者认为广义的定义"事实"是不科学的。再来看一下狭义的"事实"定义。前述的定义显然也把事实等同于客观事物，这一定义在一定程度上看到了人的主体性，但是主体对事实的把握并不等于对客观事物的把握。事实的根本特性是客观存在性，因此对事实的把握也就是对人的实践和认识活动对象的客观性的把握。可见，狭义的定义"事实"也是不科学的。

从以上分析中，可以看出：事实不是主观性的东西，而是客观性的东西。但事实并不等于客观事物，事实是能够被人的认识和实践活动所把握的外部世界的客观存在状态。

对于价值，不同的哲学家具有不同的看法。归纳起来，对价值内涵的看法不外乎以下三种观点。① 客观主义价值论，即认为价值存在于事物本身。根据这种看法，价值是事物自身具有的，完全不取决于人是否需要、追求、享受和评价它，甚至独立于上帝的意志之外。由于把价值看作是独立自存的客观性质，这种价值客观主义通常会导致价值相对主义。② 主观主义的价值论认为价值取决于人，是人的需求或欲望所指向的对象。根据这种看法，事物本身不具有价值，事物之所以有价值是因为它为人们所追求或使人得到满足，因而价值取决于人的需要，离开了人，世界上根本不存在什么价值。③ 关系价值论认为价值存在于主体（人）与客体（事物）的关系之中，是主体与客体之间的需要与满足关系。根据这种观点，价值既不取决于主体，也不取决于客体，而是存在于客体的属性或功能等与主体需要之间的一致关系之中。而从被我国广泛认可的马克思主义价值论来看，价值既不是实体范畴，也不是属性范畴，而是主、客体之间特定关系范畴。价值既离不开主体需要，又离不开客体属性。因此在界定价值的内涵时必须以主体为尺度，但又不能离开客体的属性，价值只能存在于主、客体的相互关系中，即实践中。离开个人的认识实践活动也就无所谓价值而言。因此这样界定价值似乎更为合理："所谓价值，就是在人的实践——认识活动中建立起来的，以主体尺度为尺度的一种客观的主、客体关系，是客体的存在、性质及运动是否与主体本性、目的和需要等相一致、相适合、相接近的关系。"[1]

在西方哲学史中，一开始哲学家们大多持"自然主义"立场，认为价值的特

---

[1] 刘化军. 事实与价值关系的探讨. 石河子大学学报，2004（3）.

性就是自然的特性，价值陈述是由事实陈述证实或否定的，从以"是"为系词的事实判断推演以"应当"为系词的价值判断似乎是不成问题的。他们没有注意到事实与价值的区别，至少没有使之突出。

第一次对这种传统的自然主义论提出质疑的是休谟。他指出："我所遇到的每一个道德学体系中，我一向注意到，作者在一个时期中是照平常的推理方式进行的……可是突然之间，我却大吃一惊地发现，我所遇到的不再是命题中通常的'是'与'不是'等连系词，而是没有一个命题不是由一个'应该'或一个'不应该'联系起来的。"① 也就是说，在休谟看来，"是"与"不是"是不能推演出"应当"与"不应当"的。之后，越来越多的哲学家开始从这个角度考虑事实与价值的关系，从艾耶尔的情感主义到黑尔的规定主义，从波普的自由主义到威因契的概念相对主义，在他们的哲学思辨下，事实与价值渐行渐远，情感主义、规定主义、自由主义和概念相对主义之所以认为价值与事实根本不同，其关键是在于对价值的理解上。情感主义把价值看作是情感的，规定主义把价值看作是意动的，也就是说它们都把价值看作是主观的，而不像事实那样具有客观性。既然如此，对价值所作的判断也就不像对事实所作的判断那样具有客观标准，因而也就不像事实判断那样具有认识的性质，在这些理论看来，事实是客观的，它不受文化系统、生活方式和个人信念的影响，相反，价值总是相对于不同文化系统、不同时代、不同地点、不同个人而言的，两者截然不同。②

《事实与价值的二分法的崩溃》的作者普特南是价值事实二分法的最极端批判人，他曾以简单日常用语为例解释他的观点，他认为，那些几乎纯粹的事实陈述中包含着价值判断，譬如"A 是一个非常粗心的人"、"A 只想着自己"、"A 为了钱几乎什么都干"。在普特南看来，在这样的陈述或上述陈述的合取中，如果再说价值独立于事实是很难的。③ 然而从危机恢复的角度来看，完全按照普南特所推崇的以"小事实"推断"大价值"的基本思路是否行得通？答案显然是否定的，因为任何危机都是复杂的，用诸如"A 是一个非常粗心的人"这样简单的包含着价值判断的陈述去判断危机是不科学的，在危机恢复中更是如此，如果一味抱着因为"是"怎么样，所以就"应该"怎么样的态度来对待危机的恢复，那一定会困难重重，在此有必要以"巨能钙"事件为例。

2006 年 11 月 17 日，《河南商报》以"消费者当心，巨能钙有毒"为题，披

---

① 江畅. 现代西方哲学中价值与事实分离的来龙去脉. 湖北大学学报，1992（1）.
② 江畅. 现代西方哲学中价值与事实分离的来龙去脉. 湖北大学学报，1992（1）.
③ 李洪卫. 事实与价值分离的通融：艾耶尔与普南特的观点与启示. 燕山大学学报，2004（5）.

露巨能公司所销售的巨能钙含有致癌的工业用双氧水，引起舆论喧哗，国内各大媒体和网络纷纷于当日进行了转载，不少药店也将巨能钙撤下柜台，危机从河南迅速扩散到全国。11 月 18 日，巨能公司发布声明，承认巨能钙含有微量双氧水，但不会对人体有危害。11 月 19 日，巨能公司在北京召开新闻发布会，强调虽含有微量双氧水，但属于安全范围之内，要求国家权威部门就巨能钙"有毒无毒"进行评判，同时指出事件缘于恶意攻击，并将追究《河南商报》混淆视听、不实报道之责。11 月 19 日下午，巨能集团发布致全国媒体和消费者的一封公开信。当晚，《河南商报》予以坚决回应，称销售受损是巨能公司咎由自取。在巨能公司与《河南商报》就巨能钙安全性进行争辩时，巨能钙在全国的销售则几乎陷于停顿状态。12 月 3 日，卫生部的检测报告称"巨能钙过氧化氢含量在安全范围内"，巨能钙立即通过各地媒体通告了卫生部的评判意见及再致消费者的公开信。在卫生部检测结果公布后，巨能实业副总裁认为整个事件是北京某竞争对手策划的，而《河南商报》代总编辑则驳斥此种说法纯属造谣。① 我们不难看出，在此案例中的"事实"是"巨能钙中含有不超过安全含量的双氧水"，按照普南特的观点，这样的事实并不应该对企业造成危害，然而从中国民众的价值判断来说"含有不超标双氧水"这个事实本身无论是否的确如科学证明的那样"无害"，都显得有些无法接受。因此，在笔者看来，"巨能钙"此次的公关并不是一次成功的案例，因为主体过于强调"事实"本身而非民众的"价值取向"。因此，"巨能钙"的"指控"是不得人心的，对其危机恢复没有积极意义。

在危机恢复管理中，较为可取的是韦伯和哈贝马斯的研究成果以及马克思的经典论述。韦伯和哈贝马斯放弃对崩溃式批判的迷恋，他们对休谟的追问作出了建设性回应。韦伯在尊重二分法原则的前提下，提出了"价值无涉"论，认为在社会历史研究与道德哲学领域，宜操持"价值中立"立场。哈贝马斯则超越主体与客体关系，从"主体间性"出发考察事实与价值的内在关联。"价值无涉"并不意味着价值缺位或者判断空白，而恰恰是在承认价值前提的情况下，对多重立场的宽容；"主体间性"则不再纠缠事实与价值本身的关系，而是将视线回归到支配它们的主体——人的身上。② 马克思的观点则更明确地将事实与价值的辩证统一关系在人的实践活动中得以实现：事实与价值之间的矛盾是不可否认的，但二者之间既对立又统一的辩证关系是社会进步的内在根源。现实世界是一个由事

---

① 2004 十大危机公关案例之巨能钙"有毒事件". http://prm.manaren.com/anli/200809/709.html, 2008 – 09 – 09.

② 胡百精. 2006 中国危机管理报告. 北京：中国人民大学出版社，2007：2.

实世界和价值世界相互统一并水乳交融的世界。首先，事实与价值相互补充、相互过渡，共同构成人类活动的内容。其次，事实与价值都是人类活动所要追求的目标。再次，事实与价值在实践中相互引导。① 同样以"巨能钙事件"为例，如果巨能实业能宽容地对待多重立场，如果可以多思考一下价值和事实之间的辩证关系，也许巨能实业就不会如此"得理不让人"从而失掉民心。

　　危机的"世界"，同样也是"事实世界"与"价值世界"的聚合体。围绕着人与物、人与人的关系，这个聚合体既存在"事件"自身的发生、演绎方式，也包含信念、好恶、尊重、悲悯等"意志"的形成和转化，以及二者之间的交错与互动。2006 年 9 月，著名化妆品牌宝洁 SK II 遭遇"金属门"危机，被指旗下产品含有铬钕元素，对人体健康有害。在这场危机中，事实层面存在两个核心问题：SK II 产品是否真的含有危险元素？如果含有，是否一定对人体有害？非常遗憾，当第一个事实内核被剥开、擦亮后，政府、媒体和公众对第二个问题却选择了"集体"忽略——几乎没有人认真追问"有害性"问题及其证据。分析表明，政府、媒体始终按照自身的"框架"回应宝洁发布的信息，而消费者则直接拿起"武器"砸了 SK II 柜台。是什么把"事实"推挤出公共话语空间？是什么让真相和结论的表达变得如此无奈？答案已然无法在"事实"本身寻找。正是瓦解的价值体系以最迅猛的方式将事实追问逼到幕后，寂灭了。当价值层面的信任契约撕裂后，有关事实的言说便沦为空洞的旁白，要么被弃之不顾，要么被用来煽点更炽烈的情绪之火。人们津津乐道，乃至怒不可遏，而事实却只是易碎的谈资，价值则成为真正的主宰。不仅宝洁 SK II 事件如此，近年来的 SARS 危机、吉林石化爆炸危机、阜阳毒奶粉危机、肯德基苏丹红危机、光明牛奶"回奶罐"危机等，皆在以不同的方式表达一个共同的规则：任何危机都是事实和价值双重矛盾的聚合体，事实层面的问题诸如事件导火索、影响方式、财产损害等，价值层面的问题诸如态度取向、信任关系、终极关怀等。②

　　有关资料显示，媒体和公众对于危机事件的事实信息与价值信息的关注度趋于平衡，而作为危机应对主体的政府、企业和其他社会组织则往往执著于事实，对于是或非、多或少、有或无的问题过于强调，而对于一些价值问题，似乎这些主体还没有意识到其重要性。那么按照本小节最先提出的危机所造成的事实损害和价值异化的思路，这两种导向就应该贯穿整个危机管理系统。危机的恢复自然

---

① 张二芳. 坚持事实与价值的统一促进人与自然的和谐发展. 中国山西省委党校学报，2004（2）.

② 胡百精. 危机传播管理事实：价值模型的理论假设与实践检验（二）. http：//blog. sina. com. cn/s/blog_4a691d48010009cm. html. 现可见于：胡百精. 2006 中国危机管理报告. 北京：中国人民大学出版社，2007：4.

也要从对这两方面的修复入手，在这里，我们可以把这两方面称为事实契约修复和价值契约再造。

4.3.2　事实契约修复与价值契约再造的融合

在恢复阶段，事实契约的修复是在还原真相的基础上，将事实契约合理转换成对危机主体有力的证据，也就是一种化被动为主动的过程。"转换"有两大路径：前后一致和转移视线。

前后一致强调由"当下"向"之前"的转换，即回归危机发生之前组织的主张话语，回归对利益相关者的一贯承诺。在很多案例中可以看到，人们的质疑、挑战和批判之下，总是潜藏着回归常态、重建认知和谐的强烈渴望。这也印证了心理学认识主义流派代表人物海德和费斯廷格的观点：当不协调发生时，人们本能地去躲避、消除，直到协调再次发生。事实上，当眼前的困境如此具体时，人们总是无比清晰地回忆以往的安宁岁月。因此，前后一致实质上是一种"补差性"努力，即弥合危机发生前后人们对组织认知和评价的落差。这就要求组织认真回溯、深刻检讨此前的主张和承诺，特别是那些事关"关键利害"的既往言行，并在危机中努力坚持、维护。放弃这一努力，前后反差巨大，会强化人们对组织的失望和愤怒。显而易见，回路被切断是让人最惶恐不安的事情之一。

形象修复理论的代表人物班尼特最早系统地提出危机处理的转移视线原则，即把公众关注的焦点转移到那些可以摆脱组织责任或者于组织有利的问题上去。这里，我们所谓的"转换"解决的是情境再造的问题，即谋求积极与消极、主动与被动、对抗与对话关系的转换。

在危机恢复阶段，价值契约的再造是在重建信任的基础上重建组织价值。首先，重建信任中的"信任"到底指的是什么？在一般环境下，"信任"被理解为"相信"，但是在这里"信任"可以从以下三个视角出发去理解：从道德视角上来说，信任被习惯性地视为一种内在的道德观念，是放弃了诸多前提条件的一种交付，这样的断言既来自日常生活，也为一些经典哲学和神学所认同：信任是神恩在人性中的显现，是"完美的本性，不要破坏他"，在此视角下，信任作为善的一个侧面存在，是利他的一种信念；从行为视角上去看，信任成为一种基于既往知识和经验的行为惯性。比如，我们信任"明天的太阳照常从东方升起"。政治学者沃伦称这种信任为"纯预期性解释"，是"归纳式断言"。休谟则进一步作出延伸，强调行为的制度化：我们应该设计一系列制度，即使流氓占据政府职位时，我们也相信他会为我们的利益服务；从交换视角上去看，功利主义者揭穿了诱人的道德学说，也放弃了对无常行为经验的执著，而将信任归结为利益的交换。我信任你，意味着我有理由期待你为我或我们的利益行事。因此，信任更像一场风险投资，当理由遗忘、期待破灭时，信任就此终结。从这一意义上看，利益才是信任的本真面目，不崇高却真切，驱动着人与人之间脆弱的当下关系。

　　然而，在危机的恢复过程中，我们需要走的是一条综合、折中的路线，召唤信任的力量，也承认它的局限。这使危机恢复期的信任获得了三重属性：信任是对话得以发生、持续并产生结果的前提，是真正的交流的基础、理解的源泉。作为危机的主体，无论如何都要让公众觉得你是可信任的，否则便从根本上失去了对话的可能；信任是尊重、关爱、诚实、负责、勇敢等多种价值要素的会聚与凝结。唯有信任才能使所有卷入危机的人走到一起，成为命运的共同体，尊重彼此的完整性；信任是信守承诺，建立利益均衡关系的一种互惠机制。这意味着危机之下的"信任观"强化，但不过度放大它的道德力量和行为经验，而是把它当作促生利益互惠关系的管理资源。因此，信任既不是出于偏执的浪漫情绪，更不是徒劳的奢侈之举。①

　　在危机恢复阶段，重建是指在危机事件平息后的"补强"行为。除了于事实层面恢复正常的生产、生活秩序外，其根本目标是于价值层面修复形象、重建信任。它有三个基本路径：补偿与救赎、重构话语秩序和晶化舆论。关于补偿与救赎我们已经作为危机恢复的中心任务在上文做过详细介绍，在这里不再重复。

　　对于重构话语秩序来说，话语是作为权力关系的建构规则存在的，这种规则是双重的：话语被权力关系建构，同时也建构权力关系。因此，正如权力总是谋求显在或隐蔽的秩序一样，任何话语自身也是一种秩序，并处于更宏大的秩序之中。所谓话语秩序，是指"一个机构或一个社会内的话语实践整体，以及它们之间的关系"。从这一意义上看，一个社会组织从引发危机到应对危机和恢复管理，实际上是一个话语秩序被解构，因此努力重构的过程。究其本质，是组织作为社会权力主体的正当性遭到质疑和破坏，因此进行补救、修复和再造的过程。

　　关于晶化舆论方面，现代公关之父伯内斯提出过论断："舆论是权力博弈的现实反映……因此公共关系所谋求的是自我主张与个体、群体头脑中观念的对应和分享，并使这种对应和分享实现凝结、固化，亦即结晶。"从伯内斯的观点出发可以得出如下结论：价值体系是组织与利益相关者、社会共同构筑和分享的产物，这一"产物"是流动的，并且不可避免地出现危机和损害；但是，倘若其内在的联结机制在既往的关系建构中得以"晶化"，那么损害只能在外围的、可再

---

① 胡百精. 2006 中国危机管理报告. 北京：中国人民大学出版社，2007：19 - 20.

生的元素（譬如钱和物）上发生，而价值内核（譬如品牌之魂）则会得到有效保护。举例而言，可口可乐在"二噁英"危机中损失惨重，但其总裁却高兴地宣布：经过努力，可口可乐最珍贵的东西没有丢，那就是我们的品牌，它属于美国精神，属于可口可乐和所有关爱它的人。可谓一语中的，产品危机永远无法全然避免，而晶化的品牌之魂和价值体系却可长保无虞。晶化舆论的根本目的在于使危机管理与品牌管理最终联结统一起来，这同时也意味着事实与价值原则辩证统一的彻底落实。①

案例直击

康师傅的诚信危机

企业介绍：

康师傅控股有限公司，总部设于中华人民共和国天津市，主要在中国从事生产和销售方便面、饮品、糕饼以及相关配套产业的经营。公司 1992 年于天津研发生产出第一包方便面，之后市场迅速成长，从 1995 年起陆续扩大业务至糕饼及饮品，截至 2007 年，公司总投资已达到 24.69 亿美金，先后在中国 40 余个城市设立了生产基地，员工人数近 4 万人，总营业额 32 亿美元。

公司产品绝大部分均标注"康师傅"商标，"康师傅"早已成为中国家喻户晓的知名品牌，其品牌价值约为 7.26 亿美元。目前本公司的三大品项产品，皆已在中国食品市场占据领导地位，据 ACNielsen2008 年 12 月的零售市场研究报告显示：本公司方便面的销售额市场占有率高达 50.8%，销量超过 130 亿包，近年来推出的"福满多"系列平价面更进一步拓展到广大农村市场，是全球最大的生产销售厂商；康师傅茶饮料也已成为国内茶饮料第一品牌，销售额市场占有率达到 44.3%，果汁饮料的市场占有率也达到了 19.2%，是市场前三大品牌，包装水事业凭借 17.7% 的市占率，跃居全国第一品牌，康师傅夹心饼干在中国的销售额市场占有率为 25.5%，稳居中国市场第二位。

公司透过自有遍布全国的销售网络分销旗下产品，截至 2008 年 12 月底共拥有 552 个营业所、84 个仓库，以服务 5 872 家经销商及 69 096 家直营零售商。四通八达、快捷高效的营销网络和售后服务是保障公司产品高居市场领导地位的主要原因，也有助于新产品及时迅速地登陆市场。在主业快速发展的同时，公司亦

---

① 胡百精. 危机传播管理事实：价值模型的理论假设与实践检验. http://blog.sina.com.cn/s/blog_4a691d48010009ja.html.

专注于食品流通事业，持续强化物流与销售系统，以期整合资源，力图打造全球最大的中式方便食品及饮品集团。

然而，著名的康师傅公司却因为涉及虚假广告，在 2008 年吃到了不小的苦头，对于经营多年的品牌形象也造成了一定的损坏，尽管如此，康师傅在此次事件中的做法仍有不少可取之处，并成功地避免了品牌的倒塌。下面我们来看看这一事件是如何产生和发展的。

事件回放：

2008 年 7 月 24 日，网友"青草布丁"在社区贴图专区发布《康师傅：你的优质水源在哪里？》的网络文章，揭露康师傅水源真相。帖子称，该网友曾潜入康师傅位于杭州经济技术开发区四号大街 27 号的生产基地，考察后发现该基地附近根本没有所谓的"优质水源"，唯一的自然水源就是污染严重的钱塘江，于是该网友判断"康师傅要么用自来水加工，要么用脏兮兮的钱塘江水，绝对没有它所说的'优质水源'"。这样一个帖子揭开了康师傅 2008 年陷入困境的序曲。下面我们看看事情的发展，以及康师傅是如何应对这一突发事件的。

8 月 5 日，杭州顶益食品有限公司公关部相关负责人承认，康师傅杭州生产基地所生产的矿物质水，的确是用城市自来水经水滤系统过滤出来的。

8 月 6 日，上海某媒体率先报道"康师傅矿物质水水源竟是自来水"，披露整个事件来龙去脉。康师傅水源事件立即引起北京、上海等媒体广泛关注，媒体报道升级。

8 月 8 日，康师傅控股有限公司在官方网站上首次公开发表《"康师傅饮用矿物质水"的说明》："该公司生产之'饮用矿物质水'，系以纯净水的基础再添加符合'食品添加剂与营养添加剂'国家标准的矿物质原料，完全符合国家标准 GB 10789 饮料通则中有关'饮用矿物质水'品类的定义。同时，考虑产品安全与卫生，本公司使用水源，无论是使用自来水、地下水或其他天然水，都符合国家标准 GB 5749《生活饮用水卫生标准》。生产完全符合国家质量安全标准相关规范。同时，我公司国内各生产基地，均以严格的生产工艺，在国家标准相关规范下制成具有全国一致标准的矿物质水系列产品，请消费者安心饮用。"但康师傅始终未就此次事件核心问题——涉嫌虚假宣传作出任何解释，更没有向消费者表达歉意。不少消费者及法律界人士指责康师傅涉嫌虚假宣传，呼吁工商部门介入。

9 月 2 日，"水源门"风波持续一个月后，康师傅高层管理人员首次集体出席新闻发布会，向受邀的京津地区的媒体就矿物质水产品广告中标示"选用优质水源"一事向消费者公开致歉，并调整了相关广告和瓶标用语。

专家点评：

下面我们来看看康师傅水源门中可以称道的地方。

（1）真诚沟通：除前期承认使用自来水水源外，还就水源问题在公司官网上进行了详细说明。当然后期的高层致歉也是真诚的。

（2）反应迅速：在第一时间内，承认使用自来水水源；在第一时间内，对饮用矿物质水水源使用与标准进行了详细说明。

（3）有系统地化解危机：在承认错误，并向广大消费者道歉的同时，康师傅方面也对引发误解的广告及标识用语进行了调整，另外借助媒体进行正面宣传，符合系统运行原则。

（4）巧借权威证实：在官方网站上发表声明，指出："该公司生产之'饮用矿物质水'，系以纯净水的基础再添加符合'食品添加剂与营养添加剂'国家标准的矿物质原料，完全符合国家标准 GB 10789 饮料通则中有关'饮用矿物质水'品类的定义。"

资料来源：全球品牌网《2008 年中国十大危机公关事件点评》，2009 - 03 - 12.

复习思考题

1. 什么是危机的恢复管理？危机恢复的具体步骤有哪些？

2. 如何确定危机恢复对象和危机恢复对象的重要性排序？

3. 危机恢复管理的中心任务是什么？

4. 补偿危机中受到损害的利益相关者和公众通常可以分为哪两个层面？在公共危机领域实行行政补偿的意义何在？

5. 结合实际，谈谈目前在我国，对于危机受害者的心理抚慰工作仍然存在哪些问题？

6. 如何进行组织形象的恢复与重建？

7. 如何理解危机恢复阶段"事实契约修复与价值契约再造的融合"？

第 5 章

危机利益相关者概说

什么是利益相关者

危机利益相关者的分类

第 5 章

危机利益相关者概说

内容提要

（1）利益相关者是与组织有特定利益关系的个人或群体。组织的利益相关者是极其广泛的，他们分散在不同的领域，有着不同的规模与结构，遵循着各自的规则，并具有权益的合理性、利益的相关性和影响的不确定性等特点。

（2）按照利益相关者组织的属性，可将利益相关者划分为两大类：商业组织的利益相关者与社会公共组织的利益相关者。商业组织的危机利益相关者主要包括内部成员、消费者、投资者、政府机构、社区公众等，在本章我们重点讨论了咨询服务机构、内部成员、社区公众、竞争对手四类利益相关者；社会公共组织的利益相关者包括内部成员、上级主管部门、社会公众、媒体、相关权利制约机构等，本章我们主要聚焦于社会公众这一利益相关者。

在谈到管理尤其是危机管理的时候，我们总是很难回避"利益相关者"这个概念，因为他们与组织有着千丝万缕的联系，甚至与组织的前途和命运息息相关。尤其在危机状态下，不论危机发展到哪个阶段，利益相关者始终存在并直接影响着组织危机管理的成效。因此，我们选择在介绍了危机管理的流程后首先聚焦于这样一个群体——利益相关者。

5.1 什么是利益相关者

5.1.1 利益相关者的定义

在前面的论述中我们多次提到"利益相关者"的概念，在对危机管理进行进一步的探讨之前，有必要首先廓清此概念，以便我们更全面地认识危机、更好地控制危机、更快地恢复危机。

"利益相关者"的术语使用来源于 20 世纪 60 年代的斯坦福研究所（即现在

的斯坦福国际研究所，SRI International）。SRI 认为，管理者需要理解股东、雇员、客户、供应商、债权人和社会的想法，从而才能制定出可以得到利益相关者支持的企业目标。这种支持对于企业获得长远的成功是不可或缺的，因此，在制定其经营战略的过程中，管理层应积极探索他们与所有利益相关者之间的关系。这些早期的想法大多数对当时的管理理论没有产生太大的影响，然而，一些零碎的利益相关者的思想幸存下来，并在此后的 20 多年间在四个不同的管理研究领域得到发展：企业计划理论、系统论、企业社会责任理论和组织理论。[①]

企业计划理论承认利益相关者在企业战略的制定过程中能起到有限的作用，但该理论与 SRI 的研究思路却存在本质的区别：企业计划理论将利益相关者简单地归结为企业活动的障碍，因此，企业管理者应该认识到利益相关者的需要，以便为企业的运营确定界限；SRI 研究认为所有利益相关者的支持才是企业成功的基础，因此，成功的管理战略应该考虑所有利益相关者的利益，而不是只聚焦于部分利益群体的利益。

系统论认为任何事物都处在一个相互联系的统一体中，世界上每一事物的存在和发展变化都是和其他事物相联系的，我们要解决问题，认识事物，必须从整体上把握事物各方面的联系。因此，管理学研究领域的系统论强调的是构成组织组成部分的外部联系，被描述成"开放系统"的组织便成为一个更大网络中的一部分，而不是一个自成一体的实体，故识别利益相关者以及他们之间的相互关系是非常关键的。从系统的角度出发，问题只有在网络中所有成员，即利益相关者的支持下才能解决。

企业社会责任理论把传统理论所遗漏的利益相关者都考虑进来，拓宽了利益相关者研究的范畴，强化了管理者对于那些此前被忽视的群体建立关系的重要性的认识。企业社会责任理论对利益相关者的分析大多是在概括层面进行的，没有考虑到个体企业的战略。

组织理论的目的是描述和诠释组织的存在及其特征。传统的组织理论与系统论有着相同的理论源头，20 世纪 60 年代，Katz 和 Kahn 提出了组织框架的概念，用来界定与周围环境相对应的组织，Thompson 引进了"顾客"的概念，用来指涉及传统企业范围以外的群体。此后，一些学者的研究开始强调外部环境作为企业组织的重要因素。该理论有助于理解利益相关者存在的重要性。

利益相关者理论出现在 20 世纪 80 年代中期，R. Edward Freeman 在 1984 年

---

① ［美］迈克尔·A·希特. 布莱克威尔战略管理手册. 闫明，胡涛，潘晓曦，等译. 北京：东方出版社，2008：232 - 236.

发表的《战略管理：利益相关者分析》中，将"利益相关者"定义为"能够影响企业目标实现，或者能够被企业实现目标的过程影响的任何个人和群体"，认为利益相关者管理的目的便是发展出能够处理好战略实施过程中各种利益群体和关系的方法。

此后，国内外诸多研究学者都对利益相关者的概念有过类似的界定。如罗伯特·希斯认为利益相关者就是"承担风险的人，或投资于某企业的人，或与企业有相互影响的人"。美国的史蒂文·F·沃克等人在《利益相关者权力》一书中将利益相关者定义为：与一个组织相关联的个人或群体。他认为利益相关者持有股票，有表决权，或者能够从企业的日常运作中获取既定的利益，这种关系通常是互利互惠的，即企业与个人、群体也总是利害相关的，企业在运营中需要利用这些利益相关者的资源或影响力。国内研究学者胡百精在《危机传播管理》一书中将利益相关者界定为"与组织按照有形或无形的契约关系结成特定利益互动机制的人或人的集合"。

从利益相关者的字面意义出发，我们认为利益相关者即与组织有特定利益关系的个人或群体。组织是人们为了达到某种共同目标，将其行为彼此协调与联合起来形成的社会团体。危机管理中的组织，既可以是商业组织，也可以是社会公共组织，与他们有着任何显在或潜在的利益关系的个人或群体都可纳入危机利益相关者的范畴。以企业为例，其利益相关者包括企业内部成员、顾客、股东、债权人、供应商、竞争对手、媒体、政府部门、社区公众等，其中，具有显在利益关系的利益相关者有企业内部成员、顾客、债权人、供应商等，而具有潜在利益关系的有竞争对手、媒体、政府部门、社区公众等。

5.1.2　利益相关者的特点

从利益相关者的定义出发，不难发现组织的利益相关者是极其广泛的，他们分散在不同的领域，有着不同的规模与结构，遵循着各自的规则，有时几乎很难注意到他们的存在，但危机时刻他们的态度与反应却常与组织的命运息息相关。然而，面对这样的一群可以影响组织运营、左右组织生存环境的利益相关者，我们甚至无法从数据上进行完整的统计。在此状态下，寻找利益相关者的共性，把握他们的特点就显得尤其重要。具体来讲，利益相关者的特点主要体现在如下方面。

1. 权益的合理性

承认利益相关者有维护自身权益的合法性与合理性，是承认组织利益相关者存在的前提。虽然不同类别的利益相关者的需求各异，立场不同，但组织都有维护和保障他们相关合法权益的义务。否认利益相关者权益的合理性，对组织利益相关者的分析与探讨也就失去了意义。

1986 年，由消费者拉尔夫·纳德（Ralph Nader）创办的团体"汽车安全中心"，向美国国家高速公路交通安全管理局（NHTSA）提交了一份召回要求，对奥迪施压，并要求其作出反应。据报道，奥迪 5000 型车在驾驶员使用自动挡从泊车转向行驶或倒车时明显失去了控制，引发了一些导致受伤和死亡的事故。此时还不清楚究竟是机械故障，还是因为驾驶员不能正确使用加速和刹车踏板，导致了意外的加速问题发生（大多数欧洲车型中的这些踏板相互靠得比美国车近）。

奥迪公司将反应推迟了 3 个月，随后宣布公司将为 1984—1986 年间的 132 000 辆奥迪 5000 型车更换怠速稳定阀，并重新定位刹车和油门踏板。然而，在 1986 年 7 月公司的召回过程中，奥迪没有履行那些承诺，而是安装了一个要求驾驶员在挂挡前踩一下刹车的排挡锁。

这次召回使奥迪公司花费了大约 2 500 万美元，这笔费用对这种规模的汽车召回活动来说很典型。然而，接下来的不利的电视报道、连续不断的事故报道（甚至是那些安装了新锁的车型）以及一场集体诉讼行动，摧毁了奥迪公司在美国的销售和它的品牌形象。玛丽·沙利文（Mary Sullivan）在《商务杂志》（*Journal of Business*）上的一份研究报告中指出，这个突然加速问题导致了奥迪 5000 型车在出售时的价值贬值，比未出现这一问题时多贬值 11.5%。新闻报道也导致了其他奥迪车型在出售时的价格下降，比如，奥迪 4000 型比预测的多贬值 9.2%。甚至连没有采用自动挡的奥迪四轮驱动车型，在 1987 年的贬值也比预计的多 6.8%。

此后推出诸如再售价值保证计划、广告及促销等活动虽然帮助奥迪公司恢复了一些销售量，但代价却是高昂的。1989 年 3 月，NHTSA 的一份报告指出，这个突然加速的问题是由于驾驶员的错误造成的，而不是机械原因。但即使是这个消息，也未能扭转奥迪公司的命运。奥迪公司在美国的销售量，从 1985 年的 74 000 辆左右下滑到 21 225 辆，而且，奥迪公司的经营持续萎缩。重新建立消费者对公司品牌的信心，将需要很长时间，这是一个并非由产品的机械缺陷所导致的代价高昂的结果。①

---

① N·克雷格·史密斯. 危机管理. 北京新华信商业风险管理有限责任公司，译校. 北京：中国人民大学出版社，2004：73.

从奥迪公司的召回案例中可以看到，推迟 3 个月才对相关利益团体以及消费者的呼声作出回应；违背之前承诺，由更换怠速稳定阀改为安装排挡锁等一系列举措无不凸显了奥迪公司的傲慢以及对利益相关者合法权益的忽视，最终必然付出昂贵的代价。

2. 利益的相关性

利益的相关性是利益相关者的本质属性。正是由于利益相关者或多或少，或明或暗地与组织之间有着利益方面的联系，所以在对组织进行管理的过程中，正确理解利益相关者的概念，认识利益相关者存在的重要性与作用机制具有重大的意义。

组织与利益相关者之间的"关系"主要是通过两者的互动而实现的。一场危机的成功化解，通常体现了组织与利益相关者的良性互动：沸沸扬扬的"薯条致癌"诉讼在美国引发后，麦当劳为一扫"肥胖凶手"和"非健康饮食"的负面形象，2005 年麦当劳（中国）在全国范围内启动"均衡生活方式"系列活动，奏响"营养三部曲"：向全国消费者开放厨房、在每家餐厅里建立营养信息区、在包装上标注食品营养成分，以开放、透明的态度让公众了解麦当劳为保持食品高质量而作出的努力。从案例中可以看到，麦当劳通过邀请消费者参观麦当劳厨房的方式与消费者、媒体等互动，与此同时，还通过在每家餐厅里建立营养信息区、在包装上标注食品营养成分等方式与消费者、专家、相关机构等沟通，如在中国，只有婴幼儿食品才被要求标注营养成分，麦当劳在包装上标注食品营养成分的举措就获得不少食品领域专家的肯定。

3. 影响的不确定性

利益相关者与组织间的关系，在常态下有较为稳定的一面，然而一旦两者的关系出现异化，利益相关者对组织的影响便呈现出不稳定的特点。利益相关者影响的不确定性可以从两个方面来理解：一是利益相关者对组织的影响可能是正面的，也可能是负面的，如对于企业而言，顾客给企业带来利润，但也可能随时引发一场危机；二是利益相关者对组织的影响，尤其是在危机状态下，影响的范围、影响的程度都呈现出不确定的特点。从这个角度来看，利益相关者对组织的影响与组织对危机的处理和控制的水平有着紧密的联系。

2003 年 8 月，海南检验检疫局在对进口红牛饮料的检验过程中，发现饮料无中文标签，咖啡因含量超过我国标准，且尚未取得我国标签审核证书。随后国家质检总局发出通知，要求各地检验检疫局对辖区市场销售的进口红牛饮料进行检查。南宁一家都市报对此进行了不准确的报道，随后被几家网站转载，从而对公众和消费者产生了一定程度的误导。新闻只报道"进口红牛被查",却没有指出这个产品是"走私进口"的非法产品,与中国红牛饮料公司生产的产品完全没有关系,而且还把主要问题扣在咖啡因超标上面。这则新闻的刊发可能使消费者对两个"红牛"的概念产生混淆,而且还会对同样含咖啡因但用量严格符合国家相关部门规定的正品红牛产生质疑。事件发生后,红牛公司临阵不慌,迅速成立危机管理小组,召开紧急会议,出台应对措施。① 在媒体方面扭转舆论导向。红牛品牌策划部第一时间同国内刊登该新闻的一些主要网站取得联系,向其说明事情真相,然后动用公关手段,促使有关网站摘掉所转载的不准确的新闻,换上红牛公司法律顾问的"严正声明",并附以红牛公司质量承诺宣言和获得国家相关认证证书的列表。② 主动出击,借机宣传企业形象。针对第二天平面媒体可能出现的报道,红牛公司的品牌策划部起草了一份新闻通稿,于当晚向全国一些主要媒体以传真形式发出。同时,该公司又针对全国约 50 家主要媒体做了一个广告投放计划,而广告的主要内容是向消费者说明和承诺红牛的品质没有问题。③ 在与媒体联络沟通的同时,红牛通知全国 30 多个分公司和办事处,要求它们向当地的经销商逐一说明事情真相。尽管这次危机事件对于红牛品牌的负面影响是存在的,但是红牛迅速、恰当的反应无疑将危机对企业的损失降到了最低限度。

英国《星期日邮报》于 2006 年 6 月发表了题为《iPod 之城》的报道,并提供了大量拍摄于 iPod 中国工厂的内部照片。据悉,苹果的旗舰产品 iPod 主要由女工生产,她们的月收入仅有 27 英镑(约合人民币 387 元),但每天的工作时间长达 15 个小时。此后,国内媒体《第一财经时报》于 2006 年 6 月 15 日和 22 日分别刊发了两篇报道,反映的是富士康普遍存在工人"超时加班"问题。由于不满有关报道,台湾首富郭台铭所控制的鸿海旗下子公司,以名誉侵权为由向《第一财经日报》两名记者提出总额 3 000 万元索赔,并要求法院查封两记者的个人财产。随后,一场新闻界的"公愤"就此爆发,声援"一财"的各种行动相继展开。网上调查显示,九成网友支持"一财",甚至国际记者组织也"请求苹果施压富士康撤回对记者诉讼"。尽管最终富士康撤销了诉讼,与"一财"握手言和,但富士康无疑已使自己成为了众矢之的,在舆论的谴责和压力下,富士康的企业形象必然受到重创。

同样是由利益相关者——媒体引发的危机,红牛与富士康的处理方法不同,态度不同,所受的影响也自然不同。利益相关者影响的不确定性告诉我们:第一,日常维护与利益相关者的关系,营造良好的内、外部环境能极大增强组织抵御危机能力，减少危机中利益相关者带来的负面影响；第二，及时采取恰当的危机管理策略，是减少负面影响的重要途径。

5.1.3　利益相关者的互动机制

史蒂文·F·沃克在《利益相关者权力》一书中从企业的角度出发，探讨了成功的利益相关者产生与发展的历程，他认为每一种成功的利益相关者都要经历四个阶段，称之为"约定的四道门槛"：知晓（Awareness）、知识（Knowledge）、倾慕（Admiration）和行动（Action），这些阶段基本上是连续性的，每一个阶段都建立在已完成的前一阶段的基础之上。基于此视角，我们认为对于组织而言，利益相关者的作用机制也可划分为四个相互联系的阶段。

1. 知晓

知晓即知道事情的存在，但并不意味着了解事实的全部。这里所谓的"事情"可能只是事件的一些蛛丝马迹，抑或是一些捕风捉影、支离破碎的信息，但它们往往是利益相关者了解组织或组织新近发生情况的第一步，也是他们采取行动前的基本依据。以非典危机为例，在非典型肺炎疫情爆发之初，许多公众都是从电视、报纸或者身边的亲人、朋友处得到相关信息，这些信息可能是"最近传染病盛行"、"被传染了非典型肺炎会死亡"、"广州发生致命流感"等不全面的信息，甚至是只言片语，但却引起了他们的注意。

2. 理解

如果说知晓只是了解到某些片段，理解则是对相关信息的更加立体的把握。随着新媒体的不断涌现，人们接受到信息的渠道越来越广泛，有意识地查找相关信息也变得十分容易，利益相关者通过对接受到的信息进行初步的归纳与整合，达到"理解"状态，然后在此基础上进行决策。值得一提的是，此处所说的"理解"是利益相关者自身所认为的理解状态，往往与事实有着一定差距，甚至是相背离。譬如部分公众在知晓了非典后，借助互联网了解更多的相关内容，其中很多信息都来自于充斥着个人观点的论坛、博客，结果这样一群利益相关者所认为的"理解"可能与事实已经相去甚远了。

3. 态度

态度是人们对事情的看法，利益相关者在获得了信息之后自然会形成自己的判断，并据此行动。非典事件中，有的公众认为非典极其恐怖，完全无法控制，出现了极大的恐慌；有些公众则正视危机，并依据政府及专家的建议，采取正确的预防措施。

4. 行动

行动是利益相关者作用于组织的最直接的方式，具体而言，基于态度的不同，行动既有可能给组织带来正面的影响，也有可能起到负面的作用。如非典时期，"买药了吗？"、"买醋了吗？"一度成为广州人的见面语，白醋、板蓝根和抗病毒药物成为人们哄抢的对象。

从知晓、理解到形成态度、付诸行动，利益相关者完成了对组织的作用过程。值得一提的是，组织在这个过程中并不是完全被动的，组织根据自己的需要，会在不同的阶段与利益相关者进行各种沟通，以期获得更多正面的反馈。

此外，以上描述的作用过程并非一次性的，在实践中它更多地处于一种循环状态，即组织对利益相关者的行动通常会有所反应，依据不同利益相关者的不同举动采取不同的策略，反作用于利益相关者，利益相关者在得到有关信息后会重新形成自己的理解、态度并采取行动，如此循环往复。可见，利益相关者的作用机制更多的是通过与组织间的互动体现的。

5.2 危机利益相关者的分类

5.2.1 危机利益相关者的类型

与组织有特定利益关系的个人或群体广泛存在，不同的利益相关者结构与规模不同，立场与需求各异。因此，从不同的角度对危机利益相关者可以进行不同的划分。

1. 按照利益相关者的重要性划分

从利益相关者对组织的关联程度与重要性来看，我们可以将利益相关者划分为三个层次：核心的利益相关者、主要的利益相关者和一般的利益相关者。核心的利益相关者是对组织的生存与发展起决定性作用的利益相关者；主要的利益相关者仅次于核心利益相关者，他们与组织的生存发展休戚相关；一般的利益相关者与组织的关联性较弱，通常包括潜在的利益相关者、可自由对待的利益相关者等。由于组织的类型不一、状态各异，不同组织的核心利益相关者、主要利益相关者、一般利益相关者通常都有所不同，很难一概而论。但此种分类对各个具体的组织而言还是有重要借鉴意义的，通过重要性对所有的利益相关者进行划分，有助于组织制定更为合理的管理战略。

2. 按照利益相关者的忠诚度划分

根据利益相关者的忠诚度不同，可将利益相关者分为完全忠诚型、易受影响型、可保有型和高风险型（见图 5 - 1）。完全忠诚型是组织最理想的类型，此类利益相关者不论是在行为方面还是在态度方面都非常积极，是组织值得信赖的合作者；易受影响型是指对组织认可度比较高，但行为上还有所保留的利益相关者，他们较容易受到组织为获得更多的忠诚度所做努力的影响；可保有型是对组织认可度不佳或还未建立积极关系的利益相关者，但在行动上却对组织有所支持；高风险型是对维护与保持组织的关系并不积极，同时在行动上也无热情的利益相关者，他们的存在对组织具有较高的风险，是组织需要关注并积极沟通的对象。

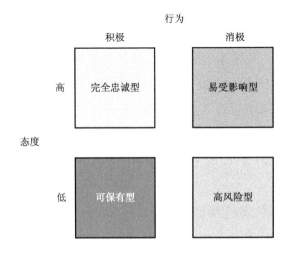

图 5 - 1　利益相关者忠诚矩阵[①]

3. 按照利益相关者组织的属性划分

由于和利益相关者发生联系的另一端是"组织"，故根据组织的不同属性划分利益相关者的类型也能为我们提供不同的视角。在此，可将利益相关者划分为两大类：商业组织的利益相关者与社会公共组织的利益相关者。顾名思义，商业组织的利益相关者即与商业性组织发生利益关系的个人或群体，通常是指各种类型的企业；社会公共组织的利益相关者是与社会公共组织发生利益关系的个人或群体，通常指政府及相关部门。

了解危机利益相关者不同的分类方式，有助于我们在实践中更全面地把握它、更好地引导它。为了方便接下来对危机管理的讨论，我们将主要以组织类别为分类依据进行更为具体的探讨。

---

① ［美］史蒂文·F·沃克，杰弗里·E·马尔. 利益相关者权力. 赵宝华，刘彦平，译. 北京：经济管理出版社，2005：63 - 64.

5.2.2　商业组织的危机利益相关者

沃克信息公司 1998 年所作的一个国际型研究发现，北美地区有 75% 的管理者熟悉"利益相关者"这个术语，在很大程度上被认为是利益相关者的群体包括员工、顾客和股东。实际上，管理者对谁是利益相关者的界定范围是相当窄的，即使在得到提示的情况下，大多数回答者仍然不认为某些群体也是利益相关者，如仅有 50% 的人认为财务分析人员是企业的利益相关者，40% 的人认为政府/中介组织是企业的相关者，26% 的人认为社区公众是企业的利益相关者。[①]

企业等商业组织的利益相关者主要包括：

（1）内部成员；

（2）顾客、客户、消费者；

（3）投资者；

（4）供应商、零售商、渠道商等合作伙伴；

（5）广告公司、公关公司、会计师事务所等咨询服务机构；

（6）债权人、债务人；

（7）政府机构；

（8）竞争对手；

（9）相关社会团体与民间组织；

（10）媒体；

（11）社区公众。

需要明确的是，以上列举的诸多类别是企业广泛意义上的利益相关者，然而现实中想做到面面俱到不仅会耗费大量资源，而且往往意味着管理的千头万绪、漫无目的。尤其是在危机状态下，只有聚焦于其中的核心利益相关群体，解决主要矛盾，才能在时间紧迫、人力物力财力有限的情况下进行科学决策。调查表明，企业于危机中的核心利益相关者主要包括三类人群：政府主管部门、媒体、消费者及其代表。[②] 关于此三类核心人群我们将在第 6 章予以专题论述。在此，首先来关注其他利益相关群体的特征。

1. 咨询服务机构

企业的咨询服务机构包括公关公司、广告公司、会计师事务所等。当大型危

---

① ［美］史蒂文·F·沃克，杰弗里·E·马尔.利益相关者权力.赵宝华，刘彦平，译.北京：经济管理出版社，2005：31.

② 胡百精.2006 中国危机管理报告.北京：中国人民大学出版社，2007：17.

机爆发时，企业内部人员可能在处理危机事件上存在经验和能力的不足，容易造成决策缓慢、沟通不畅和执行不力等诸多失误现象。此时，企业可以借助专业的危机管理人员和机构的力量，弥补企业自身力量的不足。此外，很多企业在正常运营的状态下，为了保持良好的公共关系、及时发现并处理各类潜在的危机，也常与咨询服务机构合作。

这样的专业人员和机构可以包括以下内容。

（1）个别的外部专家。企业可以邀请品牌和危机管理方面的相关专家作为企业临时或长期顾问，为企业如何从困局中脱险提供专业性的意见和建议。

（2）组建外部专家智囊团/顾问团。当企业遇到周期较长、处理棘手的大型危机时，可以组成一个专家智囊团或顾问团。这个专家智囊团/顾问团的成员可以包括技术、财务、公关和法律等危机所涉及的各个方面的专家。专家智囊团/顾问团的规模和知识构成可以根据危机的具体情况而做设定。一般来说，专家智囊团/顾问团的建立可以从各个角度、各个层面对企业危机进行控制和化解，能够更好地为企业发展出谋划策。

（3）与专业公关公司等机构合作。在危机发展时，寻求与专业公关公司合作，通过专门的危机应对方案制订和危机沟通管理解决危机，已经成为企业界中较为普遍的做法。专业机构的介入往往能给危机中的企业吃一颗"定心丸"。在长期的实践发展中，一些中介专业机构的确曾经为不少企业走出危机提供了有效的帮助，并且创造了企业危机管理实战中大量的经典案例。

中介专业人员和机构在危机处理中的作用如下。

（1）帮助企业制订危机处理计划。有些企业在过去没有处理大型危机事件的经验，因而一旦遭遇危机，难免手忙脚乱，寻不到头绪。而危机管理则是与时间抗争的活动，企业必须在危机后的第一时间作出恰当的反应，以避免危机蔓延和扩大。此时，通过与中介专业人员和机构的合作，可以帮助企业在最短时间内制订详细、有效的危机处理计划，抓紧危机处理的黄金时间。

以卡尔期货有限公司为例，它是法国东方汇理银行的下属机构。当恐怖分子控制的客机在2001年9月11日撞击美国世贸中心时，卡尔期货公司在纽约的一半职员在这次危机事件中丧生。但是当事件发生时，公司总裁正好在法国出差，而且因为美国航班的暂停运行不能立刻回到纽约。不过他的行为以及其母公司的种种表现都反映出了他们对遇难者家属的关注、关心和同情。

他们没有危机处理计划，但是他们马上求助于伟达公关公司。他们要为遇难者家属做点实事，这一原则始终指导着他们所有的处理工作。他们在曼哈顿成立了家属帮助中心，这为家属们提供了一个获取信息、分担痛苦、得到经济援助的场所，家属们还可以在那里找到提供帮助和安慰的顾问，每个遇难者家庭都得到了 25 000 美元的经济援助。公司管理层还承诺继续发放这些遇难者的工资和健康保险费直至年底。公司还建立了有可信度的家属网站来加强与家属之间的沟通。卡尔期货公司还购买了整版的报纸广告，刊登其总裁对遇难者家属深表同情，并赞扬紧急救援人员英雄行为的一封信。该公司还在纽约和其在芝加哥的总部举办纪念仪式，对遇难的员工们表示敬意。[①]

（2）帮助企业进行危机沟通管理。在危机处理过程中，只有与包括外部公众、媒体、内部员工和股东等在内的利益相关者进行良好的沟通，才能维护企业在危机中的企业形象和品牌资产，并使企业尽早结束危机。而其中最重要的就是如果通过媒体与更广泛的利益相关者进行信息沟通，专业的媒体管理计划和意见将帮助企业更好地化解危机。

（3）帮助企业作出客观公正的危机决策。当危机爆发时，由中介专业机构的专家参与企业危机决策可以帮助企业作出更加客观公正、更有利于企业发展的决定。一方面，中介专业机构的介入可以弥补企业内部知识构成方面的不足，提高危机决策群体的决策能力；另一方面，作为企业危机事件中的"第三人"，他们用比较中立的眼光看待危机事件，可以找出产生危机的真正原因，也可以不受各方面的限制和条条框框的约束，更有可能突破传统的思维定势，从全新的角度认识问题，提出高度创新的决策方案。

2. 内部成员

在工业化发展的初期，企业员工所关心的主要是经济、物质方面的回报。但是随着工业化的不断推进，员工们越来越关心自我实现、主观人性、生活质量方面的满足，非物质因素随着工业化的日益发展变得越来越重要。美国《纽约时报》曾开展过一项民意调查：如果某一种工作工资很高，但没有个人满意度，而另一种工作工资不太高，却很有成就感，人们愿意选择哪种？结果 72% 的人选择后者。可见，如今企业要想维系良好的员工关系，已不再局限于经济上的满足，更多的有赖于与员工进行良好的沟通。事实上，国内外越来越多的企业都开始重视员工的感受与需求，许多企业都将员工关系视作企业的生命线，如三星集团秉承着"企业即人"的创业精神，非常重视和谐员工关系的培育，韩国的优秀企业也大都以"人才第一"为基点。

对任何一个企业而言，建立积极的员工关系可以吸引并留住优良员工、提高

---

① 郭惠民. 危机管理的公关之道. 上海：复旦大学出版社，2006：24.

员工生产力、增加员工对企业的忠诚度、提升组织绩效、降低缺勤率与离职率，减少了由于招聘、培训和绩效带来的企业经营成本。相反，企业一旦忽视维系员工关系，则不仅会导致企业与员工甚至工会的关系紧张，降低劳动生产率，增加企业运营成本，还可能引发各种危机。

2004 年 3 月 11 日上午，联想部分员工被电话陆续叫到会议室，被告之已经被裁掉。20 分钟后，在经理们的陪同下，被裁员工开始三三两两地离去，整个过程不到 30 分钟。联想裁员行动 3 月 6 日启动计划，7 日讨论名单，8 日提交名单，9—10 日人力资源审核并办理手续，11 日面谈。这是联想集团近年来最大规模的裁员，约占员工整体比例的 5%。联想在书面文件中表示，裁员是公司战略调整的行动之一，与员工的表现及业绩无关，同时联想集团安排了周详的补偿计划，并为离职员工提供心理辅导、再就业支持等服务。

随后一篇原联想员工撰写文章《裁员纪实：公司不是我的家》在网上迅速流传开来。文章说，一些部门员工整体被裁，这恐怕是联想历史上规模最大的一次裁员。领导者战略上犯的错，却要员工承担。不管你如何为公司卖命，当公司不需要你的时候，你曾经做的一切都不再有意义。员工和公司的关系，就是利益关系，千万不要把公司当作家。

文章的推出在社会上引起相当大的波澜，使人们重新对联想企业文化、联想战略，甚至整个联想进行重新审视。更有舆论尖锐地指出，当我们站在历史的角度审视时，结果却发现人们所推崇的联想，从根本上偏离了商业性价比的轨道。人们所推崇的柳传志，远不是一个富有远见和胸怀的商业领袖。没有"中国芯"的联想注定是一种短暂的历史现象。①

4 月，素有"中国企业教父"之称的柳传志出面向被裁员工作出回应并道歉。然而，这一切都无法弥补联想裁员所带来的负面影响，人们痛心地看到，当企业战略失误面临危机的时候，往往忽略了与为企业创造价值的广大员工的沟通和交流，联想所提倡的"亲情文化"顷刻间变得不堪一击。

本身就处于战略危机状态的联想，在裁员中又进一步引发了新的危机，可谓雪上加霜。联想的遭遇告诉我们，无视员工的感受，缺乏与员工的充分沟通，只会进一步恶化企业的生存环境。维系良好的员工关系需要企业长期不懈的努力。

企业要想建立积极正向的员工关系，首先要明确影响员工关系的因素有哪些。

---

① http：//www.cec-ceda.org./channel/qywjgg/contents/840.html，2004 中国十大企业危机公关案例. http：//www.17pr.com/html/98/n-78598.html，2009-04-08.

1）沟通

沟通是影响员工关系的首要因素。沟通按照方向和路线划分为上行沟通、下行沟通与平行沟通，在企业的管理沟通中，上行沟通往往是较难实现的。企业如果沟通渠道不畅，缺乏必要的反馈，将会引起很多矛盾，进而导致员工工作热情和积极性下降，影响工作效率。

2）企业的管理理念

企业的管理理念影响员工对企业的信念进而影响员工关系，而员工的信念，不管正确与否，都将会影响工作绩效。因此，让员工理解并认同企业的管理理念有助于建立良好的员工关系。

3）企业的各类冲突

冲突是由于工作群体或个人，试图满足自身需要而使另一群体或个人受到挫折时的社会心理现象，它是产生负向的员工关系的直接诱因。企业内部的冲突既可发生在个人与个人之间，也可发生在群体与群体之间。如上下级的冲突，同级各部门之间的冲突等。企业必须解决冲突从而避免不适当的压力对员工或绩效产生的负面影响。

4）公正的对待

公平可以简单地认为在相同的情况下，对所有的员工都一视同仁，不厚此薄彼。当然，这并不意味着忽视员工的绩效。对员工来说，公平也意味着获得公平的工资和福利。企业是否能公平地对待所有员工是影响员工关系的关键因素。

3. 社区公众

20 世纪 30 年代，我国著名社会学家费孝通先生将"社区"一词引入我国，并根据我国的特点将其定义为：社区是若干社会群体（家族、氏族）或社会组织（机关、团体）聚集在某一地域里所形成的一个生活上相互关联的大集体。世界卫生组织于 1974 年集合社区卫生护理界的专家，共同界定适用于社区卫生作用的社区（community）定义："社区是指一固定的地理区域范围内的社会团体，其成员有着共同的兴趣，彼此认识且互相来往，行使社会功能，创造社会规范，形成特有的价值体系和社会福利事业。每个成员均经由家庭、近邻、社区而融入更大的社区。"

社区公众是指组织所在地的区域关系对象，包括当地的管理部门、地方团体组织、附近的居民百姓。社区是一个企业赖以生存和发展的基本环境，是组织的根基，没有良好的社区关系，组织就会失去立足之地。现实中，企业处理与社区公众的关系通常是通过对社区、对社会的回馈来体现的。美国《商业周刊》杂志曾经做过一个民意调查，在 1 000 个被调查的人中，95% 的人都认为美国的公司对自己的员工及社会有所亏欠，公司应该牺牲自己一定的利益来回馈给他们。

企业良好的社会表现以及社区关系能够为企业带来如下益处。

1）提升企业形象

一个有着较强社会责任感的企业往往能获得消费者更多的好感，据有关调查显示，在价格和质量被认为同等的情况下，绝大多数消费者会优先选择与高尚的社会事业相关的公司或销售商。此外，企业对社会的支持，社会相关组织与机构会对企业的其他优惠请求有所倾斜，投资者也会因为企业的义举而更倾向于与组织合作。

2）增强员工对公司的信任感

员工通常会因为企业参与某项社会事业而感到骄傲，并提高对企业的忠诚度，进而提升员工的士气，而员工的士气又与企业绩效有着紧密的联系。

3）促进对潜在员工的吸引力

良好的社会表现与企业声誉会吸引更多优秀的潜在员工，在他们心目中，企业的社会表现往往意味着他们有可能获得某种竞争优势。通过吸纳更多优秀的人才，企业会呈现出更加旺盛的生命力。

上海交大昂立股份有限公司作为一家从事健康事业的高科技企业，以"为健康每一天"为理念，一贯宣传和提倡科学健身的思想。多年来，公司不仅积极资助多项体育赛事，而且大力推进全民健身运动的开展，在上海市多家公园组织建立了"昂立健康角"，供人们体育锻炼和娱乐健身，受到了社会各界人士的欢迎和好评。1998 年 8 月，正值《中华人民共和国体育法》和《全民健身计划纲要》颁布三周年，也是昂立公司改制后的第一年，公司从两条线上策划和组织各类公关活动：一是率先打出"知识营销"的旗号，举办了以此为主题的专题研讨会，并积极开展各种有关健康保健的科普宣传活动；二是拟大力支持与赞助一些与增强人们体质、提高人们生活质量相关的社会公益活动，以体现公司的社会责任，并使昂立公司和"昂立"产品与广大消费者更加紧密地联系在一起，因此，公司决定与有关单位携手合作，共同举办一次全市性的家庭健身大赛。

经过周密的策划与执行，耗资 30 余万主办这一电视大奖赛的上海交大昂立股份有限公司，获得的良好的社会效应表现为：第一，有效地确立和输出了公司的形象，使公司"为健康每一天"的理念更加深入人心；第二，巧妙地宣传了"昂立"产品的品牌，进一步提高了产品的知名度和美誉度；第三，增进了与市、区各级体委、妇联组织的关系，这为公司今后各项工作的开展奠定了一个良好的基础；第四，增进了与上海各大新闻媒介体育部的关系。这对公司今后的企业形象及各种活动的宣传有着极大帮助。

据公司公关信息部人员对市场信息的搜集和分析，"昂立杯"家庭健身电视大奖赛举办后，公司在社会公众中口碑更为良好，影响力进一步增强，1998 年，公司年销售额从原先的 2 亿元直线上升至 6.4 亿元，并连续数月排名全国保健品销售量榜首，一跃而成为中国保健品行业的龙头企业。①

案例中，交大昂立股份有限公司结合自己的企业定位和产品特点，走出了一条别具特色的社区公关之路。公司通过一系列以"健康"为核心的公关活动向社会宣传了企业的社会责任感，并使昂立公司和"昂立"产品与广大消费者更加紧密地联系在一起，在获得了良好的品牌形象的同时，还有力地拉动了销售，使之一跃而成为中国保健品行业的龙头企业。

4. 竞争对手

一直以来，企业与竞争对手之间的关系一方面体现为竞争关系，所谓"知己知彼，百战不殆"，企业通常都会通过进行竞争对手分析以了解竞争对手的信息，获知竞争对手的发展策略以及行动，以作出最适当的应对。良性的竞争关系是建立在遵从社会伦理，诚实守信、透明公正的基础上的。

企业与竞争对手的关系还可以表现为合作关系。就像林肯说的那样，消灭敌人最好的办法就是把竞争对手变成自己的朋友。尽管麦当劳的创始人曾经在哈佛商学院的讲台上，面对"如果竞争对手掉进河里就要淹死，你该怎么办？"这样的问题，给出过"拿起水龙头，塞进他的嘴里……"这般霸气十足的答案，但现实中，麦当劳并没有消灭它的竞争对手，似乎也没有消灭竞争对手的愿望。在都市"快餐"文化盛行的今天，麦当劳与肯德基更像并肩同行的战略伙伴，为两人共同的生存空间而不断努力。

虽然竞争对手的存在一度让企业陷入困境，甚至危机，但不争的事实告诉我们：企业不只从客户、供应商那里获益，竞争对手也对企业的发展作出着重要贡献——竞争对手为企业提供了前进和奋斗的方向，客观上协助企业做很多市场开发工作，为开辟新的市场分担成本和风险等。

从危机管理的视角来看，竞争对手对于企业也有着重要的意义。首先，恶性竞争通常可能成为企业危机的导火索，这要求日常处理好与竞争对手之间的关系，尽量维持良性互动；其次，在企业危机应对的过程中也绝不可忽视与竞争对

---

① 根据《上海市"昂立杯"家庭健身电视大奖赛社区公关策划案》（国际公关网，2006 – 06 – 18）整理.

手之间的沟通，危机中为求自保，拖竞争对手下水，引起同行公愤，进而使危机进一步扩大与蔓延的现象不在少数，正确与竞争对手沟通已经越来越被企业重视。

5.2.3 社会公共组织的危机利益相关者

政府等社会公共组织的利益相关者主要包括：

（1）内部成员；

（2）上级主管部门或同级施压群体；

（3）隶属部门或群体；

（4）纳税人及其他社会公众；

（5）立法、司法等权力制约机构；

（6）社会团体与民间组织；

（7）媒体；

（8）社区公众。

社会公共组织是公共服务的提供者和公共事务的管理者，在通常情况下，社会公众是突发性危机直接威胁的对象，是政府等公共组织的核心利益相关者。公众的生命和财产安全是政府危机管理最为重要的内容，因此，在社会危机的预防和应对过程中，发挥社会公众的作用非常重要。

社会公众一方面是危机的受害者，另一方面也是危机处理的参与者。具体而言，社会公众参与危机的作用体现在以下几个方面。

（1）公众通常是社会危机预警信息的发出者。在地震、干旱、台风、洪涝灾害等自然危机中，社会公众往往是突发事件的目击者或直接受害者；在火灾、暴力对抗、重大安全事故、恐怖活动等人为的公共危机中，社会公众常是事件的参与者或事发现场的见证者。危机预警对于危机的控制与应对有着举足轻重的作用，因此，公众能否及时向社会公共组织相关部门提供线索，发出预警信息，直接影响到危机管理的效率。

（2）公众通常是危机处理过程的参与者。首先，在危机爆发后，在政府派出的相关部门人员到达事发现场前，公众常自发地组织自救，以减少危机带来的损失。以我国汶川地震为例，地震发生后，在医疗、消防、物资救援等部门到达之前，当地民众已积极开展自救与互救，在一定程度上降低了地震所造成的损失，挽救了无数危在旦夕者的生命。其次，在相关职能部门对危机的处理过程中，通常也离不开公众的大力配合。所谓"上下同欲者胜"，只有争取民众的配合与协作，才能事半功倍，及早转危为机。

（3）公众通常是危机恢复阶段的建设者。在危机的恢复时期，公共组织往往面临对危机中受到损害的人们进行补偿、对大众心理进行修复、对组织形象进行修复、对危机中受到损害的建筑与设备的修复与重建、对危机经验的总结与评估等任务，其中每一项任务的完成都离不开公众的参与与支持。

从上述论述中不难看出，公众是社会组织危机的核心利益相关者，增强社会公众参与危机管理的公民意识，发挥社会公众的舆论监督作用，提高公众参与危机管理的组织化程度，加强公众与社会组织间的理解与合作具有重要的意义。以新加坡为例，公众良好的素养与强烈的社会责任感是新加坡危机管理体系得以生存的土壤：一方面，新加坡经济高速发展了 30 年，老百姓的生活和教育状况得到了很大改善，整体素质较高；另一方面，新加坡政府"罚"字当先，通过近乎苛刻的法令，惩治违法乱纪者，树立社会公德的权威性。在 SARS 危机爆发后，一个无业游民因为违反了传染病隔离令而被法院判处入狱六个月。新加坡公众对这个判决都表示支持，体现了公民对违反法令和缺乏社会责任感应付出代价这一理念的认同。①

此外，相关领域的专家学者、权威人士在政府危机中也扮演着重要的角色。那些对该危机事件牵涉领域有一定研究的权威人士，作为权威、公正的第三方不但扮演着仲裁者的角色，他们在很多情况下发挥着"缓冲平台"的作用。② 调查显示，危机涉及领域的专家学者是政府最看重的危机利益相关者，认同率为54%，企业对此的认同率为 37%。一些信息从他们口中传递开来，对大众的安抚效用是最为明显的，因为在中国，民众对学者还是有相当的信任度和敬仰度的。非典事件的危机恢复期间，传染病专家姜素椿教授用自己的身体进行血清注射试验并获得成功，他的所作所为不但感动了所有的人，更让当时动荡的人心得以极大的安抚。

案例直击

三鹿奶粉引爆中国乳业危机

企业介绍：

石家庄三鹿乳业集团是集奶牛饲养、乳品加工、科研开发于一体的大型企业

---

① 肖鹏军. 公共危机管理导论. 北京：中国人民大学出版社，2006：298.
② 胡百精. 2006 中国危机管理报告. 北京：中国人民大学出版社，2007：25.

集团，是中国食品工业百强、中国企业 500 强、农业产业化国家重点龙头企业，也是河北省及石家庄市重点支持的企业集团。企业先后荣获全国"五一"劳动奖状、全国先进基层党组织、全国轻工业十佳企业、全国质量管理先进企业、科技创新型星火龙头企业、中国食品工业优秀企业等省以上荣誉称号二百余项。2006 年，集团实现销售收入同比增长 16.5%，利税同比增长 9.6%。

1983 年，三鹿集团率先研制、生产母乳化奶粉（婴儿配方奶粉）；1986 年，率先创造并推广"奶牛下乡、牛奶进城"城乡联合模式；1993 年，率先实施品牌运营及集团化战略运作。三鹿奶粉产销量连续 14 年实现全国第一，酸牛奶进入全国第二名，液体奶进入全国前四名。三鹿奶粉、液态奶被确定为国家免检产品，并双双再次荣获"中国名牌产品"荣誉称号。2005 年 8 月，"三鹿"品牌被世界品牌实验室评为中国 500 个最具价值品牌之一，2007 年被商务部评为最具市场竞争力品牌。"三鹿"商标被认定为"中国驰名商标"；产品畅销全国 31 个省、市、自治区。2006 年位居国际知名杂志《福布斯》评选的"中国顶尖企业百强"乳品行业第一位。经中国品牌资产评价中心评定，三鹿品牌价值达 149.07 亿元。

然而 2008 年"三鹿奶粉事件"的曝光，不仅让国人震惊，也给中国乳业市场格局带来了翻天覆地的变化。我们先来看看这个危机事件的发展始末。

事件回放：

2008 年 6 月国家质检总局食品生产监管司网站收到消费者投诉：婴儿吃三鹿奶粉后患肾结石（查询编号为"20080630－1622－25262"），生产监管司 7 月 2 日回复："请你提供问题奶粉的详细信息，以便我们调查处理。"9 月 6 日、9 日监管司网站的留言里，均有消费者向国家质检总局反映有婴儿因长期服食奶粉而患肾结石内容，"强烈希望你们能检验此品牌奶粉的质量，以免更多的孩子再受其害！"国家质检总局回复称，该局正在严重关注此事，联合有关部门积极调查处理。

6 月 28 日至 9 月 8 日，在甘肃兰州的中国人民解放军第一医院，连续收治了 14 名患有"双肾多发性结石"和"输尿管结石"病症的婴儿，这些婴儿来自甘肃农村，不满周岁，长期食用某品牌奶粉。

9 月 11 日，甘肃上报病例 59 例，死亡 1 例。另西安交通大学医学院两个月内收治 6 名患有"双肾多发性结石"和"输尿管结石"病症婴儿。陕、甘、宁、豫、鲁、湘、鄂、苏、皖、赣等地都发现患有肾病的婴儿。家长及医生们发现这些不足周岁的婴儿都在食用三鹿牌奶粉，他们怀疑婴儿肾病的罪魁祸首是三鹿牌奶粉。

9 月 11 日上午 10 点，三鹿集团通过人民网公开回应：三鹿是奶粉行业品牌产品，严格按照国家标准生产，产品质量合格，目前尚无证据显示这些婴儿是因为吃了三鹿奶粉而致病。如果真的有这样的问题，相信质检部门会查个水落石出。三鹿集团委托甘肃权威质检部门对三鹿奶粉进行了检验，结果显示质量是合格的。同时，三鹿表示，造成婴儿肾结石，原因是多方面的，哺养小孩子需要多方面的知识培养。

9 月 11 日晚卫生部指出，经相关部门调查，高度怀疑三鹿牌婴幼儿配方奶粉受到三聚氰胺污染，三聚氰胺可导致人体泌尿系统产生结石。

之后，三鹿集团承认：经公司自检发现 2008 年 8 月 6 日前出厂的部分批次三鹿婴幼儿奶粉受到三聚氰胺的污染，市场上大约有 700 吨。

9 月 12 日上午，卫生部要求各地统计上报医疗机构接诊患结石病婴幼儿的有关情况。卫生部牵头的联合调查组已赶赴奶粉生产企业所在地，会同当地政府查明原因，查清责任。

9 月 12 日下午两点，三鹿集团发布消息称：此事件是由于不法奶农为获取更多的利润向鲜牛奶中掺入三聚氰胺。通过对产品大量深入检测排查，在 8 月 1 日就得出结论：是不法奶农向鲜牛奶中掺入三聚氰胺造成婴儿患肾结石，不法奶农是事件的真凶。并说他们已上报卫生部，召回婴幼儿奶粉。

9 月 12 日下午四点，河北省石家庄市政府发布消息：三鹿集团经过多层次、多批次的检验，在 8 月初查出了奶粉中含有三聚氰胺物质。三聚氰胺是一种化工原料，作为添加剂，可以使原奶在掺入清水后，仍然符合收购标准，所以被不法分子用来增加交奶量以获利。"问题奶粉"是不法分子在原奶收购过程中添加了三聚氰胺所致。市委、市政府要求立即收回全部可疑产品，对产品进行全面检测，确保新上市产品批批合格，绝不能再含有三聚氰胺成分，同时各有关部门展开调查工作，确定事件性质。

9 月 12 日下午六点，甘肃省要求酒泉生产三鹿奶粉的分公司停止生产、停止销售、彻底检查。七点，卫生部表示：受污染奶粉致婴幼儿泌尿系统结石事实初步认定。九点，甘肃省质量技术监督局声明：该局从未接受过三鹿集团的委托检验，正在检验中的样品，是我们在调查中从流通领域抽取的。

9 月 12 日晚，化学专家和业内人士对此事进行评议：奶粉中出现三聚氰胺，有三种可能性——一是奶牛吃了含三聚氰胺的饲料，传导至所产的鲜牛奶中；二是由原料中加入，即三聚氰胺掺入鲜牛奶或奶粉的其他辅料中；三是在生产环节中加入。并对这三种可能性进行分析。三聚氰胺是一种白色单斜晶体，无味，三聚氰胺微溶于水，鲜牛奶能溶解的三聚氰胺十分有限，该物质如果确实有办法掺入鲜牛奶，其营养比显然会发生较大变化。鲜牛奶是奶牛乳汁，其中蛋白质、水、脂肪的比例应当是一定的，一般只会因气候、饲料的变化发生季节性波动。鲜牛奶一旦加入三聚氰胺，其蛋白质含量就会大增，进而与水、脂肪的比例就会异常，这很容易发现。中国的饲料生产，正规厂家一般都会对每批原料进行蛋白质含量、水含量和灰分（烧干后测试残留物）检测，必要时加脂肪检测。一旦发现比例不正常，就需追加检测。以目前技术手段看，假如加入三聚氰胺引起鲜奶营养比不正常，并不难检测出来。要想让加入三聚氰胺后的鲜牛奶营养比协调，一般还需再向鲜奶中加水和脂肪。但一般的脂肪产品很难加入，此类手法非一般奶农所能掌握。

9 月 13 日，国务院作出六项决定：① 立即启动国家重大食品安全事故 1 级响应，成立由卫生部牵头、质检总局等有关部门和地方参加的国家处理三鹿牌婴幼儿奶粉事件领导小组；② 全力开展医疗救治，对患病婴幼儿实行免费救治，所需费用由财政部门承担；③ 全面开展奶粉市场治理整顿，由质检总局负责会同有关部门对市场上所有婴幼儿奶粉进行全面检验检查，对不合格奶粉立即实施下架；④ 尽快查明婴幼儿奶粉污染原因，组织地方政府和有关部门对婴幼儿奶粉生产和奶牛养殖、原料奶收购、乳品加工等各环节开展检查；⑤ 在查明事实的基础上，严肃处理违法犯罪分子和相关责任人；⑥ 有关地方和部门要认真吸取教训，举一反三，建立完善食品安全和质量监管机制，切实保证人民群众的食品消费安全。当天，联合调查组专家指出，三聚氰胺的致病机理是在尿路结晶形成结石阻塞泌尿系，导致肾衰。这种由尿路梗阻造成的肾衰，如果能够及时解除梗阻，肾功能会很快恢复正常。

9 月 13 日晚，河北省委提出：在事故的调查处理中要充分体现党和政府对人民群众生命安全的高度重视和对公共食品安全的高度负责，下定决心，排除一切困难，把问题彻底查清；充分体现实事求是、依法行政，在基本事实清楚、基本证据确凿后，不放过任何不法分子和责任人，决不姑息袒护；充分体现政府的公信力，给人民群众一个明确的答复。

9 月 14 日，河北省对三鹿重大食品安全事故，刑事拘留 19 位犯罪嫌疑人，其中有 18 人是牧场、奶牛养殖小区、挤奶厅的经营者。

9 月 15 日，三鹿集团向因食用三鹿婴幼儿配方奶粉导致的患儿及家属道歉。承诺对 8 月 6 日以前生产的产品全部收回，8 月 6 日以后生产的产品，消费者有异议、不放心的也将收回。同时不惜代价积极做好患病婴幼儿的救治工作。

9 月 16 日，国家质检总局发布消息：三鹿、伊利、蒙牛、雅士利等 22 家奶粉中检出三聚氰胺，其中三鹿奶粉含量最高。三鹿集团法人代表田文华被免职，河北省派工作组进入三鹿集团进行彻底调查。对部分"三鹿奶粉事故"负有领导责任的相关人员作出组织处理。

9 月 17 日，国家处理三鹿牌婴幼儿奶粉事件领导小组公布，各地临床患儿 6 244 例，已有三例死亡，158 人肾功能衰竭，有 20% 的乳制品企业个别批次含三聚氰胺，属不合格产品。为保证乳制品质量安全，采取 5 项措施：① 对不合格产品就地封存，进入流通领域的立即下架、封存、召回、销毁；② 对有问题企业查问题、查责任，依法处理，对没问题产品，允许继续销售；企业确保质量安全前提下可继续生产；③ 对检出三聚氰胺的企业，撤销中国名牌产品称号、终止国家免验资格，停止国外卫生注册资格；④ 对所有婴幼儿乳制品生产企业实行驻厂监管；⑤ 尽快完成对乳制品企业及产品以三聚氰胺为主的大检查，及时公布结果。当天，河北省检察机关已逮捕 6 人，刑拘 22 人（包括田文华）。当天，中国最大的乳制品企业伊利和蒙牛就问题奶粉发表道歉声明，蒙牛承诺要负责到底。国家认监委决定撤销三鹿集团产品认证及实验室认证，吊销出口食品卫生注册资格。

9 月 18 日，国家质检总局公布全国液态奶三聚氰胺专项检查。检查结果显示，市场上绝大部分液态奶是安全的，蒙牛、伊利、光明有少量批次检出三聚氰胺。当天，国家工商局要求含三聚氰胺的液态奶立即下架退市。

9 月 19 日，国务院办公厅通知：进一步做好婴幼儿奶粉事件处置工作，强调积极稳妥，注重救治，合理处置，开展整顿，扶助奶农，严格监管，稳定价格，全力保障人民群众的健康和安全。当天，农业部采取 6 项措施解决奶农及饲料安全等问题。香港检测 47 个内地奶制品样本，全部不含三聚氰胺。

9 月 20 日，全国 21 家奶粉生产企业向国家质检局递交了质量安全承诺书，确保所有进入市场的奶制品质量安全。之后，三元、完达山、伊利、蒙牛、光明等乳业巨头纷纷采取措施，严把质量关。伊利确保不合格原料不进厂、不合格产品不出厂。蒙牛实行"人盯人"、"人盯站"、"人盯车"，全力防范源头造假。

9 月 21 日，工业和信息化部在全国详细调查了三聚氰胺企业生产情况，要求企业在产品上明确标识："严禁用于食品加工业和饲料加工业。"提出严格加强管理措施。当天，世界卫生组织认为，中国处理奶制品污染事件严肃认真。根据中方要求，世界卫生组织将开展三聚氰胺的毒性研究。

9 月 23 日，蒙牛、伊利、光明等 109 家奶制品生产企业和超市发、华润万家等 206 家流通企业联合发出《中国奶制品产销企业质量诚信宣言》，为"营造一个干干净净的奶制品市场"立下誓言。国家质检局再检测液态奶，均未测出三聚氰胺，各地方政府从奶制品生产销售各环节严把质量关，努力打造让百姓放心的消费环境。

9 月 25 日，国家质检总局发出《关于监督乳制品生产企业落实质量安全责任的意见》，并迅速开展乳制品行业全面整顿工作。

9 月 30 日，国家质检总局在完成婴幼儿奶粉的三聚氰胺的专项检查后，又组织了对普通奶粉和其他配方奶粉进行三聚氰胺的专项检测，结果是 134 家企业未检出三聚氰胺，20 家企业 31 个批次产品检测出三聚氰胺，其中三鹿的批次最多、含量最高。当天，石家庄市政府向新华社记者表示：三鹿奶粉事件我们有不可推卸的责任，认为三鹿是全国 500 强企业，是农业产业化龙头企业，涉及职工、农户众多，支持企业是政府应尽责任，结果客观上使企业不但没有认识并纠正严重问题，而且给职工、奶农以及消费者带来不可挽回的损失。

国庆之后，河北警方挖出"蛋白粉"源头，"蛋白粉"由三聚氰胺加麦芽糊精组成，犯罪嫌疑人张玉军从 2007 年 9 月到 2008 年 8 月，先后生产"蛋白粉"600 多吨，他说，"蛋白粉"可以提高牛奶中的蛋白质含量，而且不易挥发、不易被检查出来。这些"蛋白粉"最后大都流入不法奶厅或者奶站。

专家点评：

三鹿事件的"东窗事发"，从社会层面上来看的确造成了恶劣的影响，直接导致社会公众对全国食品行业群体的信任危机加剧。导致悲剧的核心原因是企业领导集体的侥幸心理和本位意识所致。一来认为三鹿是河北省重点企业，拥有"豁免权"，二来认为三鹿是全国著名的大型乳制品企业，各利益相关方绝对不会"赶尽杀绝"。

因此，事件初始时，三鹿高层并未加以重视，仅仅将其视为普通的市场事件，采取的措施竟然是直接与一批当事人进行掩盖事实真相的沟通，此败笔之一也；当事件进一步升级时，采取的措施竟然是欲利用媒体屏蔽负面讯息，此败笔之二也。

综上，连续出昏招的三鹿，自然无法抵挡住欲盖弥彰之后的完全爆发之势。因此，三鹿之败理所当然。

但任何事情都有正反两面，三鹿事件造成的行业地震，也使得整个乳制品行业在损失惨重的悲怆中深刻自省，从而也带来了现在我们看到的全行业争相严抓品质的可喜态势。

资料来源：部分来源于《2008 企业经典危机事件回顾与点评》，中国管理传播网.
2009 - 01 - 08.

复习思考题

1. 什么是利益相关者？它具有哪些特点？

2. 根据利益相关者的忠诚度，可以将利益相关者分为哪四类？

3. 商业组织的利益相关者主要包括哪些？社会公共组织的利益相关者主要包括哪些？试分析你所在的组织的利益相关者。

4. 良好的社会表现以及社区关系能够为企业带来哪些益处？

5. 社会公众参与危机的作用体现在哪些方面？

第 6 章

危机利益相关者细分

危机利益相关者——消费者

危机利益相关者——政府

危机利益相关者——媒体

第6章

危机利益相关者细分

内容提要

（1）消费者是商业组织核心的利益相关者，其态度的改变通常受到信息、自我知觉理论以及从众心理的影响。在危机状态下，消费者容易出现恐慌、悲观、逆反、破坏、观望等心理状态。

（2）政府作为公众利益的代表者和社会秩序的维护者，是任何其他组织和角色都无法替代的。商业组织中政府由于具有相关信息的优先权、能够一定程度对企业运营进行干预、具有较高公信力等特点，对企业的危机处理意义重大。公共组织中的政府，作为公共组织危机的主体，在整个危机管理的过程中起着核心的作用。

（3）在现代社会，大众传播媒介对人的行为和社会实践都具有极为重要的影响，危机状态下对媒体的管理可采取如下策略：及时准确地向媒介发布信息、与媒体协作，合理引导舆论、与媒体保持沟通并控制其活动范围。此外，选择合适的新闻发言人对危机的处理也十分重要。

第5章我们重点阐述了利益相关者的概念与危机利益相关者的分类，以期对组织危机中的利益相关者有一个较为宏观的认识。本章将在此基础上围绕消费者、政府、媒体等危机中的核心利益相关者进行讨论，以求对危机利益相关者有更为深入的理解与把握。

6.1 危机利益相关者——消费者

消费是社会经济活动的出发点和归宿，广义的消费者是指购买、使用各种产品和服务的个人或组织，狭义的消费者是指购买、使用各种产品和服务的个人或家庭。这里我们主要从狭义的消费者角度来探讨。消费者是企业危机中的核心利益相关者，了解他们的需求与态度的形成，是正确认识消费者概念的基础，也是了解危机状态下消费者心理和行为的前提。

6.1.1 消费者的需要与购买动机

在生活中，消费者各种购买行为都是由购买动机引起的，而消费者的购买动机的基础则是人类的各种需要。消费者购买行为的一般规律是：需要决定动机，动机支配行为。

1. 消费者的需要

需要是个体对内外环境的客观需求在脑中的反映。它常以欲望、渴求、意愿的形式表现出来。需要总是指向某种东西、条件或活动的结果等，具有周期性，并随着满足需要的具体内容和方式的改变而不断变化和发展。

消费者需要是指消费者对以商品和劳务形式存在的消费品的要求和欲望。需要是消费行为的基础，没有需要就不会产生相应的消费行为。

1) 消费者需要的分类

消费者需要根据不同的标准可以划分为不同的类型。

（1）根据需要的起源，可以划分为生理需要和心理需要。

生理需要是指个体为维持生命和延续后代而产生的需要，如进食、饮水、睡眠、运动、排泄等。生理需要是人类最原始、最基本的需要，往往带有明显的周期性。心理需要是一种社会需要，是人们在生产、生活和社会交往活动中产生的需要，如对通信、工具、艺术品、荣誉、尊重的需要。在生产力日益提高、社会文明不断进步的今天，生理需要和心理需要的边界越来越模糊，消费者的某种需要往往同时具有生理和心理两种动机。

（2）根据需要的对象，可以将需要划分为物质需要和精神需要。

物质需要是指对与衣、食、住、行有关的有形物品的需要。精神需要主要是指认知、审美、交往、道德、尊重等方面的需要，它主要不是由生理上的匮乏感引起，而是由心理上的匮乏感所致。正是因为消费者既有物质需求，也有精神需要，所以在危机恢复的过程中除了对受到损害的消费者进行物质补偿之外，还必须注重对消费者的心理恢复。

（3）根据需要的层次，可以将需要划分为生理、安全、社交、尊重和自我实现需要。

美国人本主义心理学家马斯洛于1943年提出"需求层次论"，将人类需要按由低级到高级的顺序分成五个层次：生理需要（Physiological Need），即维持个体生存和人类繁衍而产生的需要，也是各类需要中必须首先满足的最基本的需要，如对食物、氧气、水、睡眠等的需要；安全需要（Safety Need），即在生理及心理方面免受伤害，获得保护、照顾和安全感的需要，当人的生理需要得到一定程度的满足后，就会出现对安全的需求，如要求自身的健康，安全、有序的环境等；归属和爱的需要（Love and Belongingness），即希望获得友情、亲情、爱情，与他人进行交往，得到某些群体的承认、接纳和重视的需要；尊重的需要（Self Esteem），即希望获得荣誉，受到尊重和尊敬，博得好评，得到一定社会地位的需要，具体表现为渴望成就、名誉、独立、自信、自由等多方面内容；自我实现的需要（Self Actualization），这是最高层次的需要，指人们希望充分发挥自己的特长和潜能，实现自己的理想、信念、抱负的需要。它涉及求知、审美、创造、成就等内容。认识到消费者需求的层次，有助于一些企业在解决危机中对目标消费者进行合理的划分，更有针对性地满足消费者的需要，更高效地进行危机恢复管理工作。

2）消费者需要的特点

（1）消费需要的多样性。一方面，消费者由于民族传统、文化程度、收入水平、个性特点、年龄阶段、生活方式等方面的不同，具有不同的价值观念与审美情趣，因此产生了多种多样的消费需要；另一方面，对于同一个消费者而言，消费需要也涉及生活中的方方面面，具有多元化的特征。

（2）消费者需要的层次性。通常来讲，人的消费需要总是由低层次向高层次不断发展的，即人们在满足了基本的需要后会产生高层次的需求，在高层次需要得到满足后会产生更高的需要。

（3）消费者需要的弹性。消费者需要的弹性即由于消费者本人的欲望特征、消费能力等内在因素或商品的价格、宣传以及社会政治经济状况等外部因素对消费者需要产生的促进或抑制作用。

（4）消费者需要的可诱导性。客观的各种刺激对消费者需要是可以产生一定作用的，也正是由于消费者需要可诱导性的存在，才使广告、促销等企业营销手段有了用武之地。

了解与尊重消费者需求的特点，是企业生产更多适销对路的产品的前提，同时我们也应认识到，正因为消费者的需求有多样性、可诱导性等特点，企业的危机预警系统必须对各种宏观经济与社会环境对消费者需求的影响予以关注，以降低由于消费者需求的变化为组织带来的危机。

2. 消费者的购买动机

动机这一概念是由伍德沃斯于 1918 年率先引入心理学的，他把动机视为决定行为的内在驱动力量，是"引起个体活动，维持已引起的活动，并促使活动朝向某一目标进行的内在作用"。通常，人们采取的任何行为都是由一定动机所引起和支配的。引起动机的条件有内外两类，内在条件是需要，外在条件是诱因。

购买动机是指消费者为了满足自己的需要而引发的购买某种商品或劳务的愿望或意念，是消费者为达到需求采取购买行为的推动者。

1）购买动机的特征

（1）购买动机的内隐性。

购买动机是消费者内在的心理活动，出于各种原因消费者常将真正的动机隐藏起来。如某学生向父母要求购买 NIKE 的运动鞋，美其名曰为了使用，但实质上真正的动机是为了向同学显示家庭的富有、生活的优越。

（2）购买动机的复杂性。

一方面，购买动机在引发消费行为时，可能有多种情况，有些动机直接引发一种消费行为，有些动机可能会促成多种购买行为，也有可能是多种动机引发一种消费行为；另一方面，在消费者的诸多消费动机中，往往有些动机占主导地位，而有些则作为辅助性动机存在，主导性的动机能引起优先购买行为。一旦消费者的主导动机得到满足，或者消费者在购买决策过程或购买过程中出现新的刺激，原来的辅助性购买动机便可能转化为主导性的购买动机。可见，购买动机与购买行为之间是一种复杂的互动关系。

（3）购买动机的矛盾性。

当消费者同时存在两种以上消费动机，且这些动机互相抵触或不可兼得时，动机之间就会出现矛盾和冲突。这些动机对消费者的吸引力或威胁力越均等，这种冲突就越强烈。现实生活中，消费者由于受到多方面消费条件限制，多种购买动机通常无法同时得到满足，这就要求我们必须慎重思考，通常依据"两利相权取其重，两害相权取其轻"的原则进行抉择。

消费者购买动机的内隐性、复杂性和矛盾性告诉我们，危机中企业在与消费者沟通的过程中要注意分析消费者言行背后的真实意图，以便找准根源，有的放矢。

2）购买动机的分类

常见的消费者具体购买动机有如下几种。

（1）求实购买动机。

它是指消费者以追求商品或服务的使用价值为主导倾向的购买动机。在这种动机支配下，消费者在选购商品时，特别重视商品的质量、功效以及能为使用者带来的实际利益。相比之下，对商品的象征意义、品牌、个性等方面给予的关注较少。

（2）求新购买动机。

它是指消费者以追求商品或服务的时尚、新颖、奇特为主导倾向的购买动机。在这种动机驱使下，消费者非常注重商品的款式、流行性、独创性、新颖性，而对产品的实用程度和价格高低等因素不太在意。

（3）求美购买动机。

它是指消费者以追求商品欣赏价值和艺术价值为主要倾向的购买动机。在这种动机支配下，消费者选购商品时讲究商品的造型美、色彩美和艺术美，重视商品的颜色、造型、外观、包装等因素，而不太看重商品的价格。

（4）求廉购买动机。

它是指消费者以追求商品或服务的价格低廉，希望以较少货币支出获得较多利益为主导倾向的购买动机。具有求廉动机的消费者在选择商品时以价格为第一考虑要素，而不太计较商品质量、款式、包装、品牌等因素。

（5）求名购买动机。

它是指消费者以追求名牌、高档商品，借以显示或提高自己的身份、地位、威望而形成的购买动机。具有这种动机的消费者往往特别重视商品的品牌、产地、声誉，而对商品的使用价值不太关注。消费者的求名动机一方面告诉我们企业危机给企业带来的形象损害会直接导致经济损失；另一方面也提醒我们危机过后企业形象的恢复任重道远，意义重大。

（6）求便购买动机。

它是指消费者以追求商品购买和使用过程中的便利为主导倾向的购买动机。具有这种动机的消费者对时间、效率特别重视，他们特别关心能否便捷地买到商品，并对购买的商品要求携带、使用、维修都十分方便。一般而言，成就感比较高、时间观念比较强的人，更倾向于具有求便的购买动机。

（7）从众购买动机。

它是指以消费者在购买商品时模仿他人的购买行为为主要特征的购买动机，也叫模仿购买动机。持模仿动机的消费者，其购买行为易受他人影响，通常不顾及自身的特点与需要，消费行为上具有一定的盲目性。一般而言，普通消费者的模仿对象多是社会名流或其所崇拜的偶像。

（8）好癖购买动机。

它是指消费者以满足个人特殊兴趣、嗜好为主导倾向的购买动机。持有这种动机的消费者，通常由于个人癖好而购买某些类型的商品，在选择商品的过程中往往比较理智、挑剔，不易随波逐流。

6.1.2 消费者的态度形成与改变

态度是人们在自身道德观和价值观基础上对事物所持有的肯定或否定、接近或回避、支持或反对的心理和行为的倾向。消费态度是消费者评价消费对象优劣的心理倾向。消费者对商品的态度会直接影响其购买决策，在使用商品的过程中获得经验又会直接影响到消费态度，进而影响到下次购买的决策。关注消费者的态度形成与改变能为组织的危机处理与恢复工作带来很多启示。

1. 消费者态度的形成

1）消费者态度的构成要素

消费者的态度是由认知、情感和行为倾向三种要素构成的复合系统，各个要素在态度系统中处于不同的层次和地位，担负不同的职能（见图6-1）。

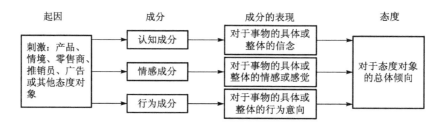

图6-1　消费者态度结构及表现[①]

认知是指人们获得知识或应用知识，或信息加工的过程。它是人最基本的心理过程。它包括感觉、知觉、记忆、想像、思维和语言等。认知成分是消费者对人、事、物的认识、理解与评价，是态度形成的基础。只有消费者对要购买的产品的有关特性有所认识与了解，才能形成对该商品的具体态度。因此，认知的正确与否直接决定了消费者态度的倾向。态度中的情感是和人的社会性需要相联系的一种较复杂而又稳定的评价和体验，是对人或事作出的情感判断。情感成分是态度的核心并和人们的行为紧密结合在一起。行为倾向是指个人对态度对象的肯定或否定的反应倾向，是行为的准备状态。态度的三个要素作用方向是协调一致的，消费者态度表现为三者间的统一，任何一项要素发生偏离都可能导致消费者态度的失调和作用的不完整。

---

① 王曼，白玉苓，王智勇. 消费者行为学. 北京：机械工业出版社，2008：129.

2）消费者态度形成的特点

（1）消费态度是消费者接受各种信息后经过思考判断而形成的，是消费者对获得的信息的综合评估。当消费者认为信息真实可信，且与自身原有的价值观、道德观一致时，就会产生肯定的、支持的态度；当消费者认为信息不够全面和准确，且与自身原有的倾向相背离时，则会产生否定的、负面的态度。由此，危机中企业要想获得消费者的支持与理解，必须提供全面、准确的信息，任何遮遮掩掩、模棱两可的语言只会是欲盖弥彰，不仅无法取得消费者的信任，甚至会引起消费者负面的情绪。

（2）消费者所处的社会文化环境对消费态度的形成有着重要影响。消费者所属的民族、消费阶层、文化氛围的不同，都会对消费态度产生影响，尤其是在对产品的类别、等级、色彩的选择方面深受外部环境的影响。

（3）消费者态度受消费经验和促销策略的影响。消费者对商品的消费体验会产生评价，该评价会直接影响到消费者的态度，进而影响到下次消费的购买决策。厂商的广告策略、公关推广、促销方式等手段都会对消费者的态度造成影响。

2. 消费者态度的改变

1）影响消费者态度改变的因素

（1）信息的作用。

信息是客观事物状态和运动特征的一种普遍形式，客观世界中大量地存在、产生和传递着以这些方式表示出来的各种各样的信息。考察信息对态度的影响可以从如下两个方面来看。第一，消费者态度的不同很大程度上是由于所获得的信息的不一。如两个人对进口奶粉的态度不同，其中一个人由于看到过报纸上关于进口奶粉质量不合格的报道，对进口奶粉持保留态度，而另一个人则常看到关于国产问题奶粉的报道，因此对国外奶粉更为青睐。可见所获得的信息不同会导致消费者态度上的差异。第二，信息的发布者、传播渠道、传播方式也会对消费者态度产生影响。例如，面对两则观点不同的报道，一则是出现在人民日报上，另一则出现在一个地方性的小报上，人们通常更加倾向于相信人民日报这样权威的媒介所报道的信息。可见，通过改善信息内容、发布者、渠道等方式，可促使消费者态度的转变。关于这点，在第11章有进一步的探讨。

（2）自我知觉理论影响

自我知觉理论是由 D. J. 比姆在 1972 年提出的，主要阐释行为是否影响态度。当问一个人关于某事物的态度时，个体首先回忆其与这种事物有关的行为，然后根据过去的行为推断出对该事物的态度。该理论认为态度是在事实发生之后，用来使已经发生的东西产生意义的工具，而不是在活动之前指导行动的工具。该观点虽然有一定的局限性，如有关研究表明它适用于人们先前对某事不具有明确一贯的态度的情况，但在消费者态度的形成与变化中还是产生着一定影响的。譬如通过派发优惠券的形式吸引消费者进行尝试，体验后的感受将会成为消费者形成态度的依据。

（3）从众心理的作用。

从众是指个人受到外界人群行为的影响，而在自己的知觉、判断、认识上表现出符合于公众舆论或多数人的行为方式。人是社会性的动物，有融入群体的强烈愿望，通常情况下，符合多数人的意见能让个体感到很安全。因此，个体常会改变个人的态度与行为来适应群体的规范与要求。可见，从众心理对消费者态度的改变也产生着一定的影响。消费者的从众心理一定程度上导致了危机中舆论一面倒，企业举步维艰的情形。

2）消费者态度改变的特点

消费者态度改变的过程中有如下特点。[①]

（1）信念比追求利益更容易转变。消费者通常先转变其品牌信念，进而转变其消费行为。

（2）品牌信念比品牌态度更容易转变。消费者对产品的认知程度（信念）要比情感（态度）更容易转变。

（3）对享受性产品，态度转变比信念转变更重要。当消费者基于情感购买某一产品时，他们依靠的是情感而不是认知，尤其是对享受性产品更是如此。

（4）消费者对产品参与程度不高时，态度更易转变。消费者对参与程度不高的产品较不关心，尤其当该产品个性不足，消费者缺乏对产品感情依赖的时候，态度更容易转变。

（5）弱态度比强态度更易转变。只要消费者对品牌的态度不够坚定，营销人员就可以更容易地建立起消费者与产品的新联系。

（6）当消费者对品牌的评价缺乏自信时，其态度更易转变。

（7）以情动人的呈递方式，更易转变消费者态度。在消费者态度的三大构成要素中，情感成分在态度的改变上起主要的作用。

（8）奖励式的呈递，消费者态度更易转变。在广告中增加一些额外的奖励信息，使消费者在接受广告的同时可获得一些与广告无关的东西，如小礼品等。奖

---

① 王曼，白玉苓，王智勇．消费者行为学．北京：机械工业出版社，2008：140－141.

励是一种外在的正强化刺激，可以增强消费者对产品的好感。

以上这些消费者态度改变过程中的特点无不在告诉我们，企业平时必须与消费者保持紧密的联系，尤其是对那些忠诚度较高的消费者，通过额外奖励、特殊优惠等方式对他们关于企业正面的态度不断予以强化，只有这样，企业在危机中才能拥有更多的中坚力量，支持并协助企业渡过难关。

6.1.3　危机状态下的消费者心理

对于企业等商业组织的危机而言，如何与消费者沟通，尽快使消费者恢复对企业的信心，正确地认识危机状态下的消费者心理十分必要。

1. 恐慌心理

如上文所述，消费态度是消费者接受各种信息后经过思考判断而形成的。企业一旦爆发危机，信息渠道不畅，谣言四起，在这种情境下，消费者很容易接受片面的负面信息，并以此为形成新态度的依据，产生恐慌的心理。在这种心理支配下，消费者一方面迅速拒绝继续购买该产品，另一方面，可能对该企业生产的其他产品或其他品牌的同类产品都失去信心，产生过度的防备。尤其对涉及生命安全与身体健康的食品安全类危机更是如此。

2. 悲观心理

这是消费者在认为自己无力改变现状时产生的一种消极退让的心理。持有悲观心理的消费者往往倾向于采取极端的自我保护措施，在危机状态下对所有解释与相关正面的信息都宁愿选择逃避或不予接纳，甚至不愿意配合政府及相关部门所作的各种努力，对危机中遭受损害的人与事也不甚关心。持有悲观心理的消费者是企业危机中较难沟通及取得合作的人群。

3. 逆反心理

消费者的态度是由认知、情感和行为倾向三种要素构成的复合系统，认知成分是态度形成的基础。一般持逆反心理的消费者通常由于认知、情感等方面因素，往往对企业、媒体、政府、医疗界等利益相关者持怀疑态度，所采取的行动常与这些机构倡导的行为刚好相反。该类利益相关者是企业危机中的不安定因子，与之沟通往往很难取得较好的效果，企业应该密切关注该类人群的言行，避免他们将危机进一步恶化。

4. 破坏心理

该种心理一般只发生在极少数对社会现状不满乃至怨恨的消费者身上，但是其破坏性极大。在危机状态下他们不仅不感到恐惧，甚至在一旁幸灾乐祸，期待危机愈演愈烈，造成更大的破坏。他们的行动极易造成人心浮动和市场混乱，严重的还可导致新一轮的危机。

5. 观望心理

如前文所述，强态度比弱态度更不易转变。如果消费者对品牌的态度足够坚定，企业爆发的危机在这部分消费者看来是"可以理解的"，基于对企业品牌信任，他们充分相信这只是无心之失或个别现象。但由于从众心理作祟，他们中的大多数不会站出来大声疾呼，但会默默关注企业的动态，期待企业尽快正确作出处理，让一切早日回复平静。只要企业危机的性质不是特别的恶劣，或企业在应对的过程中不作出特别伤害消费者情感的举措，该类消费者仍是企业忠实的支持者，危机后往往会率先继续消费该企业的产品或服务。他们是企业危机处理中的有利因子，应该积极争取他们的支持与拥护。

以上是对企业类危机中消费者心理的分析，在现实生活中无论是企业类危机还是政府等非营利型组织的危机都必须面对社会公众，认识危机状态下的社会心理也十分必要。

6.1.4 危机状态下的社会心理

正常状态下，每个人都在不断努力保持着内心的稳定状态，保持自身与环境的协调。但是，当遇到重大或紧急事件时，这种内在的平衡被打破，机体会立即调动生理、心理系统的反应，竭尽全力地应对突发事件，进入应激状态——机体受到来自环境刺激时所表现的身心紧张状态。应激状态持续时间过长，就会发生心理危机。

所谓心理危机，是指人们面临突然而严重的生活遭遇时所出现的心理失衡状态。简单地说，心理危机可以理解为一种严重的应激状态，也就是机体自身无法调动成熟的心理防御机制作出恰当反应的心理失衡状态。[①] 一个事件之所以具有危机性质主要在于它影响到大多数民众的生活和生产，这种影响不仅是物质的，而且也是心理的，在看不见的个体心理和社会心理层面其影响有时是巨大的。心理层面的影响往往会进一步加剧危机的程度，使事情变得复杂。危机事件的突发性、紧迫性、不确定性、危害性会对习惯于常态环境的人们造成巨大的冲击，使他们措手不及。在危机事件中，由于信息的不充分和人们缺乏必要的应对措施、技能以及资源，个体的认知、态度、情感、意志以及动机等会受到周围群众、领导等方面的影响。有时一个偶然的因素会对大众心理造成很大影响，在群体压力

---

① 何海燕. 危机管理概论. 北京：首都经济贸易大学出版社，2006：230.

等因素的作用下，人们的态度和行为往往会趋向一致，缺乏平时冷静理智的心理反应，往往具有很强的情绪性和非理智表现。我们将这些问题称为危机状态下的社会心理问题，它主要包括以下方面。

1. 焦虑、恐惧等负面情绪弥漫

面对一些突如其来的重大灾难，人们都会产生焦虑、恐惧等负面情绪反应，产生一些负面情绪。这是因为这些灾难会对我们的人身安全构成威胁以及灾难的突发性和不可测性。持久的负面心理状态可能导致人体免疫功能下降，从最本质上对人们产生危害。同时，为了宣泄内心的紧张，人们会不经意间轻信并进行流言和谣言的传播，使负面心理加重。更严重的是，由于长期被负面情绪所笼罩，有些个体会产生各种非理性的行为。

2. 流言和谣言广泛传播

流言和谣言的广泛传播也是大众心理危机的常见表现。需要注意的是，大家往往把流言和谣言混为一谈，而实质上两者是有区别的。所谓流言，就是在人们之间相互传播的有关某种社会现实问题的不确切消息。传播的方式一般是口头的、非正式的、非官方的。在这些方面它与谣言有共同之处，但谣言有故意捏造、恶意攻击、蛊惑人心的性质，而流言一般不是故意去伤害某人。某些流言具有消极的作用，甚至引起社会混乱，但它在动机和目的上与谣言是有区别的。故意散布的"流言蜚语"则属谣言的范畴。[①]

社会心理学揭示了流言传播有三个条件：在缺乏可靠信息的情况下，也就是人们无法了解真实情况时，流言就容易产生和传播；在不安和忧虑的情况下，会促成流言的产生和传播；在处于危机事件恐怖与紧张氛围下，流言也容易传播。而谣言传播的条件是：社会大众有某种共同的价值倾向；人们普遍存在紧张和担心；人们对处理事务的社会组织缺乏了解和信任。[②]

流言与谣言一旦开始，就非常容易在大众中迅速传播。传统社会中，人们的信息获得渠道单一，往往是靠口耳相传的方式获得信息的。现代社会人们获得信息的渠道和方式呈现多元化的特点，人们既可以通过广播、电视、报纸，也可以通过互联网、电话、手机等现代化通信手段和方式获取信息。现代化通信信息容量大，传播速度快，不受地理空间的制约，传播范围广泛。

流言与谣言往往对人们的日常生活和社会秩序有破坏作用。就日常生活而言，人们常说"人言可畏"。在危机事件发生时，流言与谣言往往会加剧事态的

---

① http://baike.baidu.com/view/126408.htm.

② 何海燕. 危机管理概论. 北京：首都经济贸易大学出版社，2006：231.

发展，造成社会的恐慌和混乱，影响社会稳定。不少流言本来就包含着传播者的某种用意（如谣言）。如在战争中交战国双方为了扰乱敌方的军心民心，常常利用新闻工具散布一些"有待证实"或根本无法证实的消息。敌对团体之间常常也会利用流言制造"反间计"，意在使双方内部互相猜忌，出现裂痕。在日常生活中，流言也常常成为某些人的工具。伊拉克战争中，美英联军与伊拉克军队之间就在有形战争之外进行信息宣传战。美英联军向伊军空投收音机、传单进行策反宣传，伊拉克方面则不断发布与美英军队报道相反的信息。

3. 非理性及反社会行为

最后，前面提到的个体的一些非理性反社会能力也会在极端时爆发出来。非理性行为是指有违常理，不利于事件解决或自我保护的非科学性行为。非理性行为的发生原因是：第一，在强烈的外界刺激下，人们的心理严重失衡，失去理智，无法作出正常行为反应；第二，由于信息不透明，无法知道正式情况或受谣言蛊惑作出的非理性行为；第三，由于能力和智商的限制，人们不知道该如何应对突发事件，从而其行为往往带有盲目性和非科学性。反社会行为是非理性行为的特别表现，如暴乱、骚乱、围攻政府等活动。人们处于危机事件下，深受伤害却又无可奈何，就会产生极度抱怨、愤恨心理，进而选择一定的社会对象进行报复，把自己所受的伤害转移到他们不满意、不欢迎甚至愤恨的组织、群体，多数情况下他们会选择政府部门、政界要员作为宣泄的对象，出现反政府行为。参加行动的个人往往易于受到他人的暗示，情绪激动，或者受到群体的压力，行为不由自主，往往作出反常的举动。非理性行为是人们危机心理的宣泄，难以避免。这些行为不仅严重影响危机事件的处理，使危机事件升级，和前两点一样，它们可能会引发新的危机。①

以上三种大众心理问题的存在对于危机的恢复是十分不利的，有时候也许危机事件本身已经得到了控制甚至是解决，但是由于大众遭受到过度打击而产生的负面情绪仍然久久不能得到平息。

6.2　危机利益相关者——政府

6.2.1　商业组织危机中的政府角色

政府作为公众利益的代表者和社会秩序的维护者，是任何其他组织和角色都

---

① 何海燕. 危机管理概论. 北京：首都经济贸易大学出版社，2006：231.

无法替代的。尤其在危机管理过程中，政府是任何一个企业的管理者都无法回避的重要利益相关者。无论在危机的预防期、处理期还是恢复期，企业都必须充分认识到政府的重要性，并竭尽全力争取政府的支持与协助。

具体而言，政府对企业的危机管理的意义主要体现在四个方面。

1. 政府对于相关信息的优先权

我们所处时代的一个重大特征就是信息共享的不对称，而政府相对于企业对信息有着更大的优先权。[①] 信息对于企业生存与发展至关重要，在危机状态下更是如此。首先，掌握充分的信息是企业进行合理决策、有效预防危机的基础；其次，在危机的处理过程中，掌握充分的信息能使企业不至于面对各种流言与谣言手足无措，且能增强企业进行决策的科学性；最后，在企业危机恢复阶段，掌握充分的信息能使企业更快地摆脱困境，抓住有利时机转危为机。因此，政府对于相关信息的优先权是企业获得充分信息的重要来源，它导致企业在危机状态下对政府有一定程度的依赖。

2. 政府对于企业运营的干预

政府对于企业运营的干预主要体现在两个方面：一是政府会直接干预企业的运营，这主要表现为政府对企业的监管职能，如果企业有可能危害公众利益，政府必须介入调查并进行处理；二是政府可通过政策、法律等形式，以修改"游戏规则"的手段来改变企业的外部环境，从而对企业产生巨大的间接影响。这正是政府作为企业的核心利益相关者重要价值的体现。

3. 政府对于公众的公信力

政府公信力实质上体现的是政府的信用能力，它反映了公众在何种程度上对政府行为持信任态度。政府公信力的强弱，取决于政府所拥有的信用资源的丰富程度。[②] 政府作为一个为社会成员提供普遍服务的组织，其公信力程度通过政府履行其职责的一切行为反映出来，是公众对政府履行其职责情况的评价。对于危机中的企业而言，一个具有良好形象的政府是企业寻求合作与支持的伙伴，通过与政府机构积极沟通，争取政府的理解与同情，借助政府对于公众的公信力发布相关信息，通过政府的态度与立场来引导舆论具有重大意义。

4. 企业危机与政府危机有着千丝万缕的联系

现实中企业危机与政府危机并不是绝对分离的，很多情况下它们之间相互影响，甚至相互转化。例如，在企业产品质量危机之中，公众很容易迁怒于政府，

---

① 单天才. 企业危机管理与媒体应对. 北京：清华大学出版社，2007：297.
② 张旭霞. 试论政府公信力的提升途径. 南京社会科学，2006（7）.

认为政府的监管乏力对此具有不可推卸的责任，在此状态下，政府的公信力下降，美誉度受损，严重的会导致政府的信任危机。同样，政府危机若处理不佳，也会给企业带来各种负面影响：阻碍企业目标的实现、降低企业决策的科学性、带来企业财务危机、企业人力资源危机等。可见，不论是政府危机还是企业危机，政府与企业两大主体之间都需要紧密配合，共求发展。例如，在当前的金融危机的背景下不少中小企业濒临破产，对此，世界各国政府都出台了一系列支持鼓励中小企业的举措，助企业早日度过寒冬。

6.2.2　企业危机中的政府公关

如上所述，政府对于企业危机管理有着重要的意义，因此，企业危机中对政府的公关也显得尤为重要。

1. 正确理解政府公关

"政府公关"一直以来容易让人产生不好的联想，常与"拉关系"、"行贿"等词汇联系起来，毫无疑问，这是一种错误的认识。一个企业要想在市场上立足，获得有利的市场环境靠商业贿赂、拉关系等方式虽可能获得一时之利，但从长远来看，绝对是弊大于利，无异于自毁前程。国家工商局《关于禁止商业贿赂行为的暂行规定》第二条指出："本规定所称商业贿赂，是指经营者为销售或购买商品而采用财物或者其他手段贿赂对方单位或者个人的行为。"如今，许多跨国公司为了避免其全球业务的风险和自身的声誉，都严禁以各种手段和各种方式向政府官员行贿，反腐败和商业贿赂可以说已经成为国际社会的共识。在这种背景下，与拉关系、行贿相关意义的"政府公关"已毫无立足之地。

格鲁尼格教授认为，公共关系是一个组织与其相关公众之间的传播管理，据此定义，企业的政府公关是企业组织与政府间建立有效的沟通，争取他们对自己了解、理解、信任、合作与支持的一种管理职能。与政府间的公共关系强调的是企业与政府的良好沟通，而非各种以金钱为基础的交易。

2. 积极与政府沟通

危机中积极与政府沟通，让政府机构第一时间知晓企业的动向，并主动向政府了解相关信息，形成良性互动，是化解危机的重要手段。

2002年3月初，美国一家科研网站登出一篇文章，称甜菊糖可能引起男性不育及癌症。此研究公布后顿时引起轩然大波，3月19日，香港政府决定全面查禁含有甜菊糖添加剂的食品。而合肥华泰食品有限公司出口到香港的"洽洽"香瓜子因在包装配料表上印有甜菊糖而遭到香港食物环境署查禁。公司高层立即召开会议对问题进行了分析，决定成立以公司总裁为领导的危机处理小组，危机领导小组下辖 3 个小组：第一组由分管海外市场的副总裁带队赴香港，查清事件原因并在现场处理相关事务；第二组由分管销售的副总裁带队赴北京，向国家有关政府部门反映情况并做好和在京媒体的沟通工作；第三组则在本部由总裁亲自坐镇指挥，做好向当地政府的沟通和汇报工作，指挥全局。

在香港、广州：第一组在香港和经销商一起认真分析研究后，正面回应香港食环署，首先确认输港产品不含此次遭禁的甜菊糖，而是误用包装，实事求是地承认自己的错误，请求香港食环署给予检验并发布澄清，打消消费者的疑虑。3 月 22 日，广州某报在没有调查和核实的情况下，突然发表一篇文章，以特大号黑字"'洽洽'香瓜子含致癌成分？"为标题，说香港市场"洽洽"香瓜子近日已回收，广州市场仍大量出售。此文一出，经网站发布，在全国引起轩然大波，经销商要求退货，消费者提出质疑。为了尽快扭转局面，公司决定在重灾区广州召开新闻发布会。总部及时将这一计划汇报合肥市委市政府，得到了市领导的大力支持。为使发布会具有公信度，市政府决定以合肥市新闻办公室名义召开新闻发布会。在发布会后的第二天，各大媒体都实事求是地报道了新闻发布会的有关情况。香港商报在 3 月 30 日以"'洽洽'在港遭禁，事缘摆乌龙"为题刊登专访，专访写道："这次新闻发布会由合肥副市长率领质监局等部门领导及生产商一众人马专程从安徽赶往广州举行，作为一个民营企业，政府肯出面牵头为其召开新闻发布会，足见当地政府对其的重视，其公信度亦从中可见一斑。"

在首都：北京小组紧急开展工作，将此情况上报国家食品工业协会等行业协会以及国家卫生部门，请求国家权威部门给予客观、公正的答复。3 月 23 日，中国食品添加剂生产应用工业协会和中国甜菊协会迅速召集专家召开紧急会议，专家指出，我国及日本科研机构均对甜菊糖进行过严格安全性试验研究，甜菊糖的安全性是相当肯定的。3 月 26 日，中国食品添加剂协会和中国甜菊协会联合举行新闻发布会，国家卫生部就近来关于甜菊糖安全性问题引发的公众疑虑作出解答。

化危机为商机，成民族品牌代表：危机事件至此已扭转被动局面，但华泰的危机处理领导小组仍在继续工作，恢复品牌形象。他们对"甜菊风波"的始末进行了深入调查，专家认为甜菊糖致癌纯属误导，炒作背后疑有财团操纵。3 月 30 日，中国食品报报道，此次甜菊糖风波并不简单，认为是美国其他代糖生产商一手炮制的旨在攻击竞争对手、保护自己市场的事件。我国是甜菊糖出口大国，占市场份额的 70%，所以此次事件的背后隐含有商业竞争的贸易壁垒。在此后几天里，国内主要媒体纷纷报道，认为此次甜菊事件实际上是中国入世后的三大贸易战之一，要求人们提高警惕，不要让我国甜菊在境外遭禁，而内地的一些媒体不明事理、跟着起哄，伤害民族产业。①

从此案例可以看出，在整个危机处理的过程中，重视政府在公共关系中的作用是企业得以摆脱困境的关键。如在广州，由合肥市人民政府出面举行新闻发布会，极大提高了企业的公信度，又如，行业协会和政府管理机构的及时公告，减少了公众因不了解甜味剂而引起的恐慌。事后的调查表明，该品牌的知名度、美誉度以及企业形象都有较大提升，成功地将危机转化为了商机。

3. 积极配合政府

企业在危机中针对政府采取的各项措施也应积极地予以配合，与政府同心协力化解矛盾，在极力挽救企业形象的同时也要注意维护政府的权威与形象，协助政府各项决策的上传下达。1998年4月，国务院下达传销禁令，对中国境内所有以传销方式进行销售的公司全部进行停业整顿，禁止传销。这对安利这样的跨国直销公司无疑是剧烈的冲击。然而可贵的是，安利公司并没有在政策上与政府讨价还价，而是积极接受现实，由直销改为"店铺＋雇用推销员"的营销模式，配合政府努力转型，最终获得了消费者和政府的共同认可，树立了良好的企业形象。

4. 关心各项政策

企业的生存与发展必须与宏观的政治、法律、经济政策相适应，关心政府各项政策的颁布或变动，保持对宏观环境的敏感性对企业意义重大。首先，宏观环境的变动，尤其是经济政策的调整，有可能给企业带来毁灭性打击，也有可能为企业带来前所未有的发展契机，无论是哪一种情况，企业都必须密切关注政策的变动，以趋利避害。其次，从危机管理的角度来看，关心各项政策的颁布或变动，是企业危机监控的重要内容之一，有利于企业及早发现外部环境变动引起的危机，将危机扼杀在萌芽之中。最后，关心政策变革，积极协助政府政策的落实，以主动的姿态为政府分忧，有助于保持良好的政府关系，获得有利的外部环境。

6.2.3 公共组织危机中的政府角色

政府是国家权力的执行机构，包括行政、立法、司法以及代表国家管理的各

---

① 案例据该资料整理：单业才．企业危机管理与媒体应对．北京：清华大学出版社．2007：304－307.

级权力机构，它对国家各方面事务行使着指导、管理、监督、协调、保卫和服务等基本的职能。政府作为公共服务的提供者和公共事务的管理者，它是公共组织危机的主体，在整个危机管理的过程中起着核心的作用。

公共危机由于表现形式众多，政府在管理的过程中也各有侧重，但不意味着政府在处理公共危机事务的过程中毫无规律可循。具体而言，政府在公共危机中的处理原则主要包括以下几点。

1. 积极预防原则

防大于治，从危机的源头降低危机事件发生的可能性远胜于事件发生后的补救。培养政府机构工作人员的危机意识，注重危机的监测与控制，明确危机管理的目标与方向，制订行之有效的危机管理计划，在预防的同时也做好随时应对突发性危机事件的准备。

2. 时间第一原则

由于危机具有突发性与破坏性等特征，危机事件一旦发生，时间就显得尤为关键。政府必须在第一时间内到达事发现场，了解情况并采取一系列紧急处理措施，及时控制危机的发展与蔓延。

3. 公开透明原则

政府作为公共事务的管理者，在危机处理过程中不可无视大众的知情权，事件的处理必须做到透明公正，及时通过新闻发布会等形式向媒体发布信息，让公众尽快了解事件的真相，并阻止谣言的传播与扩散。

4. 协同合作原则

公共危机中由于参与危机处理的人员和力量来自各个领域，如消防、医疗、通信、交通、安全等，这就要求各个参与者在统一的指挥下必须全力协作，不同的职能部门之间要明确各自的职责，更好地合作并发挥整体功效，最大程度地降低危机带来的损害。与此同时，危机中还应尽量争取广大民众以及一些商业组织的支持。对于民众而言，参与危机处理是参与社会公益事业的重要途径，对于商业组织而言，协同政府的危机处理是企业支持政府、回报社会的重要渠道，在社会上广泛地寻求志愿者与合作单位，高效地动员并整合社会资源有助于危机的解决。当危机事态严重或涉及其他国家时，很多国家与政府还会寻求国际间的合作。

5. 科学指导原则

科学指导原则主要指在对危机处理的过程中一定要注意指导的科学性、技术性，尤其在一些因技术或自然灾害引发的危机中，政府机构绝不可凭经验或想像盲目指挥，要多征求特定技术领域内专家的意见以确保指挥的科学性与措施的有效性。

6.3 危机利益相关者——媒体

6.3.1 媒体概说

媒体是交流传播信息的介质，生活中常被视作宣传的载体或平台。各种媒体的诞生和发展与科学技术的进步和人类传播事业的发展密不可分。只有充分认识各种媒体的特性，才能在组织危机状态下根据危机传播的情境与目标受众选择正确的渠道传播信息。

传统的媒体包括报刊、广播、电视三大类别，其各自的特点如下。

1. 报刊媒体

作为印刷类媒体，报刊媒体具有方便长期保存，读者主动性较强，可以自由决定阅读的时间、地点、方式和速度的特点。局限性在于对受众的文化程度有一定要求，时效性偏弱，传播不够广泛，与电视的声形并茂相比，略逊一筹，与网络相比，互动性不够强。其中报纸媒体的优点在于信息容量大、选择方便，其威望也相对较高。杂志媒体的读者群比较稳定，杂志的受众一般有长期订阅或购买的习惯，相对于报纸而言，杂志的专业性更强一些。

2. 广播媒体

广播媒体可以真实而逼真地记录、复制和控制人类的声音，传播范围广，具有跨时空性，传播信息及时迅速，声情并茂，易于沟通，有较强的亲和力，与报纸和电视相比，听众的参与更加方便。缺点在于稍纵即逝，无法重复，不易保存。

3. 电视媒体

电视媒体声像并茂，视听兼容，形象生动，覆盖面广，传播迅速，娱乐性强。缺点在于不易保存与携带，且易造成负面传播效果。

除了传统的三大媒体，近年来网络媒体的崛起也不容忽视。联合国新闻委员会在 1998 年的年会上，正式将因特网命名为"第四媒体"。网络媒体凭借其交互性强、海量传播的特点，对危机管理有着独特的意义，据此，本书将在第 7 章专门予以论述，在此不再赘述。

此外，"移动媒体"被称为继"网络媒体"之后的"第五媒体"。所谓移动媒体，是指新的具备移动性的，可接入电信网、互联网和广播电视网的接入终端，它强调的是受众能随时、随地、随意地获取高质量的多媒体信息，手机短信就是其中的一种重要形式。手机短信既有无可比拟的用户数量，也具有超强的时效性与良好的移动性，缺点在于信息篇幅受到限制，传播秩序还有待规范。移动媒体具有媒体的移动性、传播的交互性、网络的融合性以及内容的丰富性等特征。

6.3.2　媒体与危机

1. "信息环境的环境化"与媒体管理的重要性

在现代社会，大众传播媒介对人的行为和社会实践都具有极为重要的影响。我们知道，人为了求得自身的生存与发展，必须及时认识与了解环境，并主动协调自己的行为使之与不断变化的环境保持和谐与平衡。然而，对于不同时代、不同社会而言，环境的规模与认知方式都有所不同。尤其随着大工业生产和全球贸易的发展，人类的环境不但越来越巨大化，而且越来越复杂，如果说，在传统社会里人们还能够凭借"第一手信息"来认识环境，那么现代社会巨大而复杂的环境则已经远远超出了人们的感性经验的范围，我们必须通过一种新的大型媒介系统才能够把握它。这种新的大型媒介系统，就是伴随着人类交往革命所诞生的大众传播。大众传播是以传达信息、提示外部环境变化为基本职能的社会信息系统，它向人们提示的环境并不能简单地等同于客观环境本身，而是环境的再现，或者叫作"信息环境"。[①]

早在 20 世纪 20 年代，美国著名新闻工作者李普曼较早地意识到了大众传播媒介营造的这一特殊信息环境。他在《舆论学》中指出：现代报刊等新闻媒体乃是人们接触超越视野以外环境的主要工具，媒体的种种信息成为人们了解外部世界的主要渠道。这样，人的行为在一定程度上不再是对客观环境及其变化的反应，而是对媒体所提示的"拟态环境"的反应。所谓"拟态环境"，也就是我们所说的信息环境，它并不是现实环境的"复制"与完整的还原，而是通过媒介对信息的选择、加工、重构后向人们呈现的，由于媒体的这种加工、选择和传播活动是在一般人看不见的地方（媒介内部）进行的，所以人们往往把"拟态环境"作为客观环境本身来看待。同时，李普曼还指出："我们必须特别注意到一个共同的因素，就是在人与他的环境之间插入了一个拟态环境，他的行为是对拟态环境的反应。但是，正因为这种反应是实际的行为，所以它的结果并不作用于刺激

---

① 郭庆光. 传播学教程. 北京：中国人民大学出版社，1999：125.

引发了行为的拟态环境，而是作用于行为实际发生的现实环境。"① 李普曼不但指出了现代社会信息环境替代客观环境的现实，而且指出这种替代的结果除了影响人的认知行为外，还会影响现实环境，使现实环境越来越带有"拟态环境"的特征，从而使两者间的界限越来越模糊。

通过认识现代社会中的"信息环境的环境化"现象，我们就不难理解危机管理中媒体作为核心利益相关者的重要价值所在。正是由于现代社会信息传播发达，人们往往过于依赖大众媒介传达的信息，并据此来认识环境，采取环境适应行动，所以企业一旦爆发危机，如若不能很好地进行媒体控制与管理，合理地引导舆论，势必会在受众心目中形成一个"变形的拟态环境"，一旦受众据此行动，则无疑会将企业推向危机恶化的深渊。由此看来，危机中正确运用媒体管理策略至关重要。

2. "议程设置假说"与议题管理

议程设置假说是在李普曼的"拟态环境"以及拉斯韦尔关于大众传播的"环境监视功能"概念的基础上，通过实证研究提出的一个理论假说。该假说最早见于美国传播学家 M. E. 麦库姆斯和唐纳德·肖于 1972 年在《舆论季刊》上发表的一篇论文，题目是《大众传播的议程设置功能》。这篇论文是他们在 1968 年美国总统选举期间就传播媒介的选举报道对选民的影响所作的一项调查研究的总结。该理论认为大众传播往往不能决定人们对某一事件或意见的具体看法，但可以通过提供信息和安排相关的议题来有效地左右人们关注哪些事实和意见及他们谈论的先后顺序。大众传播可能无法影响人们怎么想，却可以影响人们去想什么。议程设置是大众传播媒介影响社会的重要方式，其观点主要来自政治学。

议程设置理论的特点表现在三个方面。首先，它将传播效果分为认知、态度和行动三个层面，议程设置功能假说是这个过程的最初阶段，即认知层面的阶段。其次，议程设置理论考察的是作为整体的大众传播具有较长时间跨度的一系列报道活动所产生的中长期的、综合的、宏观的社会效果。最后，议程设置功能暗示了传播媒介是从事"环境再构成作业"的机构。

具体而言，议程设置理论的主要观点包括：第一，大众媒介往往不能决定人们对某一事件或意见的具体看法，但可以通过提供信息和安排相关议题的方法来有效地左右人们关注某些事实和意见，以及他们谈论的先后顺序，新闻媒介提供给公众的是他们的议程；第二，大众传媒对事物和意见的强调程度与受众的重视

---

① 郭庆光. 传播学教程. 北京：中国人民大学出版社，1999：127.

程度成正比，该理论强调，受众会因媒介所提供的议题而改变对事物重要性的排序，对媒介认为重要的事件会首先采取行动；第三，媒介议程与公众议程对问题重要性的认识不是简单地吻合，这与其接触传媒的多少有关，频繁接触大众传媒的受众的个人议程和大众媒介的议程具有更多的相似性；第四，不仅关注媒介强调哪些议题，而且关注这些议题是如何表达的。对受众的影响因素除了媒介所强调的议题外，还包括其他因素，这些影响包括对态度和行为的两种影响。

根据前文所提到的马斯洛需要层次理论，人的需要是有层次的，构成一个彼此间具有相对势差的等级体系，只有在满足较低级需要的基础上，才会产生或有条件满足较高层次的需要，而已经得到满足的某种需要也就不再成为行为的诱因。在企业危机信息芜杂失序的噪声环境中，企业危机传播的对象暂时丧失判断意识主导权，而企业第一时间通过媒介发布的消息满足了其安全的需要，在这样一个需要的基础上，对同类意见，传播对象也就更易接受，从而形成一个持相同意见的一致性团体，社交的需要也能得到进一步满足。需要指出的是，后一层的社交需要和安全需要在同一系统下才能实现，也就是说，只有由企业的传播保证安全需要的满足，才能引导企业传播对象的社交需要——表现为意见群体的形成，朝对企业有利的方向发展。危机议程是在危机的整个生命周期内，按严重程度的等级排列并加以传播的一批议题，是议题动态地相互作用的结果，也是各个子议程相互关联作用的结果。危机议程设置，主要包括企业的议程设置、媒体议程设置、相关利益团体的议程设置和消费者/公众议程设置四个子系统（见图6-2）。

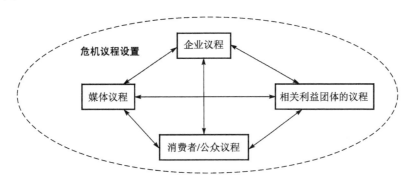

图6-2 企业危机传播的议程设置构成

其中，企业议程设置是核心。媒体议程设置和相关利益团体的议程设置，不受企业直接控制，但是受到企业议程设置的间接影响，并且可由企业通过媒体公关、社区公关、股东公关、合作者公关等活动管理实现互动，同时，这两者与消费者/公众议程也有不少互动表现。消费者/公众议程设置，则受到企业议程设置、媒体议程设置和相关利益团体的议程设置这三个更高级别的议程设置的影响，虽然无法控制，但其对前三者的依赖性、相关性十分高，而且，这个议程是企业的危机议程设置的基础。

议程设置的相关理论对我们详细考察传媒的舆论导向过程具有一定的启发意义。基于议程设置假说，我们认为媒介的议程影响着公众的思考，在危机状态下进行有效的议题管理对组织化解危机至关重要。所谓议题管理，即组织对媒介议程的引导和掌控。中山大学的廖为建教授曾对议题管理作过比较详尽的解释："议题管理主要是指对那些可能进入立法程序或政策程序，与公共政策、公共事务密切联系，容易引起公众关注和公众争议的问题进行确认、分析、评估；对这些议题的发展趋势施加必要的影响；并在这个过程中，捕捉这些议题给我们组织发展带来的各种机遇，规避防范这些议题对环境影响给组织带来的危机，使议题的发展结果、趋势更加有利于本组织的生存和发展。"在组织危机的状态下，我们不仅要充分认识到媒介管理的必要性与重要性，更应了解媒体作用于受众乃至社会的方式，通过正确地引导与把控媒介，影响相关利益团体以及社会公众的议题，达到组织危机管理的目的。议题管理无疑将媒介策略以及与公众沟通策略统一为一体，组织一方面可以结合自身需要主动设置议题，通过大众媒介的传播使之成为目标受众所关注的公共议题，另一方面可通过引导与控制外部的重大议题，形成有利于组织的舆论环境。议题管理对于组织的意义与作用通过以下案例可见一斑。

2006年下半年以来，"等离子淘汰论"等不公正言论愈演愈烈，使整个等离子产业面临危局。为扭转公众对等离子电视的错误认知，等离子各厂家在中国电子视像行业协会指导下成立等离子专业委员会，并委托注意力公关作为其合作伙伴，将改善等离子的舆论环境作为要解决的核心议题。

项目策略：

注意力公关针对全国主流媒体资深家电记者所做的调研发现，媒体普遍对等离子缺乏信心。由于该项目牵涉众多国内外企业，涵盖产业上下游，沟通难度极其复杂，其需要突破强大的舆论挑战。基于对媒体意见领袖及目标消费者的调研及与联盟相关各方达成的共识，注意力确立了2007全年以借助公关事件进行舆论策动与消费引导的策略，扭转公众认知。

信息源方面整合权威专家、机构为等离子证言；

信息传播上严格遵守两面传播的策略，坚守中立，不偏不倚，客观表述等离子和液晶电视各自优点，使传播更可信、更具冲击性和穿透力；

传播方面，通过策划大型事件，采用网络访谈、开通网络等离子专区、策划网络话题、组织消费者体验等形式，从各个渠道传播等离子信息。

项目实施：

第一阶段——吸引媒体和消费者关注。首先，借助意见领袖资源，以"专家为等离子平反"、"等离子发起绝地反击"等文章进行舆论策动，让媒体把目光转向等离子；同时在消费者层面用"高分辨率≠高清晰度"、"购买平板电视动态清晰度不容忽视"等科普文章进行引导。

第二阶段——深度传播核心优势阶段。策划等离子液晶盲测 PK，关爱眼健康等事件，集中向媒体和公众传播等离子动态清晰度和视觉舒适度两大核心技术优势。

第三阶段——阶段性盘点阶段。借助季度、十一、年度等利好数据，进行阶段性、系统性盘点，壮大等离子的整体声势。在消费端持续传播动态清晰度和视觉舒适度的同时，加强等离子综合优势的传播。

效果评估：

该案例堪称行业议题管理案例之经典。通过委员会各厂商及注意力公关的努力，深刻影响了公众认知，挽回了媒体和公众对等离子的信心。而在搜狐数码的一份消费者调研中51.58%表示将选择等离子电视；而据权威调研机构数据显示，等离子销量止跌回升，2007 年 10 月等离子销量比去年同期增长128%。[①]

6.3.3　危机中的媒体管理策略

1. 及时准确地向媒介发布信息

及时准确地向媒介发布信息，让组织自身成为媒介的信息源，能避免媒介主观故意或客观失误造成的报道偏差，及早澄清事实，有效地引导舆论，并通过传播大众需要的信息，排除大众由于信息不对称而产生的恐惧心理。值得注意的是，在信息发布中需要注意科学性与艺术性相统一。科学性是指信息发布要主动、客观、及时、全面、准确；艺术性是指在遵循科学性的前提下，信息报道要具有一定的灵活性，要考虑报道信息会给公众带来的心理反应及公众心理的承受能力。比如，由于英国和法国等欧洲国家在处理恐怖威胁上拥有丰富的经验，欧洲分析家们普遍认为，同美国相比，欧洲国家在心理上能够更好地承受使用大规模杀伤性武器攻击的威胁。来自这种攻击的最大危险也许不是这种武器本身，而是这种危险造成的民众心理恐慌。欧洲国家政府可能不会过早地向民众公布这种

---

① 《等离子电视产业议题管理案例》http：//www. zhuyili. com/wordC_body. asp？Page = 2&id = 379.

威胁，即在没有制定出更好的安全措施之前，过早公布消息只会使国内民众惊慌失措并在舆论上造成困扰。在欧洲国家，政府往往会悄悄逮捕嫌疑人，等把一切都调查清楚后再把事实向民众公布。① 除此之外，在危机恢复阶段，作为大众性抚慰工具的媒介应该要极力避免发布信息的冗余或匮乏。这就要求我们弄清楚，在这一阶段大众关心的到底是什么？害怕的是什么？最有效的做法是帮助公众理性地认识危机，在对危机没有充分了解的情况下，大众很有可能因为恐惧，不理性地扩大危机的危害性，比如，人们对"非典"的恐惧远远超出了"非典"本身。"非典"具有高传染率不假，但患者的康复率却高达95%，这个比例要远远高于我们所知道的癌症、心脏病等的康复率。在平时生活中，酒后驾车和流感并发症就要夺取1.5万至2万人的生命。如果将这些信息发布出去，想必一定会使恐慌的人心得到安抚，对"非典"的恐惧度也会渐渐恢复到正常状态。

2. 与媒体协作，合理引导舆论

在中国，媒体作为政府的喉舌，帮助政府宣传主流思想、引导社会舆论的做法普遍被人们所接受，而在西方提倡新闻自由的媒体环境下，主流媒体的合作和理解并不是理所当然的事情，如上文所说的欧洲政府并不会过早地向民众公布恐怖威胁信息，如果一旦消息有所走漏，那政府将会面临强大的舆论压力和挑战。但是无论如何，对于任何社会，稳定都是一个前提，因此，危机管理主体在危机事件的特殊环境下，必须尽最大力量取得大众媒体的支持和协作，当然，这也要求媒体具备成熟的素质。

在美国，媒体被称为第四种权力，新闻自由也早被视为"人权"的核心内容之一，但是即便如此，美国还是确立了"特定时间的新闻审查制度"：1942年太平洋战争爆发以后，美国发布《美国报刊战时行为准则》，严格规定各种印刷品不得有军队、飞机、舰船、战时生产等"不适当"的消息，同时设立政府的新闻检查局，14 462名工作人员负责美国发往外国各种信息的强制性检查。新闻检查局同时也发布官方的战争消息，引导战争时期媒体舆论导向。又如，2001年10月10日，由于9·11事件的紧张态势，当时美国国家安全顾问赖斯与美国五大电视台新闻主管举行电话会议，赖斯在会议中表示：如果不经剪辑、审查，就播出拉登及其助手的电视录像带，可能会导致严重后果，虽然赖斯在会后表示政府的要求没有法律约束力，但是结果各位新闻主管在会后决定不播放有关录像带，他们表示，虽然白宫的要求对他们并没有约束力，但是他们一致认为那是合理的要求。

---

① 何海燕. 危机管理概论. 北京：首都经济贸易大学出版社，2006：233.

无论是政府机构还是企业组织，作为危机管理的主体一定要避免与媒介发生冲突，从无数失败的危机管理案例中不难看出，与媒体为敌无异于自毁前程。"任何指控媒体有报道倾向或公报私仇的行为都会促使媒体团结一致，捍卫整体'利益'。这也会在个别媒体游离于其他媒体之外时发生，这种集体防卫的结果总是指控方落败。"① 前文提到过的富士康媒体危机就是最好的佐证。

3. 与媒体保持沟通并控制其活动范围

危机期间与媒体保持联系与控制媒体的活动范围并不矛盾。危机中与媒体沟通的形式有很多种，如现场访谈、新闻发布会、媒体会议、随机采访、秘密采访等。无论采取哪一种形式都是为了与媒体进行更好的交流，通过提供关键信息，解答重点问题，避免媒体与公众妄作揣测。与此同时，在与媒体的接触中还必须注意控制媒体的活动范围。一味地迎合媒体只会使"媒体管理"失去意义，进行适当的把握与控制也是媒体策略的重要组成部分。具体而言，对媒介活动范围的控制主要包括三个方面的内容：活动时间、活动地点、参与人物。对活动时间的控制是指要注意选择接待媒体的合适时机，如在组织自身对危机的情况还不太清楚的时候，盲目地接受采访不仅无法提供诸多有价值的信息，而且可能会招致更多的非议。对活动地点的控制主要是指要选择合适的场合接待媒体，明确媒体能参与和不能参与的领域，控制现场的记者。对活动参与人物的控制主要通过对组织新闻发言人的选择来体现，通过训练有素的专业人员来与记者沟通，既提高了沟通效率也避免了众口不一的僵局。

6.3.4 媒体管理中的重要角色——新闻发言人

1. 新闻发布会

新闻发布会又称记者招待会，是一个社会组织直接向新闻界发布有关组织信息，解释组织重大事件而举办的活动。新闻发布是组织与媒介沟通的重要形式，尤其在突发事件、危机状态之下，新闻发布会通过提供信息、解答问题的形式有效地引导舆论并进行议题管理。在当前媒介化的社会里，新闻发布会日益受到政府机构和企业组织的重视，已经成为组织的一种重要的信息传播途径和公关形式。

新闻发布会具有以下特点。① 影响大，效率高。新闻发布会通过统一时间，集中相关媒体与人员，借助报刊、电视、广播、网站等媒介集中发布，传播面广，扩散迅速。② 双向互动，沟通活跃。发布会中除了主动地发布有关信息外

---

① 罗伯特·希斯. 危机管理. 北京：中信出版社，2004：135.

还可以通过回答记者提问的方式进行互动。③沟通形式正式隆重。新闻发布会的形式较正式，档次较高，需要精心的策划与安排，除了记者，通常还会邀请媒体的负责人、行业部门主管、各协作单位代表及政府官员。

1）新闻发布的主要形式

新闻发布根据不同的划分标准，可以划分为正式发布与非正式发布、主动发布与被动发布。在此，主要介绍几种常见的新闻发布形式。

（1）新闻吹风会。新闻吹风会发布往往不定点定时举行，是组织召集媒体记者集中参加，给记者们做某个问题的背景介绍，供他们写作时作为参考。新闻吹风会通常是正式发布活动的前奏。政府召开的新闻吹风会有时还是一种特殊的新闻探测方式，通过媒体初步的报道，收集社会不同的反应，以确保措施出台的效果。

（2）正式新闻发布会。正式的新闻发布会是目前新闻发布的主要形态。它是组织或个人为了公布、解释自身或与自身有关的重大事件，集中邀请有关新闻媒体，正式发布消息，阐释自己观点或立场的一种与新闻界公开直接接触的传播活动。正式新闻发布会是危机管理中媒体沟通的重要形式。

（3）记者招待会。记者招待会又称媒介采访发布，它是通过主动约见或应邀约见多家媒体记者，通过采访，让他们发布新闻信息。记者招待会注重的是及时、双向的互动交流，在实践中大量被采用。需要注意的是，记者招待会和新闻发布会本质上是一致的，只是在操作过程中略有差别：新闻发布会一般是有新的信息发布，通常是先对要发布的信息做简短介绍再开始回答记者的提问；而记者发布会的重心在于回答记者的提问，可以不发布新闻直接开始作答。

2）新闻发布的时机选择

组织举行新闻发布会，应选择有利的时机进行。通常来讲，我们建议在如下情形下发布新闻：

（1）重大的社会活动和社会事件出现；

（2）突发性灾害爆发；

（3）国家或地方政府新政策出台或新领导上台；

（4）国际国内政治、经济等大环境转变；

（5）公众观念发生转变；

（6）企业形象出现危机；

（7）企业经营战略作出重大调整；

（8）企业经营出现困难；

（9）企业内部资源条件发生变化；

（10）企业有新产品上市；

（11）企业获得特殊奖励；

（12）企业参加专业性展会、论坛等。

不论是哪一种情形，都必须首先进行判断，确定事件是否有专门召集记者前来报道的新闻价值。好的新闻发布时机的选择会起到事半功倍的效果，在确定好时机后，组织应针对具体情况，策划出一整套新闻发布的方案，其中对发布时间、地点的选择也十分重要。

3）新闻发布的时间地点选择

（1）新闻发布的时间选择。

新闻发布的时间最好避免周末或假日。因为在这样的时间邀请嘉宾比较困难，他们可能会有出游、访友等计划，较难协调。对于公众而言，大家也由于丰富的假日活动而没有太多时间看电视、读报，信息到达率比较低。对于媒体而言，大多数媒体在假日、周末都侧重于做一些应景的报道，娱乐、休闲类版面（节目）较多。此外，发布日期最好也不要是周一，周一通常堆积了周末的新闻，企业的新闻很容易淹没在大量的信息之中。

新闻发布会尽量安排在上午举行。这样方便报社、电视台、网站等媒体实现同步发稿。由于大多数报社规定记者的稿件必须在下午六点前定稿，而在此之前记者必须完成稿件的撰写，并经编辑修改、审定，因此上午举行的新闻发布会能留给记者更充裕的时间完成稿件，使之不至于由于时间紧迫而推迟甚至取消发稿。

避开重要的社会事件。由于社会信息相互作用，遇到社会重大事件发生，新闻发布会的新闻价值可能会相应变小，而遇到新闻的相对空当期，则新闻价值相应变大。因此，避开重要的社会事件，无形之中就是扩大了新闻的影响力。值得一提的是，如果我们发布的新闻可能会对自身产生一定的冲击，企业希望尽可能地减轻由于新闻的发布对组织造成的负面冲击与影响，则应选择有重大社会新闻事件发生的时机。

此处提到的时间选择对危机中的组织而言较难起作用，这是因为危机的突发性与破坏性往往让组织措手不及，除了第一时间了解情况并举办新闻发布会之外，危机主体几乎没有选择发布时间的余地。

（2）新闻发布的地点选择。

新闻发布的地点选择要注意如下几个方面。在地域上，要选择媒体比较集中的地方，以方便媒体采访。在地点上，既要考虑到大多数记者交通的便利性，还应考虑到组织的需要。例如，如果是企业的质量危机，企业可能在发布会后邀请媒体参观产品生产过程，这就需要选择能配合该活动的场所，工厂附近的会议厅可能就是理想的地点。在环境上，应该无其他噪声或外界事物的干扰。

4）新闻发布的准备工作

（1）确定会议主题，统一发布口径。新闻发布的主题主要是由组织特定的目标决定的，例如，在企业危机中，举办新闻发布会通常是为了让外界了解企业的态度以及采取的措施。具体的会议主题还必须注意明确、简洁、生动，是统领整个发布活动的中心思想与灵魂。围绕着会议主题，组织者应积极准备相关新闻的背景材料，包括文字材料与影像资料，以满足不同媒体的需要，并撰写新闻通稿。统一口径是围绕主题来确定消息发布的程度、发布的基调和基本的措辞，这些问题在发布前都必须在组织内部达成一致，以求对外发布时能取得统一的传播效果。一旦发布时基本信息出现出入，措辞基调尺度不一，则很可能导致报道的偏差，影响传播质量。

（2）设计发布流程。发布流程的设计必须科学、可控。通常发布的时间控制在一个小时内，相关研究表明由于一般人能保持注意力集中的时间最长大概不超过一个半小时，所以会长尽可能以一个半小时为限。为了尽可能地提高会议效率，必须设计科学严谨的发布流程，并选择合适的人传达最有价值的信息。在制定发布流程时还必须考虑到发布会中可能出现的种种情况，譬如，由于个别记者不断提问无关问题或多个记者围绕同一个问题反复提问而打乱整个会议的节奏，这就要求我们在设计流程的时候还要兼顾过程的可控性。

（3）确定新闻发言人和发布会主持人。新闻发布会一般先由主持人发布或介绍情况，然后再由主要新闻发言人详细发言。发布会的主持人常由公关部门负责人担任，一方面必须依照发布流程，把握会议进程以及现场的秩序与气氛，另一方面还必须随机应变，在尊重大家发言和提问的同时要控制好发言时间，对超出议题的提问应婉言谢绝。新闻发言人是发布现场的轴心，选择合适的新闻发言人是会议成功举办的首要条件。

（4）邀请参与者。参与者主要是指媒体记者，有时还会邀请相关的嘉宾。在对媒体发出邀请的时候要考虑到媒体的性质、分布的地域以及目标受众等要素。

（5）布置现场。新闻发布会的会场要预先准备好各种所需的视听及辅助工具，如图片、模型、幻灯、影片、录像带、摄影机等，还要布置好现场的各功能区域，如发言席、提问席及签到席，甚至连礼品的包装、背板的设计制作、现场的鲜花、电源、灯光、温度等细节都须考虑在内，逐一落实。

（6）彩排。发布会召开前的彩排是为了进一步熟悉流程并发现不足之处，对于新闻发言人而言，彩排有助于发现准备中的漏洞并加以完善，以便发布现场能够应付自如。

2. 新闻发言人

正如我国前国务院新闻办公室主任赵启正所说："新闻发言人不是人，而是一种制度。"这是因为新闻发言人发表的并不是他们个人的思想，而是代表组织的立场，是组织与公众的沟通桥梁，他是代表国家、政党、企业、社会团体或个人向媒体和公众发布信息的专业人士。新闻发言人的职责是在一定时间内就某一重大事件或时局的问题，举行新闻发布会或约见个别记者，发布有关新闻或阐述本部门的观点立场，并代表有关部门回答记者提问。[①]

西方的新闻发言人制度是从 20 世纪 60 年代起开始普及的，尤其随着电视的广泛使用，发言人的面孔开始频繁地出现在公众面前并引起了公众的关注。我国早在 20 世纪五六十年代就开展了新闻发布工作，1983 年正式宣布我国建立新闻发言人制度，但这项制度在中央和地方各级政府部门得以全面的推广还是从 2003 年 SARS 危机过后开始的。截至 2004 年上半年，国务院各部委和超过 20 个省、市、自治区的政府部门都有了自己的新闻发言人。

1）新闻发言人的基本素质

（1）熟悉新闻工作。新闻发言人必须了解新闻学、传播学的相关理论，熟悉媒体的新闻工作，记者的采访技巧，并对新闻发言人的职责与作用有充分的认识。

（2）内知国情，外知世界。即要求有广阔的知识面，除了熟悉新闻学、传播学外，还应对社会学、管理学、修辞学、心理学等学科有所了解。对于政府的新闻发言人而言，还必须了解国情，洞悉外部世界的变化，尤其对自己任职领域的相关情况要十分熟悉。对于企业新闻发言人而言，对企业所处行业的基本情况的充分认识也十分必要。

（3）良好的个人修养与心理素质。新闻发言人应有良好的品德与修养，较好的心理素质与抗压能力。尤其是危机中的新闻发言人，往往可能遭受大家的质疑与攻击，这就要求在不利的舆论环境中抵制住来自于各方面的压力，继续保持冷静，理清思路，圆满地完成组织的任务。

---

① 刘建明. 宣传舆论学大辞典. 北京：经济日报出版社，1992：357.

（4）优秀的个人表达能力。新闻发言人本身从事的就是沟通性的工作，优秀的表达能力是实现有效沟通的前提。

（5）优良的分析与应变能力。发言人的工作中很重要的构成部分是代表组织回答记者的提问。我们知道，答问时所面对的问题往往是五花八门的，其中有些可以通过事先精心的准备作出预测，但预料之外的问题也随时可能出现，如果缺乏良好的分析问题的能力和应变的素质，不仅难以达到会议的目的，甚至还可能损害组织形象。

2）危机中新闻发布的技巧

（1）坦诚关爱。在新闻发布的过程中，应以坦诚、务实的态度与媒体沟通，如果组织对危机事件负有一定的责任，应勇于承认过失并真诚地道歉。诚意是沟通的基础，对危机中组织的失误矢口否认，一副高高在上、不可一世的姿态只会令人心生厌恶。关爱是指表达对危机中受到损害的组织与个人的同情与关注，在答问的过程中也表现为对媒体记者的理解与尊重。

（2）尊重事实。尊重事实与坦诚相待紧密相关，所谓尊重事实，就是尽量地以事实为依据作答，任何刻意歪曲事实、否认事实的做法都经不起时间的检验，逃不过公众的眼睛。需要注意的是，尊重事实并不是一味地罗列数据资料，而是通过比较、分析，对数据进行解释，让公众对事实有更为清晰的认识。

（3）统一口径。危机新闻发言人在发布前对主题信息必须有充分的准备与认识，尤其当危机发言人不止一位时，对主要信息的要点及程度的把握都必须统一口径，用"一个声音"说话。

（4）表明权威性。美国学者文森特·科维罗曾指出，能力与权威性在危机传播中对构建组织的公信力非常重要，这就要求新闻发布者应适度交代自己的学历、职称、职务等背景资料，体现自己的权威性或专业水平，从而提高发言的可信度，增强公众对组织的信任感。

3）新闻发言人的沟通技巧

（1）要点清晰，重点突出。不论是新闻发言人的陈述还是回答的时候都必须坚持要点清晰、重点突出的原则。尽量不要有疏漏，但也不必不停地重复。

（2）认真倾听，沉着冷静。与记者双向交流的时候要认真倾听记者的问题，如果记者的问题带有诱导性，可以请他再明确地重复一遍问题。新闻发言人最好不要重复记者的话，避免被记者带入他的逻辑中。与此同时，不论记者提出任何问题都应保持冷静，谨慎作答，避免与记者发生冲突。

（3）强调组织，淡化个人。新闻发言人时刻要记住自己是组织的代表，是代表组织与媒体及公众进行沟通的，因此，陈述的过程中应避免使用"我认为"、"我觉得"之类的字眼，使用"我们"之类的表述，能拉近与受众间的距离，更有亲和力。

（4）注意体态语言的配合。面对面的沟通不单是语言上的交流，体态语言也在不断传递着信息。有研究表明，如果一个人的语言传达的是肯定的信息，而体态语言传达的是否定的意思，如双手叉腰或用手触摸鼻子，受众通常会得出否定的答案。可见，体态语言在沟通过程中扮演着多么重要的角色。发言人在传播信息的时候要注意与受众进行眼神的交流，表情要亲切自然，举手投足应大方自信。

（5）注意回答的底线。即明确什么该说，什么不该说，这并不意味着要蓄意隐瞒事实，而是在有些情况不甚明了的时候，不便草率作答，有时问题涉及企业机密、国家安全等方面，也不可随意作答。

（6）少用专业术语。发言人传达的信息必须易于理解，频繁使用专业术语只会将问题复杂化。美国研究学者常说发布的信息应该是"六年级水平的信息"，即小学文化程度的人理解起来都不会有任何困难。

（7）忌主观臆断与推测。即避免讨论任何假设性的问题，譬如"最坏的情况是怎样"、"如果你是他会如何"等，主观的推测与假设只会使发言者陷于被动。

（8）忌随意承诺。发言人有时会通过承诺来树立公众对组织的信心，但随意的承诺通常对组织有害无益，特别是当由于种种原因承诺无法兑现时，组织可能面临更大的舆论压力，甚至引起信任危机。

（9）忌无可奉告。研究表明，有 65% 的利益相关者在听到"无可奉告"后，会认为组织已经"认罪"，而且，"无可奉告"与消极、沉默无异，易使组织丧失话语权，陷于被动。[①] 新闻发言人在面对敏感或棘手问题时，应采取灵活的策略，可以说"我现在不了解，等了解之后告诉您"，或者"我不了解此事，建议您去找谁"，而不是用"无可奉告"搪塞。

案例直击

刘翔退赛——飞人之痛，企业之痛

涉及企业：

这类案例现在也十分多见，是由名人代言引起的企业危机，但是它涉及

---

① 胡百精.危机传播管理.北京：中国传媒大学出版社，2005：183.

的企业十分广泛，不止一家，并且都是很有影响力的企业，这是它的特别之处。这就是 2008 年奥运会上最受瞩目的事件之一——飞人刘翔的退赛。下面我们来看看企业是怎样卷入这场突如其来的危机，并且各自又是如何应对的。

事件回放：

2008 年 8 月 18 日，"中国飞人"刘翔因伤憾别第 29 届北京奥运会。刘翔的因伤退赛震惊了鸟巢，也震惊了所有的观众，当然，也震惊了那些押宝刘翔的赞助商。争议四起，有支持有反对。刘翔在 2007 年代言了 14 个品牌：安利纽崔莱、VISA、伊利、耐克、交通银行、联想、中国邮政、元太、奥康、杉杉、双钱、升达、白沙、中国移动。2008 年，又增加了平安保险、凯迪拉克等重量级的企业和品牌。较为保守的估计，这些代言活动涉及的广告投放将超过 5 亿元。据悉，刘翔代言的多个品牌巨头在此之前已经制作了大量的广告，计划从 8 月 18 日刘翔首次参加比赛时开始投放，涉及电视、报纸、户外广告、互联网等媒体平台。但在刘翔退赛后，这些赞助商的营销计划将受到影响。业内人士估计，此番退赛，刘翔的个人损失将超过 1 亿元，而赞助企业将减收超过 30 亿元。

刘翔赞助商们的应对：

可口可乐公司公共事务及传讯部相关负责人赵彦红表示，对于刘翔的意外受伤，公司感觉挺惋惜的，公司总裁也去信慰问，可口可乐与刘翔的合作计划和宣传方案将一如既往、不会改变。赵彦红说，"因为伤势严重不能参加比赛也是可以理解的，可口可乐公司总裁在刘翔受伤后第一时间发去了慰问信。"

VISA 在第一时间作出了官方的回应，"今天的消息对刘翔本人是个遗憾，VISA 对此深表同情。我们衷心希望他能够早日康复。刘翔在雅典奥运会上取得的辉煌成就是不可磨灭的，他将永远是人们心目中的中国优秀运动员的代表，也将永远是 VISA 的朋友。"而 VISA 的广告也做了更换，奥运前期播放的是刘翔采访姚明的广告，很巧妙地让两个体育明星在一个广告里为 VISA 宣传。但之后这则广告没有再播出，代之以其他广告。而 VISA 为奥运准备的广告是"刷新梦想，12 秒 88"，该事件之后，这样的词汇显然不合时宜。

伊利方面则表示，广告计划会不会调整，现在还不清楚，"即便刘翔退出，我们的牛奶还照样卖。"关于刘翔退出比赛，伊利公告表示：第一，我们都很关心刘翔的伤情，希望他能迅速康复，走出伤痛的阴影，祝福刘翔；第二，大家都看到，刘翔比别人都更痛苦，我们知道，刘翔能够带伤坚持到现在，其实已经付出了艰辛的努力，他非常不容易，感谢刘翔；第三，不是因为刘翔能拿金牌，我们才选择他作为代言人，所以伊利将会一如既往地支持刘翔，支持中国体育。我们相信，北京不是终点，刘翔一定能尽快回到跑道上。之前发布的有刘翔、郭晶晶等的广告，事后，广告里已经不见刘翔的身影。

而联想方面的回应则表明，公司准备作出调整。8 月 18 日晚上，联想与刘翔合作的一款笔记本广告已经撤销。而中国移动则表示，刘翔与他们签约的广告都已过期，目前没有任何广告是用刘翔的。

面对刘翔的退赛，主要的广告商都采取了积极的措施，因为危机公关比"唉声叹气"更重要。

中国平安、伊利、可口可乐、VISA 等多家公司已表态不会改变与刘翔的合作。虽然刘翔当时不能继续参加奥运会了，但是如果此时就宣布停止合作，无疑会使人们觉得这个品牌"落井下石"，但更为重要的是，在他们的眼中，刘翔依然是"潜力股"。但不管怎样，面对刘翔退赛，确实给企业危机公关上了一课。

技艺精湛，相貌英俊，而且没有丑闻，体育明星的领导能力、可信度，以及对话的能力，这无疑是刘翔成为众多广告商追捧对象的重要要素。即使刘翔不是北京奥运会冠军，也仍然是中国人的骄傲。作为广告商来说，他们看重的是刘翔的良好形象，更是其未来能够重新站在赛场上，继续为中国争光。

在这次危机中，有两大品牌的做法比较引人注意，这就是耐克和联想的危机公关策略。

耐克公司发表官方声明："刘翔一直是中国最杰出的田径运动员。耐克为能与刘翔紧密合作而感到自豪。在此时，我们理解他的感受，并期待他伤愈复出。"耐克在广告投放上，更换了平面广告，以刘翔退赛为题材，主题为"爱运动，即使它伤了你的心"的平面广告伴随着各报社"刘翔退赛"的头条消息，出现在华东、华南、华北各地区的主要都市报的头版位置。8 月 19 日新版刘翔广告在各大平面以及网络媒体进行投放。

而联想集团则表示"合同期满是否继续有待评估"。在广告投放上，联想将投放在电视媒体以及地铁站中由刘翔代言的联想笔记本电脑广告，全部都撤下了。

专家点评：

第一，要时刻保持危机意识。

企业面临的危机常常都是突如其来的，这是因为危机有突发性。企业面临的市场环境越来越复杂，这样不可预知的因素也是越来越多，只要遇见合适的机会，就会借机爆发出来。这就是为什么要时刻保持危机意识的原因。

面对突发事件，商家的经验和教训最重要。在突发事件发生的第一时间内控制住局势，然后通过一系列措施，让局势朝自己设定好的方向转化，这要求企业本身要有良好的危机管理应对机制，没有平时扎实的工作积累和主动筹备，面对突发事件就绝不可能有训练有素的表现。

第二，要学会巧妙地应对危机，变"危"为"机"。

面对这次的刘翔退赛突发危机，负面影响是不可回避的，这个时候耐克的顺势而为大大增加了人们的好感度，不能不说是高明的一招。而联想的表现则青涩很多。我们希望中国的品牌能从中学到更多的应对经验，在以后的危机中更好地处理事件。

资料来源：奇酷网络社区研究机构. 刘翔退赛的网络社区关注与品牌口碑分析. 中国广告，2008（11）. 以及"网易2008奥运报道".

复习思考题

1. 消费者态度的形成具有哪些特点？
2. 影响消费者态度改变的因素有哪些？
3. 如何认识危机状态下的消费者心理？
4. 什么是心理危机？危机状态下的社会心理问题主要包括哪些方面？
5. 政府对企业的危机管理的意义主要体现在哪些方面？
6. 结合实例谈谈企业应该如何进行政府公关。
7. 危机中为什么必须注重对媒体的管理？
8. 新闻发布会主要形式有哪些？具有哪些特点？
9. 危机新闻发言人的主要技巧有哪些？

第 7 章

因特网与危机管理

因特网概说

因特网危机

因特网在危机管理中的作用

第7章

因特网与危机管理

内容提要

（1）因特网为我们打开了通往世界的信息大门，它具有开放性、即时性、互动性、全球性、综合性等传播特征。在危机管理过程中因特网既是危机的引发器，也是组织的施压器。

（2）因特网是组织危机管理过程的重要工具，我们一方面要对因特网信息环境进行监控，另一方面，也要懂得利用因特网进行危机公关。

曾几何时，因特网对大多数人来说还是一个象征着高科技的新兴名词，如今作为迅速崛起的"第四媒体"已经走进千家万户；曾经何时，危机中只要躲过大众传媒的视线，就有了迅速解决的基础，如今几乎所有的危机中都能看到因特网的身影，甚至由因特网引发的危机也不胜枚举。因特网与危机管理有着越来越紧密的联系，它们既可以是合作者，也可以是敌对方。那么究竟如何正确认识因特网及其在危机管理中的作用呢？还是让我们先从因特网的概念说起。

7.1 因特网概说

7.1.1 因特网的定义与特性

"因特网"，来源于英文单词"Internet"，其中"因特"来自 Inter 的音译，是世界或全球的意思，"net"的意译是"网"。从字面意义来看，因特网即一个覆盖全球的计算机网络，因此也被称作"国际计算机互联网"。具体而言，因特网是采用 TCP/IP 协议的、开放的、互联的、遍及世界的大型计算机网络系统，是一个使世界上不同类型的计算机能交换各类数据的通信媒介。现实生活中，不论是用于科学研究的大型计算机、办公桌上的台式计算机，还是随身携带的笔记本计算机，都可以通过因特网连接起来。正如万维网的发明人提姆·伯纳斯－李

（Tim Berners-Lee）所说，万维网是网上信息的海洋，是人类知识的宝库。

1. 因特网的特性

（1）因特网是一个基于 TCP/TP 协议集的国际互联网络。因特网上众多不同的计算机系统都必须服从 TCP/IP 协议，该协议规定了网络上计算机之间的数据传输格式和传输方式，只有这样因特网中的计算机才能顺利、准确地进行信息共享。TCP/IP 协议是因特网的基础协议。

（2）信息传递迅速。通过互联网能即时传递信息，并极大地节省时间，提高效率。

（3）海量信息资源的共享。互联网上信息量大，信息面广，内容丰富，通过网络可以迅速、便捷地实现通信和信息交换，进行信息共享。

（4）网络用户的参与性。因特网用户不止是被动地使用网络上的信息资源，还能主动地参与信息交流。

2. 因特网的功能

因特网的功能主要体现在如下几个方面。

1）电子邮件

电子邮件（E-mail）是因特网的一个基本服务，只要对方是因特网的用户，通过电子邮件就可以方便、快捷地传递、提取信息，加入有关的公告、讨论等。电子邮件是因特网上使用最方便最广泛的网络通信和传播工具，也是备受用户欢迎的通信方式。

2）浏览检索

利用相应的软件，通过计算机屏幕可看到各种各样的信息，内容涉及军事、医疗、教育、科研、体育、音乐、美术、旅游、烹饪、游戏等方方面面，可谓应有尽有。使用此项服务时，不但可以搜索、浏览到文字信息，还可根据需要查找图片、音像等信息。

3）远程登录

远程登录是指一台计算机远程连接到另一台计算机并运行其系统的程序，是一种计算机相互联系的操作方式。远程登录可以使用户的计算机登录到世界任何一个角落的计算机中，操作并使用该计算机，它常用于各种公共和商业领域。目前，最普遍的应用是接入世界各地大学的数据库，查阅图书馆的目录。

4）大众论坛

大众论坛是一个全球范围的、全交互式的，可多向交流的个性化电子论坛，人们可以根据各自的兴趣爱好参加不同的小组讨论，提出问题或解答问题。使用该种服务，不仅不同时间、不同地点的人可以在上面交流，甚至同一时间也可以有成千上万的人直接参与交流。

5）文件传输

文件传输协议（File Transfer Protocol，FTP）是因特网传统的服务项目之一，其主要功能是将文件从一台计算机传输到另一台计算机中，用户常用这项功能将国际计算机互联网上感兴趣的信息（主要指免费的应用软件、资料、文件、图片等）复制到自己的计算机上。

6）信息服务

政府、企业、商家等单位和部门，甚至个人都可以通过 Homepage 接入国际计算机互联网发布信息。Homepage 即主页，是指个人或机构的基本信息页面，用户通过主页可以访问有关信息资源的其他页面，主页通常是用户使用 Web 浏览器程序访问因特网上任何 Web 主机所看到的第一个页面。通过主页，企业、政府等组织与个人有机会以较低的成本向国际市场发布信息，进行公关、广告、营销等活动，提高组织或个人的知名度与美誉度。此外，通过因特网还可以为公众提供各种特色的服务，如网络教育、邮电业务查询、银行业务查询、天气预报、科普信息等。

此外，随着因特网的不断发展，许多网络应用的新形式不断涌现，如电子商务、网络电话、视频会议、视频点播等。

7.1.2 因特网的发展现状与趋势

1. 因特网的发展历程

1946 年世界上第一台电子计算机"埃尼阿克"（ENIAC）问世，整台机器用了 18 000 个电子管和 86 000 个其他电子元件，有两个教室那么大，运算速度却只有每秒300 次各种运算或 5 000 次加法，耗资在 100 万美元以上，在问世之初，由于体积巨大、价格昂贵、数量极少而很难普及。早期所谓的计算机网络主要是为了解决这一矛盾而产生的，其形式是将一台计算机经过通信线路与若干台终端直接连接，这种方式也被视作最简单的局域网雏形。

计算机网络从产生到发展可以划分为如下四个阶段。①

第一阶段——20 世纪 60 年代末到 20 世纪 70 年代初为计算机网络发展的萌芽阶段。这一阶段的主要特征是：为了增加系统的计算能力和资源共享，把小型计算机连成实验性的网络。第一个远程分组交换网即 ARPANET——美国国防部

---

① http：//www. donews. com/Content/200602/7904e02fe7d94e7f8411ba93dc5b34ba. shtm.

高级研究计划局（ARPA）于 1968 年主持研制的用于支持军事研究的计算机实验网。ARPANET 建网的初衷在于帮助那些为美国军方工作的研究人员通过计算机交换信息，它的设计与实现基于这样一种主导思想：网络要能够经得住故障的考验而维持正常工作，当网络的一部分因受攻击而失去作用时，网络的其他部分仍能维持正常通信。ARPANET 第一次实现了由通信网络和资源网络复合构成计算机网络系统，标志着计算机网络的真正产生。

第二阶段——20 世纪 70 年代中后期是局域网络（LAN）发展的重要阶段，其主要特征是局域网络作为一种新型的计算机体系结构开始进入产业部门。1976 年，美国施乐公司（Xerox）的帕洛阿尔托研究中心（Palo Alto Research Center，PARC）推出以太网（Ethernet），它成功地采用了夏威夷大学 ALOHA 无线电网络系统的基本原理，使之发展成为第一个总线竞争式局域网络。1974 年，英国剑桥大学计算机研究所开发了著名的剑桥环局域网（Cambridge Ring）。这些网络的成功实现，一方面标志着局域网络的产生；另一方面，它们形成的以太网及环网对以后局域网络的发展起到了导航的作用。

第三阶段——20 世纪 80 年代是计算机局域网络的发展时期。其主要特征是：局域网络完全从硬件上实现了国际标准化组织（ISO）制定的开放系统互联通信模式协议的能力。计算机局域网及其互联产品的集成，使得局域网与局域互联、局域网与各类主机互联，以及局域网与广域网互联的技术越来越成熟。综合业务数据通信网络（ISDN）和智能化网络（IN）的发展，标志着局域网络的飞速发展。

第四阶段——20 世纪 90 年代初至今是计算机网络飞速发展的阶段，其主要特征是：计算机网络化，协同计算能力发展以及全球互联网络（Internet）的盛行。计算机的发展已经完全与网络融为一体。如今，计算机网络已经真正进入社会各行各业，为社会各行各业所采用。另外，虚拟网络 FDDI 及 ATM 技术的应用，使网络技术蓬勃发展并迅速走向市场，走进平民百姓的生活。

2. 中国互联网的发展历程

"Internet" 在中国称为 "中国公用计算机互联网"，英语称为 Chinanet，Chinanet 是全球 Internet 的一部分。1987 年 9 月，中国学术网（Chinese Academic Network，CANET）在北京计算机应用技术研究所内正式建成中国第一个国际互联网电子邮件节点，并于 9 月 14 日发出了中国第一封电子邮件："Across the Great Wall we can reach every corner in the world. （越过长城，走向世界）"，揭开了中国人使用互联网的序幕。

互联网在中国的发展历程大致可划分为三个阶段。

第一阶段是研究试验阶段（1987—1993年）。在此期间中国一些科研部门和高等院校开始研究互联网技术，并开展了科研课题和科技合作工作，然而这个阶段的网络应用仅限于小范围内的电子邮件服务。

第二阶段是起步阶段（1994—1996年）。1994年4月，中关村地区教育与科研示范网络工程进入Internet，从此中国被国际上正式承认为有Internet的国家。此后Chinanet、CERnet、CSTnet等多个Internet网络项目陆续在全国范围内启动，Internet开始进入人们的生活并得到了迅猛的发展，至1996年底，中国Internet用户数已达20万。

第三阶段是快速发展阶段（1997年至今）。1997年以后，国内Internet用户数基本保持每半年翻一番的增长速度，与此同时，互联网在各个领域的应用也不断拓展，如1998年8月，公安部正式成立公共信息网络安全监察局，负责组织实施维护计算机网络安全，打击网上犯罪；1999年1月，由中国电信和国家经贸委经济信息中心牵头、联合四十多家部委（办、局）信息主管部门倡议发起了"政府上网工程"，其主站点www.gov.cn开通试运行；1999年8月，在全国高等学校招生工作中，六个省、市的二百余所高校使用的"全国高校招生系统"在CERNET上进行第一次网络招生并获得成功。

3. 因特网发展的现状与趋势

据中国互联网络信息中心（CNNIC）提供的《第23次中国互联网络发展状况统计报告》（2009年1月），截至2008年12月31日，中国网民规模达到2.98亿人，普及率达到22.6%，超过全球平均水平，网民规模较2007年增长8 800万人，年增长率为41.9%，宽带网民规模达到2.7亿人，占网民总体的90.6%。手机上网网民规模达到11 760万人，较2007年增长了133%。可见，中国网民规模依然保持持续快速增长之势。

在这份最新的互联网发展状况统计报告中，以下几个数据值得关注。

（1）2008年中国的网络新闻得到快速发展，网络新闻的使用率较2007年提升了近5个百分点，网络新闻用户达到23 400万人，互联网已经成为一个不可忽视的舆论宣传阵地。

（2）作为用户自创内容的重要应用，博客自诞生以来，一直保持快速的增长势头，截至2008年底，中国博客作者已经达到16 200万人。

（3）网络游戏在各个应用中排在第六位。在中小学生的应用排序中是第三的位置，网络游戏是中小学生上网的一个重要应用。

（4）大学生使用的前四种网络应用是：网络音乐、即时通信、网络新闻、网络视频。

因特网的发展趋势主要体现在如下四个方面。

（1）网络广告性价比高。随着我国网民数逐年高速递增，网络广告因针对性强，具有互动性、连接性、多样化等特点，将日益凸显出性价比方面的优势。与此同时，由于网络空间的开放性，网络广告的真实性不断受到质疑，市场秩序相对混乱，这些都是制约网络广告健康发展的因素。

（2）手机上网的普及。截至 2008 年，使用手机上网的网民达到 1.176 亿人，较 2007 年增长一倍多，一方面是由于运营商对手机上网业务的重视，另一方面无牌照手机（一般称"山寨机"）在 2008 年发展迅速，对于移动上网的支持与低廉的购买价格，为用户手机上网提供了硬件基础。随着 3G 时代的到来，手机上网会有更快速的发展。[①]

（3）网络话语权博弈日益激烈。话语权即控制舆论的权力，话语权掌握在谁手中，决定了社会舆论的走向。网络作为新兴的媒介，其话语权的争夺日益受到重视，在《第 23 次中国互联网络发展状况统计报告》中显示，76.9% 的网民认为"上网以后，我比以前更加关注社会事件"，有 41.9% 的网民认为"互联网是我发表意见的主要渠道"，可见，互联网一方面能了解民情，汇聚民智，另一方面也是网民了解社会信息的重要途径。据此，对网络话语权的争夺对各信息源传达自己的声音有着重要的意义，网络宣传也将得到政府的支持，主流话语呈不断加强趋势。

（4）电子商务持续发展。电子商务是在因特网开放的网络环境下，买卖双方不谋面地进行各种商贸活动，实现消费者的网上购物、商户之间的网上交易和在线电子支付以及各种商务、交易、金融活动和相关的综合服务活动的一种新型的商业运营模式。电子商务以电子流代替了实物流，节约了大量人力、物力，降低了企业成本，并突破了时间和空间的限制，大大提高了运营效率。更重要的是，对于中小企业而言，电子商务使企业可以以相近的成本进入全球市场，获得与大企业同样丰富的信息资源，有助于提高中小企业的竞争能力，尤其在金融危机的背景下，电子商务无疑成为中小企业理想的选择。

7.1.3　因特网传播的特征

因特网为我们打开了通往世界的信息大门，中国现代媒体委员会常务副主任

---

① 第 23 次中国互联网络发展状况统计报告.

诗兰女士认为，网络传播有三个基本的特点：全球性、交互性、超文本链接方式。她给网络传播下的定义是：以全球海量信息为背景，以海量参与者为对象，参与者同时又是信息接收与发布者并随时可以对信息作出反馈，它的文本形成与阅读是在各种文本之间的随意链接中完成的。[①] 网络是现代信息革命的产物，其传播特征主要表现在以下几个方面。

（1）开放性。因特网是一个开放的网络，人人都可自由参与，发表意见，也可以自由地搜索、查询共享信息。

（2）即时性。通过网络媒体，网络新闻记者不仅可以第一时间对突发事件进行报道，还可以进行事件现场直播。对于网民而言，可将自己的所见所闻或感受体会第一时间公布在网络上，也可通过电子邮件实现文本、图片等信息的瞬间传递。传播的即时性无疑是网络媒体的重要特征。

（3）互动性。因特网的互动性体现在两个方面：一是网民之间的互动；二是网民与网站之间的互动。从传播的角度来看，网络媒体的互动性模糊了传统媒体中信息传播者与信息接收者的角色界限，使传播的过程更多地体现为信息传播参与者之间的交流。从对信息的控制角度来看，传统媒体传播的信息往往要经过多次审核才会发布，而互联网上有大量论坛、博客、聊天室、即时通信工具等，通常瞬间就可以将信息传递，传播的内容在事前是很难进行控制的。网络传播的互动性是即时性与开放性作用的结果。

（4）全球性。全球信息化是当今世界的一个重要特点，我们知道，传统媒介的传播活动大多局限于特定的国家和地区，而因特网的产生与发展为更大范围的跨国传播甚至全球传播提供了条件。不论身处世界哪个角落，通过因特网都能获得信息与传播信息，网络为受众带来了极大的便利。网络传播的全球化有助于加深不同国家、民族、文化之间的相互沟通与理解，使许多全世界、全人类范围的问题受到人们的广泛重视，促进人类的共同发展。

（5）综合性。网络传播从传播的手段来看，体现了文字、声音、图像、视频等多媒体技术的交融与综合，实现了图文视听一体化。如网络上的广播电视节目，可以通过配备相关的图文、背景、数据等资料的链接，为受众提供立体化的信息资讯，而这些都是传统媒体很难做到的。

---

① 崛起中的中国网络媒体：现代传播评论圆桌会发言摘要 . http：//academic. mediachina. net/article. php？id＝2552，2006 年 6 月 .

7.2　因特网危机

7.2.1　因特网带来的危机

2008 年 3 月至 4 月，SACOM（大学师生监察无良企业行动）与香港大学生调查员多次前往深圳、东莞等地调查，目标即为港资工厂。此次调查中，以玖龙纸业为首的"血汗工厂"浮出水面。SACOM 是一家主要由香港地区大学师生组成的民间团体，以监察企业不当行为为己任，针对企业侵犯工人权利、安全健康、福利及尊严等行为开展倡议运动。

在这份名为《2008 年首季香港上市企业内地血汗工厂报告》的报告中，5 家企业"上榜"。女首富张茵旗下的"玖龙纸业"赫然在列，被直指为"港企之耻"。

这份报告公布之后，网络上掀起了针对玖龙纸业的强烈批评浪潮，首先各大主流网站都做了专题，对事件进行深入的报道与追踪。同时 SACOM 也在网上呼吁，要求玖龙纸业集团主席张茵立即引咎辞去"全国政协委员"职务。另外 SACOM 向玖龙纸业的主要投资人富达投资、汇丰资产管理、摩根大通等机构和个人发出呼吁，以抛出和拒绝购买玖龙纸业股票等方法，向该企业施压，直至工人工作条件得到改善。玖龙纸业危机全面爆发。[①]

如今，互联网已经成为了很多人生活中的重要组成部分，通过网络获取外界信息，进行即时通信，发表个人言论，进行娱乐游戏等应用已十分广泛，然而对于企业而言，却远没有那么美好与轻松。诚然，企业通过网络可以进行广告宣传、网络营销、电子商务，但近年来网络的兴盛带来的各种或明或暗的危机让诸多企业应接不暇，用"胆战心惊"来形容网络时代下企业的公关状态似乎并不为过。甚至有资深公关人士指出"互联网的出现导致企业品牌维护变得更加脆弱，网络让公关变得更加困难"。

博伊德·尼尔（Boyd Neil）在《因特网与危机管理》一文中指出，因特网在危机管理的过程中可以在如下三个方面发挥独特的作用：

（1）作为危机的"引发器"；

（2）被意见倡导团体用来对组织行为施加影响的一种策略；

---

① 2008 年中国十大企业网络危机事件. http：//www. chinapr. com. cn/ExpertOnLine/ShowArticle. asp？ArticleID＝31923&Page＝3.

（3）组织危机管理过程中的重要工具。

博伊德·尼尔从三个维度诠释了危机管理与因特网之间的联系，对危机管理实践具有重要的指导意义。在此，我们首先聚焦于前两点作用，关于因特网"作为组织危机管理过程中的重要工具"的作用将在下一节专门讨论。

1. 因特网——危机的引发器

将因特网视作组织危机的引发器主要可以从如下两个方面来理解。

（1）网络谣言的散播。在前文中列举了诸多因特网的特点，其中多数内容都是网络作为新兴媒介的独特优势，需要指出的是，被传播信息的"可信度"一直以来都是网络传播的致命伤。所谓"众口铄金，积毁销骨"，不论是有意还是无意，当一个人在网络上发表未经求证的言论时可能不会造成太大影响，可一旦该信息通过其他网民的点击、搜索知晓后，往往易被视作真实的信息予以转载、传播，当传播到达一定规模之后该则出现在虚拟网络上的信息似乎已经到达"由不得你不信"的地步，有时甚至会被主流媒体认为是事实而加以传播。一旦组织在此过程中没有及时进行回应或澄清，就很可能招致信任危机。这也就难怪很多企业在面对突如其来的网络危机时往往一脸无辜，除了自认倒霉、痛苦疾呼似乎也无计可施了。事实上，组织通过有效的网络信息环境监测是能最大程度地避免该类危机爆发的。

（2）网络黑客的攻击。黑客（Hacker）原意是指用斧头砍木材的工人，应用到计算机领域通常是指那些制造病毒、危及网络安全的个人行为。黑客们运用多种技术，如"拒绝服务"的网络攻击，向某些网站服务器发送大量的访问请求致使其瘫痪，或者发送邮件"炸弹"，致使邮件服务器崩溃，造成的后果十分严重。然而令人啼笑皆非的是，调查表明许多黑客攻击网站的目的仅仅是为了显示其高超的计算机技术。①

2008年5月31日下午5时05分，广西地震局值班工作人员龙某在浏览和维护该局官方网站——"广西防震减灾网"页面时，发现网站首页的横幅广告"四川汶川强烈地震悼念四川汶川大地震遇难同胞"，被篡改成了"广西近期将发生9级以上重大地震请市民尽早做好准备"，同时，网站首页左侧"为您服务"栏目中的滚动新闻，全部被篡改为一条固定信息，内容为："专家预测广西有可能在近期发生9级以上重大地震灾情。"当时正值全国抗震救灾紧要关头，为了防止黑客继续利用地震局官方网站发布虚假信息，给全社会带来负面影响，南宁网警支队立即成立了专案组，抽调精干警力投入到此案件的侦破工作中。专案组技

---

① 郭惠民．危机管理的公关之道．上海：复旦大学出版社，2006：146.

术小组发现，6月1日和2日，黑客先后3次入侵"广西防震减灾网"，对网站的数据资料进行了彻底删除。在全国6个省市网警部门的全力配合下，6月4日，专案组赶赴江苏太仓市。在当地网警部门的高效配合下，于当日对犯罪嫌疑人陈某实施了抓捕。据警方通报，陈某在2008年3月，因非法入侵太仓一所学校的网站，曾被太仓市公安局治安拘留5天。经审讯，陈某对多次非法入侵自治区地震局官方网站，修改、删除网站数据等犯罪事实供认不讳，并称这只是为了炫耀网络技术。①

这种试图挑战网站技术漏洞的过激行为严重干扰了组织的正常秩序，对组织及其各类利益相关者都产生了不同程度的影响，经常引发组织危机。该类危机的预防主要以保障与加强网站的安全性为主。

2. 因特网——组织的施压器

受众在认识到因特网传播的开放性、即时性、全球性等特点后，也会主动且有效地借助网络传播的相关特性表达自己的意见，并对目标组织施加影响。尤其对一些意见倡导团体或个人而言，因特网是用来对组织行为施加压力的重要工具。如前文中提到的SACOM通过网络向玖龙纸业施压。

广州白领林先生，在2005年5月购买了一台惠普台式电脑之后，三个月内频频死机、异常，他多次向惠普致电，并依照惠普保修卡上的"第一年上门服务"条约，希望惠普工程师上门给予检测解决问题，但惠普一再推托不肯上门，林先生无奈投诉至广州消委会，希望消委会出面协调。不料，消委会在向惠普广州分公司工作人员转达意见时，被惠普人员强硬驳回。四面碰壁的林先生在一怒之下，在自己的博客上，连续撰写《惠普无道：一名中国消费者对惠普产品的恶劣体验》、《惠普无道续：惠普请承担起勇敢抉择的责任》系列文章，这些文章被其他博客网站转载，许多受过惠普傲慢服务态度的消费者迅速跟帖并自发转载。

在短短两天之内，IT世界、天极网、太平洋电脑网、新浪、网易、中华网等重量级网站纷纷在头版或重要位置上刊出，随着话题的不断升级，许多平面媒体也开始关注此事，一场关于惠普产品的信任危机终于爆发。

在林先生两篇博客文章刊出之后，惠普开始意识到舆论危机的压力，一方面放下高傲的姿态迅速与林先生取得联系，希望私下协调解决；另一方面，罕见地撰写正式书面回应函，连续两次向全国刊出此报道的主流媒体通报事件，同时重金聘请公关公司四处活动，利用惠普强大的势力压住其他媒体对此事件的继续追踪报道。

---

① 根据新闻《黑客侵入广西地震局网站散布地震谣言被捕》整理。

无独有偶，在美国，戴尔公司因为拒绝更换或维修一个损坏了的笔记本得罪了一个名叫 Jeff Jarvis 的消费者。Jeff 是个资深媒体人，他利用自己的博客 BuzzMachine.com 连续撰写抨击戴尔的文章，经过网络的疯狂转载之后，Jeff 这些博客文章给戴尔带来了很大的负面影响。[①]

从以上案例不难看出，不仅社会团体可以通过网络向组织施压，个人通过博客的形式也可以对组织施加影响，甚至全面引爆组织危机。当然，在组织处于危机状态时，个人或团体通过因特网施加影响既可能是正面的，也可能是负面的，但通常情况下都是负面信息居多，更易吸引受众的目光。对于危机中的组织而言，做好网络信息监测工作，通过因特网及时澄清事实，发布正面信息就显得尤为重要了。

7.2.2　因特网危机的特征

（1）危机传播的范围更广，速度更快。因特网因其信息传播的交互性与即时性，使危机一旦爆发就会以难以想象的速度繁殖与蔓延，几乎可以在几秒钟之内就传遍世界各地。受众一方面在传播与复制过程中可能对信息有所删改，另一方面还可以根据自己接受到的信息通过网络自由地表达自己的观点和看法，并与他人进行交流。

（2）危机爆发的偶然性进一步增强。因特网引发的危机有时甚至连网络信息最初的传播者都会感到意外，它往往首先由个别人或群体的捕风捉影开始，进而广泛传播，最终被置于成千上万受众的目光之下接受研究与审查。例如，2005 年 4 月发生的高露洁牙膏含有致癌物事件，源于美国弗吉尼亚工学院，科研人员在《环境科学与技术》刊发的一篇论文，该论文表明高露洁牙膏含有可能致病的化学物质"三氯生"。据称，这一物质经与氯消毒的水接触后，会产生俗称"哥罗芳"的氯仿气体致癌物。这条信息最初由英国一家非主流报纸《标准晚报》报道，并没有在当地引起强烈反应。但有中国消费者通过 Google 的偶然搜索，发现了这则新闻，经过加工，成了一条爆炸性的大新闻，平面媒体迅速跟进，一时间全国上下热炒，最终迫使高露洁中国公司不得不高调回应。[②]

7.3　因特网在危机管理中的作用

因特网是组织危机管理过程中的重要工具，我们一方面要对因特网信息环境

---

① 林景新. 博客危机：没有硝烟的战争. 中国营销传播网，2006 - 04 - 12.
② 刘微. 如何看待搜索时代的博客公关. 互联网实验室网，2006 - 04 - 24.

进行监控；另一方面，也要懂得利用因特网为组织服务，进行危机公关。

7.3.1　因特网信息环境监控

因特网作为危机的"引发器"与过程中的"施压器"，对组织的危机管理产生着重要影响，如何有效地利用因特网进行危机管理，是我们在对大量的背景与现象进行观测与分析后的落脚点，毕竟，探讨解决之道才是我们的最终目的。

"良医者常治无病之病，故无病"，不论是因特网引发的危机还是其他因素引发的危机，利用因特网进行信息环境监控对危机的预防都有着重大的意义。当前的企业组织要正常地运作与发展，必须要注意到"五个安全"，即产品安全、生产安全、资金安全、网络安全与环境安全。这里的网络安全指的不仅是企业网站的安全性，更重要的是保障网络信息环境的安全。早些年前不少企业都有对传统媒体，尤其是其中的一些主流媒体的报道进行跟踪与监测，在因特网普及的今天，几乎所有的危机传播都有网络媒介的参与，网络信息环境的监控已成必需。

因特网信息环境的检测与跟踪对象主要包括：

（1）门户网站、相关专业网站、相关监督类、服务类网站；

（2）聊天室、论坛等信息交流中心；

（3）个人、企业的热点博客。

针对因特网每天都有海量新信息发布的特性，组织必须建立一套网络实时监控与警报系统，通过技术手段过滤网络信息，缩小监控范围，一旦关键监测信息出现及时向组织发出警报信号，组织在接到警报后，应立即采取相应措施，抓住有利时机遏制危机的萌动。此外，人员监测也是重要的途径。组织可以通过聘请专业公司进行网络监测，并定期向组织汇报情况，也可以通过调整与优化内部负责因特网方面工作的人员的工作内容，使他们能更有效地配合组织的网络监测工作。

网络的信息环境监控主要是用来及时发现危机的征兆或跟踪了解危机发展的状况，在找到症结后采取正确的举措，利用因特网高效地进行危机公关才是网络监控的价值所在。

7.3.2　利用因特网进行危机公关

2007 年 10 月 12 日，陕西省林业厅宣布陕西发现华南虎，并公布是在陕西安康市镇坪县城关镇文采村，村民周正龙拍摄到了一张野生华南虎的照片。该虎照的公布引来了网友质疑，被指可能是纸老虎造假。最后这张照片经多方鉴定被认定有假，相关责任人也获得了相应的处罚。"华南虎"事件再一次用不争的事实鉴证了网络的力量，为组织的网络危机公关敲响了警钟。

互联网的存在与普及几乎使企业的任何商业行为都处于公众的监控状态下，以汶川地震后的"捐款门"事件为例，网友由于不满万科的捐款数额过低，而对其广发责难，使万科陷入了一场公共信任危机；而与之相对的则是王老吉凉茶生产商广东加多宝集团，因1亿元的捐款而一夜成名，获得网民普遍赞赏，王老吉在市场上的多个销售点甚至卖到断货。

因特网的诸多特性，使其与组织的危机公关已越来越密不可分，利用因特网进行危机公关作为与公众沟通的重要手段，也不断凸显出其重要地位。然而，事实往往是，认识到问题的关键性并不难，正确恰当地处理问题才是真正的难点。以三鹿奶粉危机事件的网络公关为例，在网络危机井喷之时，各大论坛一时之间出现了大量狂打"三鹿——民族牌"的帖子，如《支持民族品牌三鹿》、《放了三鹿、放了民族品牌》、《三鹿：我是民族企业你们要我跨台吗?》《支持国货，给三鹿一次机会》，然而这一系列的努力并没有获得多大成效，反而被网友称作"假口碑之帖"。[①] 此外，危机中三鹿尝试与百度搜索引擎的"合作"也无异于掩耳盗铃，曝光后不仅形象跌至谷底，甚至还引发了百度的信任危机。

盲目的网络危机公关不仅无法使组织起死回生，甚至还可能成为组织走向末路的催化剂。那么，合理高效地利用因特网进行危机公关又需要注意哪些问题呢?

1. 处理攻击性言论

通过对因特网信息环境的有效监控，组织往往能及时发现出现在论坛、聊天室、博客、网站中的负面信息。然而，面对这些攻击性言论，组织必须首先保持冷静，对网络上的言论必须先进行客观的分析与核实。如果组织自身确实存在问题，则应马上通过恰当的渠道向公众道歉并及时处理，事实上，及时地发现并承认错误往往比较容易得到大家的谅解。可如果是一些误解或者蓄意的攻击，组织应当考虑直接与作者沟通，了解他们的信息来源或者真正的意图，通过沟通与解释尽可能地化敌为友。实践中不少操作者常曲解了"与作者沟通"的真正含义，采用威胁或物质利诱等方式进行"沟通"，往往适得其反——网上曾有网友自曝被处于危机中的某组织用物质利益交换删贴，信息公布后该组织引来众多网民的齐声责骂就是明证。有的时候，这些负面言论可能来自组织内部的员工，这一方面需要组织自身做好内部公关，加强组织的凝聚力与向心力，另一方面还应提醒

---

① 三鹿"假口碑"招数和蒙牛"危机公关"行为. 品牌中国网，2009 – 03 – 04.

员工,未经授权在网络上不能代表公司发言,以免出现不必要的麻烦。

2. 使用组织自身的网站

组织自己的官方网站就是组织对外宣传的窗口,是组织与公众沟通的重要途径,合理地利用组织自身的网站在危机中能收到良好的效果。危机状态下的组织面对人、财、物的匮乏,信息渠道的阻塞,信息内容的庞杂,要想最快最准确地发出自己的声音,使用自己的网站无疑是性价比最高的方式之一。具体的应用可以从如下几个方面着手。

首先,危机中要第一时间把组织的动态公布在网站上,不要抱有任何企图私下剿灭危机的侥幸心理,坦诚地与公众沟通,正视事实,客观地分析处理问题才是危机解决之道。美国环球航空公司 800 航班失事之后,负责波音公司网站的工作人员一度对突然剧增的访问量非常吃惊,他们从来没有考虑过访问量的增加,公众强烈要求了解波音 747 飞机的安全记录以及公司宣布飞机失事两者之间有什么联系。波音公司吸取了这个教训,此后当一架波音 737 飞机在哥伦比亚坠机之后,公司在得知这一消息的几分钟之内就把这一事故的相关信息放到公司主页上去了。[①] 危机爆发后很多网民都会主动上网搜寻信息,而公司的网站会是他们获得关键信息的重要渠道,及时地公布组织的动态和相关事实,对负面信息的蔓延能起到极大的遏制作用。

其次,利用链接的方式把与危机有关的网页连接起来。在公司的网页上将相关信息通过链接的方式连接起来,可以使公众不用费力地去四处挖掘信息,通过主动提供的方式体现出组织的坦诚。国外学者拉姆斯丁等人的相关研究表明,"两面提示"(即在提示己方观点或有利材料的同时,也以某种方式提示对立一方的观点或不利于自己的材料)由于包含着对相反观点的说明,能够使人在之后遇到对立观点的宣传时具有较强的抵抗力,就像事先接种了牛痘疫苗一样,这被称为说服的"免疫效果"。所以从劝服效果来看,这种貌似"自曝其短"的做法是有一定积极意义的。此外,将相关网页链接在一起还能向公众表明组织对危机信息掌握的全面与周详,体现组织的责任感与求实精神。

最后,利用网站的论坛、留言板等渠道及时解答公众的疑问,进一步与公众建立直接的交流。在危机中,组织应指派相关人员密切关注自己网站的留言板与论坛,对各种疑问要及时作答,切不可掉以轻心。

3. 使用电子邮件

企业或其他组织在自己的网站上、宣传册上往往会公布组织的电子邮箱,危

---

① 郭惠民. 危机管理的公关之道. 上海:复旦大学出版社,2006:158.

机中公众很有可能会选择邮件方式与组织沟通，此时，对于电子邮箱的管理便显得十分重要了。首先对公众的来信要及时回复，长时间的等待只会让公众失去耐性，进而选择更为过激的方式或言语抒发自己的情绪，结果很有可能是将危机进一步升级。其次，危机中通过寄发电子邮件的方式与一些留有联系方式资料的长期客户、消费者、公众等人联系，主动阐明事实与态度，往往能获得这些利益相关者的支持，至少使他们在接触到负面信息后不会立即倒戈相向。

4. 正确使用 SEO 搜索引擎优化

在互联网时代，一旦人们主动关注某个议题，通常的第一反应就是通过引擎搜索相关的信息，这些信息通常来自于一些论坛、新闻、博客，尽管搜索引擎在运行中会尽可能地保障信息的全面性，但对于网民而言，通过搜索引擎查询到的信息由于其排序不同往往获得不同程度的关注，而网民却常通过搜索到的信息形成自己的判断和立场。对于危机中的企业而言，一旦关于企业的负面信息较多地集中在搜索页面的前列，而相关的声明、正面信息却很难被看到时，危机就很容易进一步恶化。

SEO（Search Engine Optimization）即搜索引擎优化。我们知道，搜索引擎在搜索到所有相关资料后会进行比对和运算，然后将权重较高的网站放在网络上其他使用者在搜索时会优先看到的位置，尽可能帮助搜索者得到正确且有帮助的信息。而 SEO 便是使网站内容较容易被搜索引擎获得并接受的技术，它通过了解各类搜索引擎如何抓取互联网页面、如何进行索引以及如何确定其对某一特定关键词的搜索结果排名等技术，来对网页进行相关的优化，使其提高搜索引擎排名，进而提高网站访问量，最终提升网站的销售能力和宣传能力。

现实中很多人认为 SEO 就是做流量、做排名，这种看法显然是对 SEO 的曲解。对于组织来说，使用 SEO 比网络广告性价比更高，传播更自然，效果更好，对提升组织的知名度与美誉度也有很大的帮助。

做好网站的 SEO，对危机中的组织意义非常重大。通过排序的优化，组织更容易发出自己的声音，获得危机状态下的话语权，有效地引导网络舆论，争取到良好的信息环境。譬如，在三鹿引爆的中国乳业危机中，蒙牛就通过恰当的方式建立了自己的沟通平台：在 Google 上检索"蒙牛"，第一页第三项的搜索结果就是蒙牛老总牛根生的博客，牛根生在自己的博客中，针对部分蒙牛产品检出三聚氰胺一事，发表了"在责任面前，我们唯一的选择就是负起完全的责任"的博客文章，做了一定的辩护和承诺，从多达近 3.5 万条的读者留言来看，这样的沟通对于危机中的蒙牛起到了一定的保护作用。[①]

此外，平时做好企业的网络公关，与网络受众进行良好的沟通与互动对组织非常重要，毕竟防大于治，多方面的维系好组织的公关关系，使组织与利益相关者之间形成良性互动能极大地增强组织抗风险的能力。况且，通过回答网友提问、定期在论坛发布组织的正面信息等方式使组织的网络公关具有一定的连续性，进而获得累积效应，一旦危机爆发，就能在一定程度上避免搜索引擎上只有负面信息的被动局面。

国外学者博伊德·尼尔（Boyd Neil）认为一个企业或其他社会组织是否准备好在危机中运用因特网的标准应该包括以下九项：

（1）在危机传播手册中拟订了因特网的使用计划；

（2）有一套在危机期间运用企业局域网进行虚拟指挥的行动方案，以使危机处理小组成员、高层管理人员和其他员工及时了解危机处理的进程和措施；

（3）定期检测网上新闻报道、聊天室、行动主义者团体的网站和其他的网上在线新闻服务项目；

（4）危机处理小组中有一位信息技术人员或网络专家；

（5）熟悉网上议题或谣言形成、发展的规律；

（6）进行向企业网站上传和转发相关文件、图片和其他声像资料的专业演练；

（7）考虑建设随时可投入运用的企业快速反应网站，并准备相关声明、企业背景资料、企业事实专页和媒体联络名录等资料；

（8）准备在危机期间通过网站发布相关声明、常见问题答疑、领导人讲话和图片，以与公众及媒体进行紧密沟通；

（9）建立核心媒体和利益相关公众的联络资料库，保证在危机期间能够迅速地向他们传递相关信息。

案例直击

百度的 2008 之痛

企业介绍：

提到大名鼎鼎的搜索引擎"百度"，估计中国的网民没有几个不知道的。这

[①]　http：//www.brandcn.com/yingxiao/gongguan/200903/177154.html.

个于 2000 年 1 月创立于北京中关村，创始人为李彦宏、徐勇的搜索引擎目前是全球最大的中文网站和最大的中文搜索引擎。在 2008 年 9 月 19 日正望咨询公司发布的《2008 年中国搜索引擎用户、市场调查报告》称，在京沪穗等一类城市中，百度的市场份额为 60.9%，遥遥领先于其他对手，在坊间也一直有"内事不决问老婆，外事不决问百度"的戏言，虽然只是戏言，但是百度的地位从中略见一斑。但是百度在 2008 年却陷入一桩丑闻之中，一时之间舆论沸沸扬扬，对于百度的形象也造成了损伤。

事件回放：

危机起因：

2008 年 11 月 15、16 日，央视《新闻 30 分》连续两天报道百度的竞价排名黑幕，百度竞价排名被指过多地人工干涉搜索结果，引发垃圾信息，涉及恶意屏蔽，被指为"勒索营销"，并引发了公众对其信息公平性与商业道德的质疑。

在过去数年中，百度一直自称"更懂中文"，获得了中国网民的青睐。这家公司因为其搜索引擎的竞价排名在市场上收入丰厚，获得了长足的进步，不过，这种赢利模式正在受到越来越多的质疑。这次将其带入舆论漩涡的同样是竞价排名。

先是有人指出在三鹿事件中，百度收受了三鹿 300 万元封口费，屏蔽了对三鹿的不利消息，尽管百度一再声明否认，但仍然打消不了网民心中的疑虑。此次再次将百度拉入风口浪尖的是河北省唐山市一家名为人人信息服务有限公司的企业，该公司与百度陷入竞价纠纷。近日，央视接连两天对百度竞价排名的弊端进行了报道，百度的媒体形象一度跌入低谷。

百度深陷舆论漩涡时，其竞争对手纷纷发表议论。11 月 13 日，在由中国互联网协会召开的"搜索——未来"互联网主题论坛上，谷歌中国区总裁李开复表示，"Google 中国不会人为干预搜索结果，除非有非法内容出现，客户付钱 Google 中国也不会删除搜索结果或增加搜索结果。"向来声明不对竞争对手发表议论的谷歌发表了针锋相对的言论。17 日谷歌中国工程研究院副院长刘骏驳斥百度关于"垃圾信息是搜索不公正主要原因"的论调说，"在搜索结果中按照广告价码高低来排序的方式，违背了搜索公正性的根本。"

在这次危机事件中，百度的表现还是十分中肯的，为迅速地平定危机也起了很大的作用。

百度在应对危机的时候采取了三步走的策略。

第一步，召开紧急会议，迅速处理央视曝光事件。

据报道称，央视周六曝光后，下午百度就召开会议作出决定："没有医药许可证的网站将在 18 日全部下线，等医药用户提供正规医药许可证后，并通过百度总部严格审查后方可上线。" 11 月 18 日，百度 CEO 李彦宏就"竞价排名"问题首度发表公开信，李彦宏在信中说，近一段时间百度所呈现的问题伤害了广大的百度用户和竞价排名客户的感情，并表示"知错能改，善莫大焉"。

第二步，按照严重程度，先后批量删除相关广告内容。

要求员工批量删除被曝光的竞价排名广告，首先删除央视曝光的关键词，然后处理其他网站。"百度各分公司运营部门员工被要求在周一早上 8 点提前到公司处理不合格医药网站的关键词下线工作"。

第三步，迅速处理当事人。

对央视曝光的相关营销人员作出迅速的处理。另一条消息称："涉嫌违规操作竞价排名的相关业务责任人，也将受到百度内部的处理。"

面对此次危机，百度在第一时间迅速行动，没有顾左右而言他，而是直接就事件暴露的问题进行了处理，这在危机的平息中起到了很大的作用。

从李彦宏在央视曝光排名内幕后给员工的邮件中可以看出，百度的态度还是比较负责任的，对用户负责其实恰恰是对百度自己负责。

专家点评：

百度在这次危机中的表现还是值得肯定的。

第一，应对的态度十分正确。

面对主流媒体的批判，百度骤然间暴露在闪光灯下。没有采取拖延的办法，没有采用鸵鸟战术，而是立即高度重视，当然这与央视的大牌也是离不开的。面对批评，百度首先从审视自身开始，迅速成立由最高层领导组成的专门的危机处理小组，CEO 李彦宏在事情发生以后迅速作出回应，首先向广大用户诚恳地道歉，避免了百度陷入被动的境地。

第二，事件的妥善处理。

针对事件的起因作出了及时的调整及弥补措施，并处理相关人员。毕竟有问题还是要解决的，众目睽睽之下，一定要找出责任人来，给公众一个说法，才能令公众满意。百度的做法给人的感觉是态度十分诚恳，解决措施也很令人满意。因此，这场危机终于平安度过。

资料来源：部分来源于《2008 企业经典危机事件回顾与点评》，中国管理传播网，2009 - 01 - 08.

复习思考题

1. 结合实际谈谈未来因特网的发展趋势有哪些?

2. 因特网传播具有哪些特征?

3. 如何理解因特网是"组织的施压器"?

4. 因特网引发的危机通常具有哪些特征?

5. 如何进行因特网的信息环境监控?

6. 合理高效地利用因特网进行危机公关需要注意哪些问题?

第 8 章

危机管理中的组织领导战略

第 8 章

危机管理中的组织领导战略

内容提要

（1）在危机管理的过程中，组织内部应该有制度化、系统化的业务流程和组织机构。根据实际需要，可以组建几个相互关联而又独立运行的子团队，包括问题管理小组、危机管理指导小组、危机应对处理小组和危机公关传播小组。

（2）危机管理小组应该是一个相对动态的团队，其构成主要包括如下几类人员：组织的核心领导者，危机涉及的相关人员，公关、律师等专业人员，财务主管，新闻发言人。

（3）目前较常见的管理组织模式有事故控制体系（ICS）和标准化紧急管理体系（SEMS），两个体系都在处理自然灾害中得到了检验，但也都有各自的不足之处。鉴于此，一个能够支持大型社团和缺乏弹性的工商业危机的结构——危机管理框架结构（CMSS）被提出。

危机管理的重要职能之一就是组织和领导职能。任何组织的决策与计划都必须通过人的努力而实现，成立危机管理小组，建立合理的危机管理组织模式，打造强有力的领导核心对危机处理都具有重要意义。

8.1　危机管理的组织领导体系

危机管理是与企业管理的全面战略分不开的。我们把有效的危机管理分为三个层次。最低级的层次是正确地应对和处理危机。当危机发生时，能够冷静思考，正确应对，解决危机。可是，危机的爆发毕竟是会造成损失的，即使处理得当，也只能是减少损失，而不能彻底避免损失。第二个层次是化解危机，就是在危机爆发之前，于其尚在胚胎中将其化解。这等武功需要修炼的时间就要长得多，而且要有运行良好的日常工作的监督和反馈机制。任何危机的爆发，都有其酝酿的过程，处理得当，则可以事半功倍地化解危机。比如，核心人才的流失，一定是他对工作的环境、待遇，或公司的发展战略感到不满意或不适应，而这些都是会通过平时的工作表现出来的。产品设计或生产质量的问题，在平时的检验和用户的反馈里是可以得到一些信息的。信息不是简单的数据罗列，而是需要把数据进行去伪存真的加工计算，才能得到有效的信息，为化解危机提供帮助。最高的一个层次，则是真正的高手之道，那就是利用危机，甚至制造危机，为我所用。① 如何达到有效危机管理的最高层次，则需要一个强有力的组织领导体系。在下面的三个小节中，我们将从介绍危机管理总体框架开始，介绍危机管理组织领导系统的构成和危机管理组织领导系统的作用，阐述危机管理的组织领导体系的基本架构。

8.1.1　危理管理总体框架

在过去的 15 年里，随着危机管理逐渐成为备受重视的领域，西方学术界就危机的战略管理也提出了一系列思路、模型。的确，从战略的高度来审视危机是十分必要的，仅仅停留在应急管理层面上的危机管理远远不够。在对全球工业500 强的董事长和总经理的调查中，发现这些企业被危机困扰的时间，平均为8.5 周，没有应变计划的公司，要比有应变计划的公司长 2.5 倍。危机后遗症的波及时间平均为 8 周，没有应变计划的公司也比有应变计划的公司长 2.5 倍。事实上，有无正式的危机管理计划已成为评价一个企业管理水平的标准，缺少危机管理计划的企业通常被认为其发展不稳定，风险也比其他制订了危机管理计划的企业大。

1. 危机管理机构

对于危机的管理，不同企业有不同的机构安排参与。对于一些实力雄厚的大企业，往往设有专门的公共关系部门，危机管理则是该部门的一项重要管理议程。随着世界整体商业竞争环境的愈加激烈化及全球经济危机的周期越来越短，越来越多的大企业甚至专门设立危机管理小组，相对于公共关系部门而言，其权职分配更加明确具体和有针对性。而相对地，一些受到财力、人力资源限制的小企业，将其管理系统的中心置于营销、物流等环节，对危机管理持有则处理、无则不加重点防范的态度，将危机管理的功能交与外部咨询公司，待到危机发生后再移交具体企业内部相应部门进行障碍处理。

---

① 危机管理　兵法之道．中国经营报，2005 - 11 - 04．

一方面，在企业内部建立危机管理部门，有其独到的管理优势。

（1）作为企业团队的一部分，危机管理部门，往往是公共关系部门，与企业管理者有十分亲密的工作关系和接触机会，不仅利于危机管理得到管理高层的足够重视，也利于危机处理的执行效率的提高。

（2）作为企业团队的一部分，该部门对组织各方面的了解，无论是人力系统、企业文化还是企业历史等各方面，都更细致全面，这对于危机应对计划的制订和执行效率的提高，都有重要作用。

（3）作为企业团队的一部分，从内部进行危机管理，无论在边际成本还是项目启动成本的开支方面，相对外部团队，都能节省更多，这对整个企业系统而言，也能大大提高运作效率且有利于资源优化配置。

（4）作为企业团队的一部分，危机管理部门与其他企业管理部门有许多的合作经验和日常接触，在危机管理过程中，可以更快速地得到同事部门的协助，能大大提高危机应对的效率。

另一方面，建立企业内部的危机管理部门，也有其局限和不利之处。

（1）作为企业团队的一部分，内部危机管理部门在对危机发展趋势作评估时（这是危机管理的一个重要思维手段），容易丧失客观性，且易被企业其他部门的危机评判观点同化或者折中化。

（2）作为企业团队的一部分，内部危机管理部门与企业整体功能系统的支配和从属关系，可能使其判断丧失独立性。

（3）由于危机管理并非一项日常管理，在企业内部设立专门的危机管理部门，不仅有浪费组织资源之嫌，更有角色混乱设置之虞；但若将危机管理纳入如公共关系部门的权责范围之内，又可能混入其日常议程之内，导致危机管理得不到足够重视而错过最佳处理时机。

相对应地，邀请外部机构协助企业进行危机管理，制订危机处理计划和参与执行等，也有其利弊。除了对应以上在企业内部设立危机管理部门的优势和劣势，借助外部协助还有其他一些重要原因。

（1）由于危机的演变和发展往往难以预料，所以对危机的管理需要相当的能力要求，而外部机构对危机管理的丰富经验，保证了其对不同类型、不同严重程度和处于不同生命周期的危机的应对，有相当的管理水平。同时，充足经验能保证正确和及时的处理，这在危机管理中至关重要。

（2）外部的危机管理机构，在最小程度上动用了企业系统的人力资源以及时间成本、精力成本等，在最小程度上影响了整体系统的运行，只需相应部门的配合和实施改进，是对组织资源的最优化使用，有利于整体系统的高效运行。

（3）作为独立于企业系统之外的一个职能管理机构，外部危机管理小组对危机情势和应对策略的判断，能做到较好的独立性、客观性和公正性保证。

2. 危机管理框架

以前，人们总是在危机发生时建立一个危机管理小组来协调和控制危机及其产生的影响，但这种小组是临时组建的，不具备行使一些特定任务所必备的各种技能，同时挑选小组成员也要花费很多时间。例如，在大兴安岭森林火灾中，危机处理领导系统是临时组建的，其弊端在于防火指挥部归属地方政府，森林警察隶属武警部队，空降灭火队则属于东北航空护林局，三足鼎立，三家各自为政，很难形成一个团结统一的战斗整体，从而造成指挥不力、乱而无序的后果，这是事先没有制订危机处理计划，更没有规定组织领导系统的教训。

危机爆发时，怎样把各种人员组织起来，是危机处理计划首先要明确的内容。确切地说，危机管理的团队建设应是一项组织的日常议程，因为危机的潜伏性和突发性，容不得团队构建的匆忙和混乱。事实上，无论是理论研究者，还是实际操作人员，都认为危机管理需要通过一个核心来执行（通常是一个危机管理者或事件主管），而当某一事件规模很大或影响较广时，他们都同意建立一个危机管理小组来协调或控制危机及其产生的影响。

因此，我们需要在危机发生前就尝试建立危机管理组织结构框架。

在进行组织设计时，必须考虑到以下几个问题。

一是确保组织内信息通道畅通无阻。即企业内任何信息均可通过组织内适当的程序和渠道传递到合适的管理层级和人员。

二是确保组织内信息得到及时的反馈。即传递到组织各部门和人员处的信息必须得到及时的反应或回应。

三是确保组织内各个部门和人员责任清晰、权利明确。即不至于发生相互推诿或争相处理的情况。

四是确保组织内部有危机反应机构和专门的授权，即组织内须设非常设的危机处理机构并授予其在危机处理中的特殊权力。如此一来，组织内信息通畅，权责清晰，随时准备着处理出现的各类危机，只有这样才能不打无准备之仗。

在危机管理过程中，根据实际需要，可以组建几个相互关联而又独立运行的子团队，包括问题管理小组、危机管理指导小组、危机应对处理小组和危机公关传播小组。

1）问题管理小组

问题管理小组，主要负责对任何组织系统障碍问题的处理。对可能转化为危机的危机前兆问题，一方面试图尽早防范以扼杀其于萌芽之中，另一方面，即便无法挽回其演变为危机的大势，也要通过在危机潜伏期的肇始阶段的及早应对，将日后的危机的影响范围和严重程度降到最低。对其他各种不太会转为危机的低风险的组织系统障碍问题，不断积累的管理经验有助于防范在同一个问题发端处，不会有由问题演变而成的危机产生。毕竟，太多的系统问题，也会耗费企业的精力和各种人力、财力、时间等各方面的成本。

需要特别指出的是，问题演化为危机的可能性大小，基于问题管理小组对问题的判断。换言之，危机的防范，即高风险问题的控制，从问题管理小组开始。

2）危机管理指导小组

该指导小组主要由企业的董事会成员和各管理部门负责人组成，其职责是从战略层面进行危机管理动向的把握：

（1）保证组织业务的正常运转、原料和产品供应；

（2）紧急情况预算审核；

（3）与企业海外总部、政府机构及其他重要社会慈善团体等进行高层沟通；

（4）确定面向机构投资者、媒体、消费者、员工以及其他利益相关群体所需传播的信息内容和表达方式；

（5）明确保险政策，与法律顾问沟通，决定特别抚恤金的支付；

（6）跟踪公众反应走向，准备好探视利益受损对象；

（7）参与和审核危机管理的各项指标与参数制定；

（8）确立对在危机管理的整个过程中，表现积极并极大地提高危机应对和解决效率的个人或团体的激励和奖励制度；

（9）最重要的一点，保证企业的最高层领导——董事长或总裁或首席执行官等，了解危机管理情况的总体进展，并且尽快在公关人员的陪同下赶赴危机现场，启动媒体沟通程序。

3）危机应对处理小组

如果说危机管理指导小组是在战略上对危机进行控制，危机应对处理小组就是在战术和策略上，挑战危机的第一阵线。危机管理指导小组和危机应对处理小组互不干涉，但前者往往运筹帷幄，后者则扮演决胜千里之外的角色。此外，为了保证管理指导小组对事态发展的了然，应对处理小组中需安排专人负责这项权责事宜，同样，核心的指导小组也应该给危机应对处理小组及时提供战略决策和策略建议，并尽快批准紧急开支预算。

另外，危机的管理指导小组和应对处理小组都需要一个专门的"指挥中心"。

4）危机公关传播小组

在危机的整个管理过程中，传播沟通十分重要。在危机生命周期的不同发展阶段，在企业的组织内部和组织外部传播中，危机的公关传播需要掌握不同的战略要点和策略要素。在危机的潜伏阶段，对组织外部公众的传播，要适当但未必需要完全透明化，保持组织内部的信息流通顺畅，尽最大努力将危机在肇始阶段化解，注意和相关利益群体的公关沟通，以在无形中引导组织外部环境向着对解决危机有利的方面发展。在危机爆发和逐步得到解决的危机生命周期中后阶段，沟通传播的原则又有所不同。迈克尔·里杰斯特在《危机公关》一书中，提出了著名的"3T"原则：Tell it your own（以我为主提供情况）；Tell it fast（尽快提供情况）；Tell it all（提供全部情况）。"3T"原则是对西方国家危机传播的经验总结，具有一定的指导意义，这也正是适用于该阶段的公关传播原则。关于危机沟通这一重要内容，将在本书第 11 章专门讨论。

需要指出的是，在实际操作中，危机管理机构的以上几方面设置——主要从功能来划分，有互相重叠的情况，比如，许多企业将公关传播小组并入危机处理应对小组，或者，管理指导小组也是危机处理应对小组的一部分。但总体而言，以上的危机管理子系统划分，是从危机管理的核心要素出发，体现的是其在操作中需要牢牢掌控的核心任务。

在迈克尔·雷吉斯特（Michael Regester）和朱蒂·拉尔金（Judy Larkin）的《风险问题与危机管理》（*Risk Issues and Crisis Management*）一书中，作者就勾画出了危机管理机构的经典设置，如图 8-1 所示。

结合本书对危机管理机构设立的新框架，又可得出这样一个模式图（见图 8-2）。

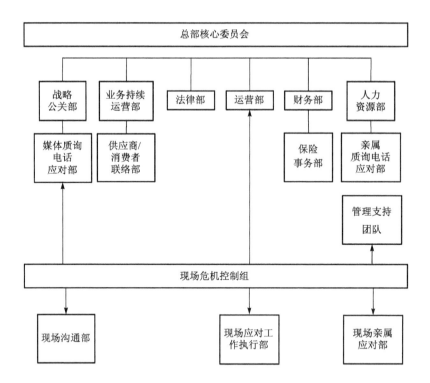

图 8 - 1 危机团队的责任和互动①

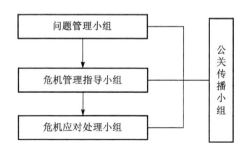

图 8 - 2 危机管理机构设立框架

8.1.2 危机管理组织领导系统的构成

1. 危机管理的参与人员

危机管理组织领导系统是危机处理组织的核心。基于危机类型的不同，组织领导系统的人员构成也往往不同。技术开发危机需要专业的技术开发人员，财务

---

① 迈克尔·雷吉斯特，朱蒂·拉尔金. 风险问题与危机管理. 谢新洲，译. 北京：北京大学出版社，2005：179.

危机需要财务专家，人事危机需要有经验的人事工作者。总之，应当根据不同的危机，灵活而定。例如，美国航空业的危机处理计划中，危机处理领导系统的负责人主要来自系统运行控制部门，其他人员分别来自公司的公共关系部门、飞行运行部门、飞行安全部门、保密部门、飞行员工的所属部门、销售/乘客服务部门和医疗部门等。根据不同情况，其他参加领导小组的人员可能来自食品供应部门、人事部门、内部通信部门、财务部门，美国国务院的代表也可能在必要的时候参加进来。再如我国铁道部《铁路行车事故处理规则》中规定："重大、大事故发生后，在铁路局、分局事故调查处理委员会到达现场前，由分局指定的车站会同有关单位组成事故现场临时调查处理小组。"临时调查小组成员包括铁路分局局长或副局长、安全监察室主任、有关科长和公安分局局（处）长。

此外，危机管理领导系统的组成人员不是固定的，在一场长时间的危机中，会发生人员更替，更优秀的人员会换下其部门那些不合格的代表。

鉴于危机管理组织领导系统的重要性，许多专家都对其构成进行了专门研究，以下是其中三种代表性观点。

美国危机管理专家迈耶（Meyer）和霍勒萨（Holusha）（1986 年）较青睐由首席执行官或企业高级管理者领导的特别行动小组，因为它具有较强的灵活性。他们认为在危机期间，领导系统成员应放弃自己的工作与生活，这能在危机后得到补偿。迈耶和霍勒萨认为系统成员应由以下人员组成：

（1）公司中能承担压力的、富有创造力的高级管理人员；

（2）非常熟悉组织运作、学识博大精深的人员；

（3）资深或实权在握的领导者；

（4）熟悉公司运作的外部人员。

巴顿（Barton）（1993 年）从功能定位角度出发，进一步明确了人员的组成结构：

（1）一位律师；

（2）一位公关人员；

（3）数位技术专家；

（4）一位财务官员；

（5）一位主管通信的经理；

（6）一位公共事务专家；

（7）首席执行官或其代表。

英国公共关系专家里杰斯从危机管理组织领导系统的类型出发，提出了小组成员的构成特征。

（1）"创意"者——有创造力，经常提出新的思路和建议。有些创意可能稍显牵强，但有些的确有巨大价值。团队领导应有能力筛选出可行的建议，抛弃不现实的内容，但同时又不应给创意泼冷水。

（2）沟通者——帮助在团队内外实现顺畅的信息流动（不一定就是团队领导，虽然领导者也必须具备极强的沟通能力）。

（3）颠覆者——魔鬼的使者。总是喜欢挑出每一个创意或解决方案的弱点，但观察和分析能力往往也较强。

（4）记录员——爱干净、爱整洁，希望把日志和记录规整到最佳状态。这一位置看似比决策者的位置更舒服，但它绝对是至关重要的。尤其在复杂的危机管理过程中对信息的整合，条理清晰的信息利于决策者进行行动规划。

（5）人本主义者——以人为导向，其方案总是关注问题涉及人的一方面。这个团队角色在危机进入白热化发展阶段时，是重要的力量。

如前文所述，由于组织危机类型的不同，对组织领导系统的人员构成有不同的要求，我们认为危机管理小组应该是一个相对动态的团队，其构成主要应包括如下几类人员。

（1）组织的核心领导者。组织的核心领导者的加入有助于鼓舞士气、协调各种矛盾，作出权威的决策，并使各项决策得到最彻底、最坚决的执行。危机管理团队如果缺乏组织核心领导者的加入，必然会大大降低危机管理的效率。当然，组织领导者的自身素质与能力也非常重要。

（2）危机涉及的相关人员。危机涉及的领域不同，危机管理小组的构成也应有所区别，因时因地制宜，保持危机管理小组一定的流动性是危机管理的客观要求。这里所指的危机涉及的相关人员可以从两个方面来理解：一方面是危机所涉及领域的相关人员，譬如，企业爆发质量危机，相关的质检部门、生产部门的有关人员就应被吸纳进去；另一方面是危机所涉及地域的相关人员，也就是说，危机在哪里爆发，当地组织的有关管理、服务等人员也应被吸纳进去，以便更迅速、更妥善地处理危机。关于这点，可口可乐公司在二恶英事件中的举措恰是一反例：1999年6月9日，比利时和法国的100多人在饮用可口可乐后中毒，呕吐不止，起初可口可乐公司总部得到的消息称，所谓中毒是由于可口可乐的气味不好而引起的呕吐及其他不良反应，因此，公司总部认为这对公众健康没有任何威胁，只是在公司网站上张贴了一份相关报道。由于公司总部未能与在比利时和法国的分公司进行充分的沟通，总部的负责人根本不知道就在事发前几天，比利时曾发生一系列肉类、蛋类及其他日常生活品中含有致癌物质的事件，比利时政府饱受批评，正诚惶诚恐地向全体选民证明自己对食品安全问题非常重视，而可口可乐却恰恰撞在了枪口上。尽管最后可口可乐公司查明真相，并较好地处理了危机，但仍为此付出了惨痛的代价。从案例中不难看出，如果可口可乐公司在危机处理之初能有意识地吸纳危机发生地的相关管理者并积极与其沟通，二恶英事件中的可口可乐公司就不会如此被动了，至少，危机中所遭受的损失能大大降低。

（3）公关、律师等专业人员。专业人员的介入对组织的危机处理能提供有力的智力支持。在与公众、媒体的沟通中，公关人员积累了较丰富的经验，处理问题更加得心应手，是危机沟通中的润滑剂。当危机涉及重大生命、财产损失，影响严重时，律师等专业人员的加入便显得尤为重要，通过提供法律支持，使组织在危机中的一切决策与行动都尽可能的规范、合法，避免在时间紧迫、资源有限的条件下作出不当的决策。危机管理小组中的公关人员和律师既可以是来自组织内部的有关部门，也可以是根据组织的需要从外部聘请。

（4）财务主管。财务主管的加入有利于危机处理中各项财务支出的迅速到位，为危机管理提供有力的资金保障。此外，财务主管通过对成本的控制，客观上起着降低危机带来的直接损失的作用。

（5）新闻发言人。无论在危机爆发初期的谣言四起，还是危机发展过程中的众说纷纭，新闻发言人都起着重要的作用。危机中组织内部要统一口径，而外部则应注意保证新闻发言人这一唯一官方权威信息传播途径。及时建立完善的新闻发言人制度，能保证对组织危机相关的议程设置，引导社会舆论朝利于组织的方向发展。

2. 危机管理中的领导角色

危机本身的复杂特性，使得危机管理过程也异常复杂，这就对危机管理中的领导角色提出了很高的要求。在危机管理中的领导力，可以表现为一个核心组织的领导，也可以表现为一个具体的领导者的指挥。但无论是机构组织或者具体人员，其洞察力、判断力、分析力、沟通力、权威力等，都势必要符合领导角色的要求。

危机管理中的领导力，需要坚持许多基本原则。[①]

第一，在危机中任何一个卓越的领导，必须具备并且坚持一种核心价值观（Core Value）。这种核心价值观是一个领导人的信仰系统，是指导一个人或组织行为的准则。这种核心价值观还必须顺应或者体现当代社会思潮的主流价值观，

---

① 鲍勇剑，陈百助. 危机管理：当最坏的情况发生时. 上海：复旦大学出版社，2003：175.

这样才能保持长久的领导力。

第二，危机中的领导角色扮演对象，必须拥有一项关键资产（Critical Asset）。这项关键资产是领导角色扮演对象保持其领导力的生存条件，不同的领导者对象有不同的关键资产，其表现载体和途径也不尽相同。

第三，危机中的领导角色扮演对象，在面对危机时必须要有正确的态度，要认识到危机的必然性、经常性、突发性和复杂性，要意识到现今企业竞争环境的激烈化和复杂化导致危机发生的频率将不断升高。危机的这些属性，使得危机管理逐渐成为企业日常管理中的一项重要组成。以这种观点看待危机管理，怎样将"追求效率"的管理和"防范危机"的管理整合为一体，怎样将"防范危机"的能力融合进入核心竞争能力的策略，等等，就成了管理的新目标。

由此，企业不仅要设立单独的危机应对体系，更应将每个部门都训练成具备自我检视、自我修复能力的早期危机处理体系和能协助危机管理指导小组、危机应对处理小组的若干个辅助系统。在这样的管理观念指导下，企业的危机防范能力，不仅是保证其整体运作顺畅的重要条件，更能成为企业资产价值溢价的新砝码。

第四，危机中的领导角色扮演对象，必须具有系统地解决问题的能力。

一方面，引发危机的系统失效原因可能有多个，其失效模式往往错综复杂，另一方面，随着危机的演变发展，系统失效的所在也会不断扩大和深入，甚至对系统外部的诸多相关利益机构的影响也会复杂化。只有具备系统解决问题的能力，领导者才能将复杂问题简单化，抓住核心要素，并从根本上解决危机。

另一方面，由于危机的复杂性，危机管理的参与团队建设也十分复杂，因此领导角色的扮演对象，还应具备整合团队使其创造最大绩效的系统解决能力。

根据卡曾巴赫（Jon R. Katzenbach）和史密斯（Douglas K. Smith）提出的著名的绩优团队理论，优秀的团队领导者应该做到以下几点：

（1）使目的、目标和方法是恰当而有意义的；

（2）致力于建立每个人和团队整体的责任感和自信心，尽量提供积极的建设性鼓励，避免强迫属下去执行；

（3）为强化团队的综合技能、提高技术水平，应鼓励团队成员敢于冒必要的风险或变换任务和人员的权责，从而不断地激励团队成员；

（4）处理好与团队外人员的关系，包括排除障碍；

（5）为团队和团队成员提供创造业绩的机会，这是领导者最关键的任务；

（6）同团队中的每一个成员一样，尽可能地干实事。

第五，危机中的领导角色扮演对象，必须具备良好的沟通能力。很大程度上而言，许多危机的恶化，都是传播沟通的失误造成的。作为领导角色的扮演对象，其沟通能力势必也要具有领导性的卓越特征。否则，危机管理的主要线索就会是一条沟通不畅的导火索。

在此，我们以 9 · 11 恐怖袭击事件中美国纽约市市长朱利安尼为例，看看他是如何通过对危机的处理而体现其出色的领导才能，赢得广泛赞誉的。

1993 年朱利安尼成为 20 年来纽约首位共和党市长。上任之初朱利安尼便实行家长式管制，铁腕打击犯罪活动，其强硬手法一度惹来非议，被称作"法西斯铁腕统治者"。而 2001 年 9 · 11 事件后，朱利安尼因其在事件中表现的杰出危机处理能力与人溺已溺精神，赢得举国的爱戴，被奉为"全美国的市长"。2001 年 12 月初，美国 A&E 电视网封他为年度风云人物，《时代》杂志也将他评选为 2001 年世界十大风云人物。

2001 年 9 月 11 日，当恐怖分子的第一架飞机撞上世贸大楼时，纽约市市长朱利安尼正在处理公务的途中，他立即赶往世贸大楼内的警察指挥站了解情况，然而，不到 15 分钟，大楼就坍塌了，勉强逃过一劫的朱利安尼走出废墟的第一件事就是寻找可以指挥通信的办公处，并积极与媒体联络，在惊慌失措的民众中，开始他的第一时间的记者招待会。他明确有力地告诉全世界：这是一场恐怖袭击，许多问题还不明朗，纽约紧急应对机制已经启动。面对记者的提问，他直截了当地回答每一个问题，事后他说，民众对谣言的恐惧远远超过对坏消息的害怕心理。

在世贸中心大楼倒塌的第一时间，朱利安尼立即启动了两个指挥中心：纽约警察紧急指挥中心和纽约消防紧急指挥中心，以控制危险区的危机扩散并维持非危险区的秩序，与此同时，朱利安尼还及时与美国副总统切尼通话，了解全国的情况。为了准备应对下一步可能出现的连锁反应，他立即着手部署全市警力提防更多的袭击，还布置设立"家庭中心"安排家属，让医院待命。

危机中，朱利安尼不仅是一位指挥者，还是一位重要的信息提供者。他定时向民众报告救灾进度，坦言现场一如人间炼狱；他没有情绪化的悲愤言词，反而冷静地要求民众不要采取非理性的报复；他反复向民众强调，恐怖分子虽然炸毁了双塔，但纽约依然存在，美国只会因此更团结、更坚强。

危机期间，朱利安尼成为了纽约人的慈父与心理专家。他要求所有人不管有多沮丧、多害怕，一定要出来走走，即使没有目的地漫步也好，不要每天盯着电视的回放画面，那会让你发疯；如果有时间和精力，麻烦大家给那些伤亡惨重但仍然顽强奋战的消防队员和警察一些鼓励。在遭遇9·11袭击之后第二天傍晚，朱利安尼参加了一个牺牲消防员妹妹的婚礼。刚刚失去爱儿的母亲说："我们现在面临的灾难太多了，我女儿结婚是唯一的欢乐的事情，我不能够让欢乐被灾难掩盖。"她对朱利安尼说："我的丈夫很早以前就去世了，我的儿子又死去了，现在能不能请你把我的女儿带到红地毯上？"朱利安尼立即承诺说："我一定来！"这天晚上，朱利安尼真的把这个消防队员的妹妹带到了红地毯上。因为她母亲讲："我要让我的所有的亲友知道：生活仍然在继续。"媒体评价说，是朱利安尼而非布什，让纽约和美国平静下来。

8.2 危机管理组织领导系统的组织模式

有人认为，人类文明发展史就是不断遭遇各种自然灾害以及人为灾害冲击的历史，人类文明就是在不断应对危机挑战的基础上发展起来的。为了应对各种突发危机事件的冲击，防止和尽可能地减轻危机带来的危害，现代各国都在不断探索危机管理的组织模式，并在实践中不断完善。如日本政府在1959年爆发伊势湾台风灾害造成巨大损失后，在总结了传统的单项灾种管理的弊端和教训的基础上，于1961年制定了《灾害对策基本法》，形成了日本的多灾种"综合防灾管理体系"。

目前较常见的管理组织模式有：事故控制体系（Incident Command System，ICS）和标准化紧急管理体系（Standardized Emergency Management System，SEMS）。两个体系都很重视现场的协作与管理，并都在处理自然灾害中得到了检验。然而这两种管理组织模式也有自身的缺点，如它们都是为解决自然灾害设计的，无法有效地处理一些非自然情况；它们都是为紧急情况而设计的，缺乏长远的策略管理规划。针对以上不足之处，研究学者罗伯特·希斯提出了一个能够支持大型社团和缺乏弹性的工商业危机的结构——危机管理框架结构（Crisis Management Shell Structure，CMSS）。下面将针对这三种模式进行详细介绍。

8.2.1 ICS 模式

ICS 模式是一种发端于美国的危机事件处理方法。这一方法主要用于应对自然灾难和危机，军事的和准军事的组织（如警察、消防员、医疗和国防）通常都采用 ICS 模式。

在 ICS 模式下，组织架构从指挥官到执行人员共承担四项职能：操作、计划与情报、后勤、财务与行政。如图 8 - 3 所示。

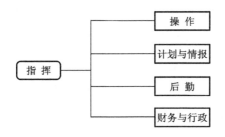

图 8 - 3　一种典型的 ICS 模式

指挥官是危机事件的管理者，负责对整个危机处理过程进行决策与调控；计划与情报部门负责搜集、分析、记录有关危机的各类信息；后勤部门为危机处理提供必要的设备、通信、食品、服务、交通等；财务与行政部门负责对危机处理的财务进行把控与分析。根据具体的情况，每个部分还可以继续划分为更细的分支。

ICS 模式的原则如下：[①]

（1）体系相对简单、灵活，运行它可以是一个人起决策作用，其他人辅助，也可以是多个决策者统一行动、指挥；

（2）企业组织架构适应各种可能出现的危机或灾难的要求，并能适应新技术的发展；

（3）这个体系要迅速扩展，包括标准术语、单个组织、统一指挥、集中行动计划、管理跨度以及为可能的反应集成通信和提供资源等；

（4）ICS 结构要根据事件规模大小进行调整，并根据事故反应者的意见加以放大或缩小；

（5）如果有必要，指挥、法律、财务等都可扩张为一个独立的部门。

ICS 最显著的优点就是组织架构间比较平等，实行扁平管理。整个危机管理团队只划分为两个层次：指挥和四个相对独立的部门。这样的架构有助于部门之间的迅速沟通，减少信息的扭曲与时滞，有利于及时作出决策。在统一的领导下，各部门可共享信息、设备、后勤等各类资源，减少重复作业，提供危机管理效率。

"5·12" 汶川地震发生以后，"紧急救援" 这个词成为使用频率非常高的词汇，这场灾难也使中国国家应急体系受到了前所未有的考验。我国在 2005 年成立公共安全研究所，当时成立这个研究所主要是 2003 年 SARS 以后，感觉我们国

---

① 罗伯特·希斯. 危机管理. 王成，译. 2 版. 北京：中信出版社，2004：196.

家的突发性事件，包括防灾减灾、灾难事故等方面，涉及社会民众公共安全方面比较弱，所以清华大学的城市规划设计研究院成立了公共安全研究所。这次地震发生后，政府马上启动了破坏性地震应急预案，按照应急预案规定，中央立刻启动抗震救灾总指挥部，以更好地协调各类资源的供给与调配，并使搜救工作得以有条不紊地进行。此次公共危机政府的应急响应迅速，指挥有序，正是 ICS 模式在我国危机管理实践中的良好运用。

尽管 ICS 模式在世界范围内广受认可，但其缺点也是显而易见的。首先，计划与情报收集部门作为危机有效管理的核心部分，却被当作附属部门而被置于操作部门之后，缺乏一定的科学性。其次，ICS 模式更像是一个相对封闭的组织体系，它将危机处理中的沟通局限在了组织内部的信息共享与交流，而忽视了对外部资源有效的利用与整合，这会导致组织一旦发生危机，寻求区域外的救援障碍重重。最后，该模式的统一领导一方面能使统一计划、统一行动成为可能，另一方面，由于权力的过于集中，给组织带来的风险较大，且对组织指挥官的要求很高。如果组织指挥者不善沟通、独断专行，则易导致决策失误，使组织陷入更加被动的局面；如果组织指挥者处事过于谨慎，优柔寡断，则易导致各部门各自为政，并很有可能错过最佳的危机处理时机。此外，一旦组织的指挥层发生更迭，也必然会大大降低危机管理的效率。由此可见，ICS 模式的稳定性比较差，故世界各国大多将其应用于化解局部的、持续时间较短的危机。

8.2.2　SEMS 模式

SEMS 模式是 1991 年美国东部海港火灾的直接结果。1991 年，美国加利福尼亚州东部海港发生重大火灾，由于参与救援的各部门存在不同的应急管理组织体系，各种资源得不到有效的整合与利用，最终导致了更为严重的损失。1993 年 1月，加利福尼亚州政府授权州紧急服务办公室为大灾难和社会危机建立一套标准化的危机管理系统——SEMS 模式由此诞生。

如果说 ICS 模式强调的是横向的协作与配合，SEMS 模式则更注重纵向的协调与沟通。它将危机管理机构划分为五个层次，当需要的时候，每个部门都会发挥作用，这五个层次分别是：

（1）现场处理部，主要负责危机发生时的紧急决策及策略执行；

（2）当地政府，在其管辖权内做些管理、协调及恢复性的工作；

（3）执行区域，在受影响的当地政府之间管理和协调信息及各种资源，并且充当沟通的桥梁；

（4）大区域，在各执行区域之间管理和协调信息及各类资源；

（5）州，管理一些急需资源，并在危机失控的情况下寻求国家的支持。

五个层次都执行各自的预测、管理、操作作业、信息收集、向外发布公告、后勤支持和行政管理的功能。可以说，SEMS 模式是一个扩大了的 ICS 模式，它是对 ICS 模式纵向的发展与延伸。其最基层的架构（现场处理部）运行的仍是 ICS 模式，但当危机逐步扩散与升级的时候，SEMS 架构便开始发挥作用。随着危机管理规模的扩大，处理问题要求的增加，SEMS 需要建立一个危机操作中心（Emergency Operations Center，EOC），EOC 从当地政府开始逐级向上走，从地方水平到达州甚至国家的水平。

SEMS 模式的显著优点是有助于各部门之间的信息交流，为危机中资源的共享与整合提供了支持。这一模式将扁平管理与垂直管理相结合，有利于信息的全方位的流动与沟通，也有利于决策的民主性和科学性。通过多层级的协调运作，使危机中的组织不至于陷入孤立无援的状态，现场管理部门可以求助当地政府，而当地政府可以求助上级政府，必要时，整个国家都可参与其中，这无疑可为危机的处理创造一个良好的环境。而且，SEMS 模式更像是一个开放的系统，通过多级力量的介入，有利于组织更加全面地认识危机的情境，更方便地获得外部的意见与信息，与利益相关者的沟通也将更便利与顺畅。

2008 年 3 月上旬，安徽省阜阳市医院收治多例儿童发热病症，自 3 月 27 日起连续出现 5 例患病儿童死亡。3 月 29 日，最早发现问题的刘晓琳医生上报异常病情。3 月 31 日，阜阳市卫生局上报安徽省卫生厅，当晚 5 名专家赶到阜阳。4 月 4 日，阜阳获得首例死者遗体解剖权，安徽省疾病控制中心主任任军等专家赶到阜阳。4 月 15 日，当地政府首次在本地媒体公开疫情。4 月 23 日 16 点，中国疾病控制中心正式确诊为肠道病毒 EV71。4 月 25 日，当地媒体首次报道疫情确诊情况。4 月 26 日，卫生部部长陈竺赶至阜阳。4 月 27 日，新华社公开发布通稿，阜阳发生 EV71 病毒感染疫情，已有 18 名儿童死亡。

4 月 30 日，根据疫情发展和防治工作需要，阜阳市委、市政府决定将防治工作领导小组升格为防治工作指挥部，要求"五一"期间全市各县、区及市直部门主要领导干部全部在岗在位，全力以赴抓好防疫工作。

阜阳市还将定点收治医院由原来市人民医院、市第二人民医院，增加到市中医院及全市所有县级医院。所有患儿一律由定点收治医院治疗，重症患者一律由市级医院救治。截至 5 月 1 日已有 700 多张病床投入使用，还有 1 200 张储备床位。据安徽省卫生厅厅长高开焰介绍，安徽省立足于防大疫、抗大疫，5 月 1 日全面启动突发公共卫生事件二级响应措施，努力把手足口病（肠道病毒 EV71 感染）疫情控制在最小范围。

5 月 1 日，安徽省成立了手足口病防治指挥部，省长王三运任指挥长，将手足口病纳入丙类传染病管理，严格疫情监测报告制度，发现疫情迅速及时有效控制处理。安徽省委、省政府多次召开专题会议研究部署手足口病防治工作，省财政紧急拨出防治经费 1 000 万元。

安徽省卫生部门已会同教育部门在全省小学和托幼机构开展晨检等卫生管理，会同财政部门安排防治经费、紧急采购医疗救治设备，目前已采购一批儿童呼吸机、丙种球蛋白等急救设备和药品紧急调拨到阜阳市等皖北医疗机构，组织开展技术培训，省级培训已经完成，各市对县乡镇骨干培训也将在 5 月 10 日前完成。

卫生部赴阜阳手足口病防治工作组 5 月 1 日下午抵达安徽省阜阳市，支持、帮助安徽省、阜阳市防治手足口病（EV71 感染）疫情。工作组由卫生部副部长刘谦任组长，工作组下设综合协调、疾控、临床、科研、宣传 5 个小组。据介绍，工作组还调集一批科研人员，携带大量设备，在抗疫一线开展科研攻关等工作。

卫生部要求，中国疾病预防控制中心要制订和完善相关监测方案，组织开展系统的哨点监测，以掌握我国手足口病的流行病学特点、病原分布及变迁情况。各级卫生行政部门要按规定及时、准确地发布辖区内的法定传染病疫情和突发公共卫生事件信息，确保公众的知情权。[①]

安徽阜阳手足口病公共危机的处理一定程度上是对 SEMS 模式的应用。在危机爆发后，阜阳市卫生部门、安徽省卫生厅、我国卫生部形成了联动机制，合理调配各项资源，并协同区域教育部门、财政部门等相关组织齐心协力全方位地防治疫情，共同应对危机。

然而，在应用 SEMS 模式的过程中，也必须注意到由于管理的层级过多，在保证信息沟通全面性的同时，沟通的及时性容易受到阻碍。而且，由于管理的体系庞大，在具有较好稳定性的同时，灵活性也受到了一定的限制。

8.2.3 CMSS 模式

上面提到的 ICS 和 SEMS 模式由于组织结构的设计者大都来自于专业反应组织，且都参加过一些自然危机的处理，很注重危机现场的协作和管理。但一旦爆

---

① 根据 2008 年 5 月 4 日前相关报道整理。

发非自然危机或危机涉及范围过大时，这些结构往往显得缺乏科学性，甚至不合时宜。因此，在危机管理实践中亟待出现一种新的、能兼具 ICS 模式和 SEMS 模式的优点，并更具有弹性与普适性的组织模式。

在此背景下，罗伯特·希斯提出的危机管理框架结构（Crisis Management Shell Structure，CMSS）便应运而生。CMSS 模式是一个能支持大型社团和缺乏弹性的工商业危机的组织结构，在该模式中，罗伯特·希斯提出危机管理组织应由决策、运营、咨询、信息、指挥者和督导权威六部分构成。这种结构是专门为满足危机情境下的策略与政策需要设计的，不仅保持了 ICS 模式中的指挥和反应过程间的清晰联系，还能满足从一个人的公司直到国家政府的各种规模的危机管理需要。

如图 8-4 所示，CMSS 模式分为两大部分，即信息部分（图的右半部）与决策部分（图的左半部），这两个部分又分别分为咨询和信息系统、决策和运营系统。

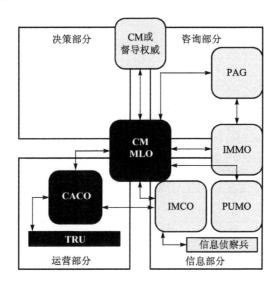

图 8-4　CMSS 模式图

咨询系统由咨询形象管理部（Advisory Image Management Office，IMMO）和主要咨询团体（Principal Advisory Group，PAG）组成。信息系统由信息整理部（Information Collation Office，INCO）、公众与媒体部（Public and Media Office，PUMO）、咨询形象管理部构成。其中咨询形象管理部负责对组织的形象进行管理，分析危机中大众及相关利益团体对组织的看法，并提出改善建议；主要咨询团体作为外脑，为危机管理者提供专家建议，从而减少思维定势和组织惯性；信息整理部的任务是对信息侦察兵收集的信息进行整理与评估；公众与媒体部主要负责应付媒体、利益团体以及危机之外的人。

决策系统是危机管理者（Crisis Manager, CM）与高层权威（Chief Crisis Manager, CCM）的接口；运营系统由指挥协作部（Coordination and Command Office, CACO）及专业的战术反应部（Tactical Response Units, TRU）构成。危机管理者对整个危机的进程进行协调与掌控，制定策略决策，并向高层督导权威报告运作情况。高层权威是危机管理者的负责对象，他们的加入能为危机处理提供更多形式的支持与策略合作。指挥协作部的主要工作是将来自危机管理者的策略计划转化为实战的具体任务，并将任务分配给战术反应部，监控局势及资源配置。战术反应部负责落实危机管理策略，当专业操作需要管理两个以上团队的时候，TRU 可以根据 ICS 模式建立，危机管理者和来自管理联络部（Managerial Link Office, MLO）的人员可以扩展四个组成部分的任何范围。

CMSS 模式具有多项满足有效危机管理的特征，如简单易懂的结构、简短的沟通与指挥通路、集中决策、重视合作而不仅是战术指挥、与危机形势中的外部团体有效地沟通等。

国内学者胡百精在借鉴希斯的基本思路的基础上，对该模式进行了一定的简化与改良（见图 8 – 5）。

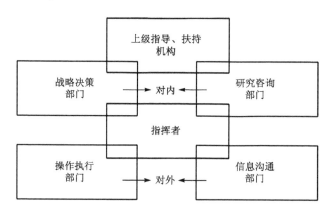

图 8 – 5　改良的 CMSS 模式图

改良后的 CMSS 模式在危机管理组织中纳入了六个功能各异的部门：负责战略研究、制定的战略决策部门，提供政策咨询和行动建议的研究咨询部门，贯彻、落实管理计划的操作执行部门，专司信息汇集、发散之职的信息沟通部门。它们被置于指挥者的统一领导之下，必要时指挥者还可获取来自上级主管部门的指导和扶持。其中，指挥者并不仅限于某个人，可能是根据需要而设的一个核心层，指挥者之上的上级指导机构也不仅限于一层，可能是多级垂直联动。

这一模式的特点主要体现在如下方面。第一，将组织结构转化为危机反应的简单灵活的某种形式，将具体的任务集合在专门的部门内。不管危机的类型、规模与性质如何，CMSS 都能清楚地限定每个团队或部门的作业及目标。第二，保持了 ICS 模式灵活、便捷等特点的同时，强调了 SEMS 模式多级垂直领导的重要性。第三，它将危机管理的主体任务分为内、外两端，其中战略决策部门和研究咨询部门的工作主要对内，操作执行部门和信息沟通部门的工作主要对外，并且两端可实现双向互动，在指挥者的指导与协调下共同协作。这种将组织的内部沟通信息和提供给外部反应团体的信息分开的方式，有助于减少误解与摩擦，便于对组织整体的形象进行塑造与管理，并提高危机处理的效率。第四，CMSS 模式具有良好的伸缩性，可以根据特定危机的需要重新架构，也可设置灵活、适宜的"处"、"部"、"组"等管理层次。由于该模式将危机管理的重点置于不同功能的整合之上，而非危机时某一头衔、岗位、业务流程的安排上，因此适用于不同规模的各类组织。

2008 年 5 月 12 日四川省汶川县发生了 8 级地震，瞬间山崩地裂，天地哀鸣。地震发生后，政府和社会各界迅速组织力量开展抗震救灾活动，一时间，几乎整个世界都将视线聚焦到了那片瓦砾遍布的土地。

汶川地震发生后，中共中央总书记、国家主席、中央军委主席胡锦涛迅即作出重要批示，要求全力以赴救援受灾人民；紧急成立国务院抗震救灾指挥部，调集部队立即从南北两个方向向震中地区前进，争分夺秒抢修公路，并协调各部门想尽一切办法将救灾物资运进灾区。5 月底，在抗震救灾工作顺利确保"大灾之后无大害"的情况下，迅速制定并公布了灾区重建规划。整个抗震救灾的过程，充分体现了中国政府在面临突发性灾害时的快速反应能力。

汶川地震发生后，中央电视台、四川卫视、中央人民广播电台等全国各地的电视台、广播台 24 小时滚动播出抗震救灾的新闻报道；各大报纸拿出最重要的版面，第一时间传递灾区的信息；各门户网站开辟专门的页面，就连手机短信也定时发送抗震救灾的最新消息。全国人民都仿佛置身灾区，亲历苦难。一时间，民族凝聚力空前高涨，万众一心，共渡难关。

在汶川地震中，从中央到各个地方，甚至海外的各个机构和朋友都发挥了重要的作用。上传下达，工作安排及时、紧密、有序，是我国危机事件处理的典范。

案例直击

俄罗斯公共危机管理组织体系

在俄罗斯的危机管理机制中，国家权力机构在不同的危机中发挥不同的作用，他们之间的相互协调与运作也根据危机类型的不同而发生相应的变化。

俄罗斯联邦民防，紧急情况与消除自然灾害部（简称"紧急情况部"）就是在对自然和技术灾害型危机进行管理时，最主要的责任部门。紧急情况部是全权负责在预防和消除紧急状态领域实行统一的国家政策及进行国家管理的权力执行机关，其基本任务包括：在民防、保护居民和领土免受紧急状态威胁等领域执行统一的国家政策；根据俄联邦总统和政府的决议，组织和实施民防、保护居民和领土免受紧急状态威胁的措施；在民防领域进行规范调节，并进行专业监督检查；在民防、保护居民和领土免受紧急状态威胁等领域进行国家管理并协调各联邦权力执行机关的工作；按规定搜集整理民防、保护居民和领土免受紧急状态威胁等领域的信息，并进行信息交流。

作为俄罗斯危机管理支持保障系统的重要组成部分，紧急情况部不仅是一个行政管理机构，更是一个拥有专业危机管理队伍的行动机构。紧急情况部主要由以下机构组成。

危机事态管理中心

是对预防和消除紧急状态的国家力量进行日常管理的机构。其任务是：对消除危机状态的力量的动员准备进行稳定，不间断地管理；为危机管理系统提供信息保障；协调危机管理系统所有环节的工作；负责紧急情况部的办公自动化，计算机技术工作以及信息保障。危机事态管理中心设有行动分析局、技术局及中心活动保障机构。危机事态管理中心的基干力量处于昼夜执勤状态。在这种状态下，危机事态管理中心负责迅速组织对危机事态作出反应，它可以同时进行 2～3 个联邦各地区水平的危机事态的信息处理。在特殊专用软件的帮助下，由一系列自动化手段组成的统一信息网可以对不同类型危机事态的发展趋势进行预测，保存危机事态的相关资料并协助准备相应文件。紧急情况部的统一信息网可以自动接收来自联邦各地区和各联邦部委的响应信息，并与总统办公厅、联邦政府和其他高层国家权力机构相互协作。

搜寻救援部

是在自然和技术灾害中进行搜寻救援工作的主要部门，设有指挥部、搜寻救援大队和后勤保障部，在各地区还设有搜寻救援分部。目前，搜寻救援部拥有 59 个搜寻救援大队，共 1 779 人，大部分搜救队员同时具有潜水、登山、跳伞、推土作业、煤气作业、矿山救护等多种专业技能，他们可以在任何地质环境和最复杂的气候条件下进行海陆空全方位作业。1999 年，该部进行了 20 242 次救援行动，救助了 18 063 名遇险人员。

民防部队

是紧急情况部处理危机事态中功勋卓著的王牌劲旅。它拥有专业救援旅、机械化团、直升机大队、伞兵团以及其他专业分支机构，拥有现代化的搜寻救援装备和生存保障手段。民防部队的历史可以追溯到 1932 年，最初它主要履行国土防空任务，战后又承担了防核、化学和生物武器袭击的任务，1971 年开始直接隶属于苏联国防部，1991 年归由紧急情况部领导。在和平时期，民防部队的主要职能是参与空难救援、限制和消除自然和技术灾害后果、疏散受灾居民、提供粮食救助。在战时，民防部队主要承担防核、防生化等工作。1999—2000 年，民防部队积极参与对车臣和平居民的援救工作：修建难民营、提供粮食与饮用水、扫雷等。

空中机动救援中心

成立于 1992 年 3 月。设有搜寻救援大队、工程技术大队、通信情报大队、运输大队和物质技术保障大队，共 400 多人。1993 年，该中心就配备了两架伊尔—76 运输机，执行空中救援任务。该中心曾多次参加国际救援行动，并得到了广泛好评。

特殊危险救援中心

成立于 1994 年 2 月，可对爆炸、空难等事故进行专业性救援。

作为专业性的危机处理机构，俄罗斯紧急情况部在危机事态处理中发挥着引人注目的作用。在 2000 年莫斯科连环爆炸案的处理现场、在列别德飞机失事的救援活动中、在远东森林大火的抢险过程中、在对阿富汗进行战后重建的援助中，紧急情况部都发挥着自身的作用。

恐怖主义是当代社会面临的安全威胁，由恐怖主义活动而引发的危机常常对国家政权与社会稳定构成严重的威胁。在俄罗斯，由于车臣问题的久拖不决以及其他极端主义势力的发展，各类恐怖主义活动频发，俄罗斯深受其害。因此，俄罗斯着力加强了反恐怖主义活动的危机管理机制构建。

俄罗斯联邦反恐危机管理机制由总统统一领导，俄联邦政府是领导反恐、保障反恐所需的必要力量、资金、资源的主要主体，联邦权力执行机关依据联邦法律及其他法规在自己的职权范围内参与反恐。在自己的职权范围内直接参与反恐的联邦执行权力机关主要有：俄联邦安全局、俄联邦内务部、俄联邦对外情报局、俄联邦保卫局、俄联邦国防部和俄联邦边防局。

为协调反恐各机构的行动，根据联邦总统或俄联邦政府的决定可成立联邦或地方级的反恐小组。联邦级反恐小组负责完成以下任务：制定国家在反恐领域的其他政策，就如何提高调查与消除恐怖主义产生以及形成恐怖活动根源的工作效率提出建议；对俄境内恐怖主义的发展状况进行分析研究；协调俄联邦执行权力机关的反恐行动，目的是预防、调查和打击恐怖活动，以及查清和消除促进恐怖活动产生的因素；参与起草俄联邦在反恐领域的国际条约；就俄联邦在反恐领域如何完善立法提出建议。

资料来源：肖鹏军. 公共危机管理导论. 北京：中国人民大学出版社，2006.

复习思考题

1. 在企业内部建立危机管理部门有哪些利弊？

2. 危机管理机构设立框架中包括哪些子团队，各个子团队的主要职责是什么？

3. 危机管理小组应该是一个怎样的团队？主要由哪些人员构成？

4. 危机管理中的领导需要坚持哪些基本原则？

5. CMSS 模式相较 ICS 模式和 SEMS 模式而言，具有哪些优点？

第 9 章

危机管理中的人力资源战略

危机管理人员的甄选

危机管理中人力资源的培养

第 9 章

危机管理中的人力资源战略

内容提要

（1）人力资源的有效整合，是组织应对各种各样的激烈挑战，高效处理各种危机的重要条件。实践中，危机管理人员的甄选可以从两个方面来看：一是危机管理参与人员的基本素质；二是危机管理参与人员的选择标准。

（2）危机管理中人力资源的规划以及人才的培养必须遵循一定的原则，目前较为常见的专业危机管理人才的培养方法主要有传统授课法、案例分析法、角色扮演法以及实战演习法等。

俗话说，天有不测风云，人有旦夕祸福。21 世纪竞争格局发生了重大变革，企业面临着各种各样的激烈挑战，如全球化经营、技术进步、内涵式扩大再生产、通过增长获取利润及应变能力等。在克服各种激烈挑战和应对企业危机的历程中，人力资源的有效整合是关键所在。对致力于提高企业危机管理水平的企业而言，人力资源的有效整合是通向成功的钥匙。

"人力资源"一词是由当代著名的管理学家彼得·德鲁克（Peter F. Druker）于 1954 年在其《管理的实践》一书中提出的，认为人力资源拥有当前其他资源所没有的素质，即"协调能力、融合能力、判断力和想像力"。这一概念的提出，使得"传统的人事管理正在成为过去，一场新的以人力资源开发为主调的人事革命正在到来"。具体来说，企业的人力资源，就是指为了实现企业经营目标，企业内部员工应具有的综合能力和素质，员工的这种能力和素质除了体力和智力以外，还包括员工的道德水平、信誉和社会关系。

9.1 危机管理人员的甄选

9.1.1 危机管理人员的甄选标准

有学者认为，从事危机管理的人员，除了理论研究这门必修课，还必须有渊博的知识、丰富的社会阅历、清晰敏捷的思维、要对法律法规、社会道德、天文、地理、风俗、民情了如指掌，要有战略家的头脑、军事家的果敢，危机处理人员既是士兵，又是将军。当然，这更多的是一种较为理想的状态，实践中危机管理人员的甄选可以从两个方面来看：一是危机管理参与人员的基本素质；二是危机管理参与人员的选择标准。

1. 危机管理参与人员的基本素质

尽管在危机管理团队中，由于所属部门的不同，对危机管理参与人员的工作职责和要求也会有所不同，但不论处在哪个部门或岗位，危机管理参与执行人员，都需要具备以下基本素质。

1）尖锐的观察能力

一方面，危机具有潜伏性，越早发现危机的征兆，越能最大程度地避免或降低危机给组织带来的破坏性影响；另一方面，危机在其发展过程中的演变，具有难以预测的特点，因为危机的演变相对其他企业管理环节，更多地会受到组织外部环境的影响，市场的反应、媒体的报道、相关利益团体的协助或者反对、社会公众的态度等，都是危机管理需要花费大量心力关注的问题。综合以上两方面，任何危机管理的参与人员，无论正司何职，都有必要用自己尖锐的观察能力，从每一个企业运作环节和外部环境要素中，尽早嗅出危机的前兆，避免危机的发生，并在危机的演变过程中，抓住任何线索，服务于危机管理。

2）深刻的分析能力

造成企业运作系统功能失效的表现和原因可能很复杂，这也是危机的一大重要特征。从看似无任何征兆的表现中，分析出危机的可能性，从毫无关联的失效原因中，得出彼此间的关系模式，从现有的失效状态中，推演出未来的发展可能等，都需要危机管理人员具有深刻独到和精准的分析能力、判断能力、逻辑推理能力。

3）敏捷的应变能力

危机的突发性、难以预测性，要求对其管理的参与者有敏捷的应变能力，因为一旦对现状的处理产生拖沓，就会发生用前一环节的应对措施来解决后一环节危机状况的情况发生，轻言之无法解决问题且浪费组织资源，重言之甚至可能造成危机状况的进一步恶化。虽然可能与个人性格等特质有关，但充足的危机管理知识和丰富的危机管理经验，也可以逐渐增强危机管理人员的反应能力。

此外，敏捷的应变能力还体现在危机管理中的传播沟通环节。无论对外还是对内的信息沟通和人际交往，都需要危机管理的参与人员有灵敏的反应能力。

4）丰富的想像能力

危机的突发性、难以预测性和复杂性，要求危机管理人员有足够大的胆量去展开丰富的想像，将任何可能的发展纳入思考，从而在最大范围中预立对应策略，以期在危机发展的下一环节，可以第一时间选用最佳备选方案，防范其情况恶化。因为危机处理的一项基本要义就是时效性，越早解决越容易解决，越早解决产生的破坏性影响越小。

5）充分的创新能力

一般而言，当企业运作系统的障碍表现同管理者既有经验相同或类似，或同其他企业的危机案例有较高的重复度时，这样的危机处理并不棘手，只需借鉴甚至照搬应对策略，就能解决很大一部分的麻烦。最麻烦的危机，往往是前所未遇的系统运行障碍，即便是类同的危机，每个企业内部和外部环境，包括时间方面的差异，也会对危机的特性产生更新，在对其进行管理的过程中，就要求参与人员有充分的创新能力。只有采用新方法，或者哪怕是新的方法模式（如新的方法组合），才能解决具备新性质的危机，才能对应新需求的消费者、公众和相关利益团体。

6）灵活的沟通能力

无论在危机管理过程中的部门协作，还是企业内部对危机信息的顺畅传达，或是对企业外部的媒体、社会公众、政府和其他利益群体的沟通，都需要危机管理参与人员具备良好的表达能力、得体的礼仪知识、灵活的交际能力。

组织内部的传播需要灵活的沟通能力，因为这有利于危机的及早解决和破坏影响最小化，对组织外部的传播需要灵活的沟通能力和正确恰当的沟通传播原则，这不仅利于危机的解决，同时也为日后的危机管理和企业其他需要同外部交换利益的环节打好铺垫。

当然，以上仅仅简单列举了一些基本的危机管理参与和执行人员需要具备的能力素质，其他如对企业的忠诚感和责任心、和谐的团队合作精神等，也都是十分必要的，在此不一一赘述。

2. 危机管理人员的选择标准

在对危机管理人员的甄选过程中，除了考察上述对危机管理参与人员的基本能力素质之外，还必须考察不同性质的任务对危机管理参与人员的特殊要求，只有这样才能真正做到人尽其才、事得其人、人事相宜，更好地实现组织危机管理的目标。在对危机管理实践和既有理论成果进行综合分析的基础上，有关学者从危机管理的任务出发，主张从以下三个标准考察危机管理团队的构成人选。

1）知识

危机管理人员必须具备相当的危机管理知识、组织运作知识、媒体应对知识、法律知识、公共关系知识，他们聚集起来即可形成一个知识互补、共享的管理团队，以利于研究、评判危机，并在此基础上作出科学决策。

2）技能

危机管理人员必须具备相应的管理技能、协调技能、沟通技能以及使用必要科技手段的技能，通过成员之间的交流与合作，形成一个技能全面的管理团队，以利于更迅速、妥善地解决危机。

3）特质

危机管理人员必须具备利于应对危机的人格特质，譬如能够承受巨大压力的心理素质、善于倾听和对话的人格修养、乐于合作的团队精神，以及灵活应变、敢于创新的眼光和气魄等。成员个体的特质会影响团队的特质，而团队的特质则决定了危机管理的整体风格与方式。

按照这三项标准，结合危机管理小组的职能、任务，可以为组织提供一个有价值的"任务—标准"表格。如表 9 - 1 所示。

表 9 - 1　任务—标准表[1]

危机管理任务	所需知识	所需技能	所需特质
发挥团队功能，以达成危机管理的目标	1. 了解危机形态及其发生机制 2. 了解危机化解的要素	1. 能够采用基于合作的管理策略 2. 掌握行之有效的管理方法	团队精神
制定危机规划并付诸实践，使组织有效回应危机	1. 了解决策机制 2. 了解团队的权责 3. 了解危机应对的流程	1. 能够为决策提供建议和意见，贡献智慧 2. 能够根据权责整合资源 3. 能够遵循规划的指示完成任务	1. 抗压性 2. 一丝不苟 3. 开创性 4. 面对模糊状况时的气度和耐心

---

[1]　胡百精. 危机传播管理. 北京：中国传媒大学出版社，2005：82.

危机管理任务	所需知识	所需技能	所需特质
处理计划外的危机	1. 了解危机的复杂性和多变性 2. 了解应对变数的要素 3. 了解变与不变之间的决策机制	1. 能够发现意外并迅速反应 2. 能够坚持原则性与灵活性的统一，集中有限资源化解主要矛盾 3. 能够兼顾细节，稳中求进	1. 头脑敏锐、及时应变 2. 大局意识，审慎决策
与利益相关者有效沟通	1. 了解沟通的渠道 2. 了解沟通的主题、内容和方式	1. 建立和利用沟通渠道的能力 2. 成熟应用沟通技巧 3. 促进沟通效果的达成	1. 善于倾听 2. 善于沟通 3. 善于反馈

通过从危机管理的任务和对团队成员的考察标准这两大维度入手，对危机不同分工人员各自所应达到的基本标准进行定位，为不同社会组织制定符合自身实际的危机管理团队人选标准提供了参照，有助于降低在紧张情势下用人不当的可能性。

9.1.2 危机管理人员的甄选方法

在前面的章节中已经提到，危机具有突发性、不确定性、紧迫性、破坏性、无序性、隐蔽性、扩散性等特征。因此，在公开选择危机管理人员的过程中，除了本性和人品良好这个基本条件外，需要针对危机管理人员需要具备的素质，选择相应的人才，选拔的过程具体可以分为以下五个方面。

第一，对现有危机管理人才分门别类进行梳理。根据组织本身的特点和现状，摸清现有危机管理人才的种类、数量、分布状况以及能力水平等，分等划类，进行深入细致的分析研究，提出详细的调整、充实建议。

第二，组织专家、决策者针对企业的自身情况，制定培养近、中、远景规划，在对现有人才进行在职训练的同时，还要找准最适合该组织的危机管理人才标准。注重对人员进行专业化培养，如在技术学校、高等院校开设相关专业等。把模拟训练和实战相结合，重视模拟训练信息技术的利用，注重借鉴国外的先进经验。

第三，根据上述调研情况，在全国乃至海外的合适地区设立长期或短期人才招聘点，开展组织危机人才队伍建设的试点工作。试点工作要精心组织、循序渐进，逐步摸索经验，稳步推广。不仅要研究各层次、各类型的人才培养机制，还要研究在具体危机事件中，如何让各类人才迅速进入角色，很好地发挥各自的作用。①

第四，除了被动接受前来报名的人才，组织还可以主动出击，从一些危机人才培养的评比活动，或者那些已发危机事件里凸显出的危机人才新秀中，主动挖掘相关方面的人才。这就需要组织有敏锐的人才嗅觉。

第五，人才除了从外部引进，还可以直接从组织内部培养和提拔。只要员工本身具备上述危机管理人员的素质，或有发展潜质，就可以对其进行相关培养，这样对组织而言既省时又省事。事实上，组织要获得员工信赖与支持并以此取得持续的发展壮大，就应当尊重自己员工的勤奋、努力与智慧，必须学会在组织内部培养和选择人才。

国际上许多知名跨国公司如通用、IBM、宝洁都非常重视培养自己的员工，而且喜欢在企业内部提拔高级管理人才，并提供丰富的机会以激励员工积极向上。像摩托罗拉每两年就挑选 40 个有潜力的高层领导，让他们参加一个两年制的 MBA 课程，IBM 等其他许多公司也有类似的培养机制。显然，这样做为普通员工成为公司未来杰出的领导者创造了条件，铺设了道路。也正因为此，国外的企业才涌现了大批脚踏实地从基层做起的优秀企业家。通用汽车公司总裁兼首席执行官理查德·瓦格纳从 1977 年进入通用，他做过分析员、司库、执行财务总监、执行副总裁兼首席财务官，1998 年出任首席运营官，2000 年出任首席执行官，他奋斗的过程经过了整整 23 年。被誉为"管理天才"的通用电气前首席执行官杰克·韦尔奇，1960 年加入通用电气塑胶事业部，1981 年成为通用电气的董事长和首席执行官，这 21 年的漫长岁月，也正是韦尔奇一步步走向成熟和辉煌的职业生涯。类似的例子还有很多，无数事实告诉我们，优秀的企业管理人才往往就存在于企业内部，企业必须要培养自己的领导人。

诚然，从外部招聘高级管理人才能够给企业带来新鲜理念和先进经验，而且他们在工作中通常更富有革新意识，但由于缺乏对企业的文化心理认识等各方面的原因，往往并不一定能够取得预期效果。根据国际人力资源咨询公司发展部对 5 000 多位人力资源领导人的调查，约 40% 的外来经理在新岗位的头 18 个月会失败。与此相反，从企业内部选拔管理人才就会好得多。培养和提拔有能力、有发展潜力的员工，会让员工们看到为企业勤奋工作的美好前途，使他们对企业充满

---

① 张学栋 . 我国急需专业危机管理人才 . 中国网，2006 – 10 – 10.

忠诚，并激发其发挥聪明才智的热情以创造更多价值。① 由此可见，从组织内部挖掘和培养危机管理人才，无论对个人还是对组织而言，都有着重要的意义。

此外，在人员甄选录用过程中，还应该注意采取一些措施避免人才的过度流失。这是每个岗位都应该注重的，对于危机管理人员的甄选同样适用。事实上，组织的人才流失往往都是由于之前没有进行工作分析、无法客观地界定任职资格造成的。那些员工流动率较高的企业经常埋怨员工对企业缺乏忠诚度，这呈现的往往只是问题的一个方面，另一方面是员工个人条件和职位要求可能并不匹配。任职资格匹配意味着双方条件正好互相满足。要想让应聘者和职位正好匹配起来，就需要组织进行工作分析，通过分析可以获取有关职位的任职资格信息：性别、年龄、学历、专业、工作经验、知识技能、社会交往能力等，这些信息是企业进行人员甄选录用应依据的基本标准。对于危机管理人员的甄选而言，依据组织自身的具体情况，并参照危机管理人员选择的各项标准，明确各个岗位对人员的具体要求，是避免人才流失的首要环节。

9.2　危机管理中人力资源的培养

培养与造就一支能从容应对各种危机事件，适应当代社会需要的高素质、专业化的危机管理队伍，是经济和社会发展的客观要求。如今越来越多的组织已开始从战略的高度对危机管理予以重视，并将对专业人员的培训工作提上重要议事日程。

9.2.1　危机管理中人力资源的规划

处理危机事件，关键在人。面对危机，拥有充足的人力资源是重中之重。不是每个组织都能储备足够的人力资源，但每个组织都可能会遇到危机事件，所以人力资源的准备应分为内外两块。

内部人力资源准备主要集中在建立组织自身的精英队伍，包括产品技术精英、生产行家、售后服务专家、法律顾问、人力资源专家和谈判能手；而外部人力资源的准备则集中在行业专家、学者、媒介精英、政府官员和专业人士等。2001 年 6 月，享有亚洲食品第一品牌美誉的"李锦记"，因其产品安全标准受到质疑，便借用了某公关公司的"外脑"，命其及时在全球范围内发布新闻稿，特

---

① 企业应注重从内部挖掘培养高级管理人才. 企业大学网，2006 - 07 - 27.

别指出，所有李锦记出品的产品均符合所销售市场的规定和食品安全标准。通过适时的新闻发布，李锦记不仅同主要受众建立了有效的信任关系，同时也将对产品品质的争议降到最低程度。这便是通过外部人力资源储备，成功解决危机的典型例子。

人力资源是组织危机的管理主体，其具体规划应遵循以下基本原则。

1. 加强人力资源整合的整体性，夯实组织危机管理实效

人力资源的有效整合不局限于人力资源队伍内成员的维护与开发，而是提高个体的作战能力，着重于在个体能力达到一定水平的基础上，对人力资源队伍整体的改善与开发，从而提高总体的作战能力。真正有效的管理模式所体现的人力资源整合先进理念不是侧重于提高个人成绩，而是侧重于提高小组或团体成绩，也就是说，人力资源整合是建立在人力资源管理基础之上的更高层面的目标。很明显，人力资源整合是人力资源管理的发展。根据人力资源整合的目标，人力资源整合并不是各个个体成绩的简单叠加，而是有序的和有方向性的叠加，其总和将达到最大。企业通过自觉地运用"人力资源整合"的概念和策略，就能推动和提高组织的绩效，有效地提升组织的核心竞争力。

此外，人力资源整合强调的是对组织内全体成员的人力资源管理目标、价值观、愿望等基本达成一致，从而使人力资源队伍真正意义上成为危机战略决策的制定者、危机协调公关的实施者、危机信息系统的构建者、企业危机处理的实施者、企业危机意识的倡导者和企业经营伦理的践履者的有机统一体。组织应当贯彻"以人为本、开发能力、提升绩效"的人力资源发展战略的总体思路，通过整合人力资源管理的各项功能需求而实现各成员组织间的目标协调，从而实现人力资源整合的目的。同时，组织应将先进的人力资源管理理念和经验转化为科学的管理模式和操作流程，提高人力资源管理的效率，降低组织对人力资源管理所需的成本，夯实危机管理实效。

2. 人力资源管理制度化，提高组织危机管理的制度化水平

建立健全人力资源管理的各项制度及企业危机管理的预警机制，形成完备的企业危机预防管理机制，如《企业员工职位说明书》、《职能基准说明书》和《职务基准说明书》等，一方面可以让员工快速明确企业对每个职位的组织要求，将人力资源管理者从烦琐的日常行政事务中解放出来，提高工作效率；另一方面通过对员工能力绩效的评价，还可以使员工在得到组织支持和帮助的前提下，更准确地找出差距，调整工作方式，提高工作的能力绩效，从而能在危机出现前进行科学合理的预测与管理，做好危机中的应急处理及危机的善后处理。通过人力资源管理制度化，实行能力绩效管理模式，建立起管理者与员工之间的沟通渠道，增进员工对组织管理和对工作要求的认同感，成为调动全体员工积极性共同为实现组织目标服务的一种方式。

3. 导入优秀组织文化，形成有效应对危机的良好向心力和凝聚力

在对人力资源进行规划的过程中，还应注意导入优秀的组织文化。面对员工多元化的价值观和需求，组织应当导入一种优秀的具有本组织个性的文化，能将多元的价值观转变为一个大多数员工认同的共同价值观念，即组织核心价值观，以求增强组织的凝聚力，保证组织成员一致的目标。要实现这一转变，组织应充分考虑到知识、经验、任职条件、能力要求、工作绩效等多目标组成的管理体系，采用整合和同化的方法开发和凝聚拥有广泛领域的知识和技能的员工。组织成员不同的思想和思维方式可以为组织作出更优决策，认同多元化管理思想的组织文化有利于提高组织的弹性，提高员工工作满意度和工作群体效率，从而提高有效应对危机的良好向心力和凝聚力。

危机管理是当今企业面临的一个不可避免的问题，而人力资源管理在企业危机管理中担当着重要的角色。有鉴于此，企业人力资源管理部门应抓好以下几方面的工作：注重企业文化建设和培训工作；倡导全员的危机意识，人力资源管理制度化；提高企业危机管理的制度化水平，组建危机管理机构；储备和培养危机管理人才。[①]

9.2.2 专业危机管理人才的培养

培养专业危机管理人才是提高专业危机管理队伍的整体素质和业务能力的重要途径。专业危机管理团队的危机处理能力的强弱主要取决于整个团队素质的高低，而团队整体素质的提高很大程度上有赖于专业的危机培训。对组织而言，培训是对人力资源这一核心资源进行开发的投入，其内涵是对员工潜在能力的开发，而不仅仅是知识的补足和技能的训练，目的是促进员工全面充分的发展。较之其他投入，这种投入更能给组织带来丰厚的回报，能增强组织的稳定性，提高成员对组织的认同感与归属感，给组织带来无穷的活力。组织通过对危机专业管理人员的培训，能有效地激励员工并增加员工处理危机事件的经验与熟练程度，增强组织对潜在危机的预警能力，促进组织改进安全防范工作。

---

① 许奕锋. 人力资源有效整合是企业危机管理的巨臂支撑. 中外企业家，2005 - 03 - 17.

1. 专业危机管理人才的培养原则

1）理论联系实际原则

员工培训和一般院校的普通教育不同，只有和实际相结合才能产生较好的效果。理论联系实际原则，就是要求培训要根据组织的具体情况以及员工的特点来进行，既讲授专业一般原理和基本技能知识，又能解决组织运营中的实际问题。对危机管理人员的培训尤其应注重落实该项原则。由于危机的突发性、紧迫性，往往要求组织管理人员迅速反应、果断决策，如果仅仅停留在"纸上谈兵"的理论教育阶段，而不身处其中演练感受一番，是无法对危机状态下的各种复杂状况有真正深刻的理解与认识的。因此，各国组织的培训中都十分重视实践部分的教学，如法国国立行政学院的专业危机管理人员培训中，就有一半以上的时间用于实习。

2）因材施教原则

因材施教首先要求承认参加培训人员个体之间的差异，这对于制订有针对性的培训计划是非常重要的。在对危机管理人员的培训中，因材施教原则必须要兼顾两个方面的内容：一方面是培训要根据员工的不同状况，选择不同的培训内容，采取不同的培训方式，即使是对同一员工，在不同的发展阶段，其培训也应有所差异；另一方面是要参照不同危机管理任务对危机管理成员的要求的不同标准进行培训，做到有的放矢，提高危机培训的实效。

3）积极主动原则

在培训过程中，还应注意充分调动受训者的主动性、创造性，强调参与和合作，如果受训者自始至终保持一种被动的消极状态，是不可能达到培训目的的。为调动员工接受培训的积极性，日本一些企业采用"自我申请"制度，定期填写申请表，主要反映员工过去五年内的能力提高和发挥情况以及今后五年的发展方向，然后由上级针对员工申请与员工面谈，在申请表上填写意见后，报人事部门存入人事资讯库，作为以后制订员工培训计划的依据。对于危机管理人员的培训而言，受训者的参与性与创造性十分重要，危机处理过程中遇到的很多问题往往都是没有模板可供照搬照抄的，创造性地探索问题的解决之道是对危机管理人员的基本要求。如果受训者没有积极主动的受训态度，在培训中缺乏自发的、创造性的思考，在日后危机处理的实战中则很容易消极被动，贻误战机。

2. 专业危机管理人才的培养方法

如今世界各国都越来越重视对专业危机管理人才的培养，以澳大利亚政府为例，联邦公务员委员会每年都要制订培训和进修计划，把在职培训作为公务员提高效率的一个重要途径，并采取各种鼓励措施保证培训计划的实施，如政府拨出专款，在高等学校、行政学院建立培训基地，举办各种讲习班，进行国际间短期交流培训等。澳大利亚公务员培训从类别上可以分为高级公务员培训和普通公务员培训两种，其中高级公务员培训的宗旨是紧密结合公共行政管理在理论和实践上面临的新挑战，使政府高级公务员具备应付新挑战的能力，不断更新管理观念，汲取有益经验，解决实际问题。

日本政府对危机管理人员的培训也十分有特色。日本采取公务员分类制度，以东京都厅为例，公务员被分为三类：第一类是普通大学毕业生通过参加考试录取的；第二类是短期大学毕业参加考试录取的；第三类是高中学历录取的。三类公务员的工资和晋升机会也不一样，第一类比较优越。通常第一类公务员晋升所经历的培训有人事管理、业务管理、危机管理。其中的危机管理培训是很有特点的，如要求担任课长的候选人要经历实施计划失败的考验才能担任职务，这是一种风险意识和危机处理能力的培养。[①]

目前较为常见的专业危机管理人才的培养方法主要有以下几种。

1）传统授课法

传统授课法是最常见的方法之一，由于该方法强调单向的教授，往往较少有反馈，一般多用于培训开始阶段对基础知识与基本技能的讲解。传统授课法在实际应用中如果不注重教学方法的多样化，单纯使用课堂讲述法会显得比较呆板枯燥，效果不佳。因此，在培训中使用传统授课法时最好能尽可能地调动受训者的积极性，增强教与学之间的沟通与互动，如可以通过提问的方式诱导学员积极思考，通过讨论的方式促进学员间思维的碰撞与交流，通过现场参观考察等方式加深学员对知识的理解与认识等。

2）案例分析法

案例分析法是一种理论联系实际的教学方法，在具体实施中，往往是从具体上升到抽象，即通过对具体案例的分析研究来探寻带有普遍指导意义的内在规律，通常比较生动形象，易懂好记，有助于理论学习的进一步深化。在培训中培训者通过选择并提供现实生活中典型的危机管理案例，要求受训者在阅读案例后回答问题或对案例进行分析讨论，从中学习应对危机事件的知识与技巧。

3）角色扮演法

角色扮演是一种情景模拟活动，它通常要求受训者扮演一个特定的管理角色，通过观察受训者的多种表现，对行为表现进行评定和反馈，以此来帮助其发

---

① 肖鹏军. 公共危机管理导论. 北京：中国人民大学出版社，2006：300.

展和提高行为技能的有效的培训方法。危机管理人员的培训中使用角色扮演法可以让多名受训者扮演危机管理团队中的不同角色，在危机中根据自己的想法相互协作来处理危机事件，通过情景模拟发现危机处理中存在的问题，并及时作出有效的修正。角色扮演法弥补了案例分析法缺乏操作性的缺点，但对情境模拟的设计要求比较高。

4) 实战演习法

危机的实战演习是一种综合性的训练，是专业危机管理人员训练的最高形式。因此，通常在培训的最后阶段进行，或者在培训之后用于定期巩固与提高相关人员危机处理的能力与水平。通过危机的实战演习，比较真实地再现突发事件的情境，可以使专业危机管理人员对危机中的状况有切身的感受，使组织成员熟练地掌握危机处理的基本技能和相关知识，并可训练突发事件中的心理状态，减少组织成员在危机真正发生时的恐惧感，进而节约危机反应时间、加快危机决策速度。正因为实战演习有上述特点，世界各国政府在培养公民的防灾意识的同时，都积极组织民众参加各种防灾减灾活动。

如日本在"防灾周"里，规定民众要参加不同规模的防灾演习，主妇还要检查和更换防灾背包里快过保质期的压缩饼干与饮料；韩国在"全国防灾日"里举行全国性的"综合防灾训练"，通过防灾演习让政府官员和普通群众熟悉防灾业务，提高应对灾害的能力；在美国，逃生演习经常在学校等场所举行，使孩子从小就懂得人为灾害、自然灾害发生时逃生自救的知识。我国从 2009 年起将每年的 5 月 12 日（四川汶川地震灾害发生日）确定为我国的"防灾减灾日"，在 2009 年我国首个"防灾减灾"日里，为了大力宣传党和政府坚持以人为本、全力保障人民群众生命财产安全的防灾减灾理念，全面加强防灾减灾体系建设、增强防范处置自然灾害能力，各地许多机构与组织都进行了不同主题的防灾演习。

在危机专业人才的培养过程中，还应注意以下方面的问题。

首先要有一个培养者对相关人员进行危机专业管理的培训。组织管理者通常有这样的一个假想，即认为一个好的运动员一定会成为一个好教练。当然教练要有相关的技能，但更重要的是他培养人的能力。同时也不得不考虑教练是爱才还是妒才。注重对人员进行专业化培养可以有很多方式，如对职员进行专门的培训与素质拓展，在技术学校、高等院校开设相关专业等。把模拟训练和实战相结合，重视模拟训练信息技术的利用，注重借鉴国外的先进经验。

其次，选择恰当的时间对危机管理人员进行培养。在科技飞速发展的今天，时间固然可贵，但人才培养却往往需要假以时日，揠苗助长实不可取，尤其是在拿经验来培养人之时。也许被培养者很容易学会了工作的方式和要领，但只知其然，不知其所以然也为其日后的失败埋下了伏笔。很多成长的经验不是可以教出来的，所以有的时候组织不得不给他们开辟一块试验田，让他们尽快经历成长之痛。建议组织对相关人员进行培养时，尽可能抓准最佳时机，用最短、最集中的时间对其进行培养，并结合时下危机事件进行模拟训练或开展相关竞赛、辩论、实战演练等长期性的培训活动。

最后，培养的方向与重点要与未来岗位相适合。同样是危机管理，也可分为危机预防管理、危机中期管理和危机恢复管理等。不同领域、不同岗位的工作内容有很大差别，所需要的个人能力素质也不尽相同，所以培养者要根据被培养者自身的素质差别和兴趣爱好有所区分，才能使得整个人才选拔和培养过程相得益彰。①

■ 案例直击

东航的尴尬——祸起萧墙

企业介绍：

中国东方航空股份有限公司是一家总部设在中国上海的国有控股航空公司，于 2002 年在原中国东方航空集团公司的基础上，兼并中国西北航空公司，联合云南航空公司重组而成。中国东方航空股份有限公司是中国民航第一家在香港、纽约和上海三地上市的航空公司，1997 年 2 月 4 日、5 日及 11 月 5 日，中国东方航空股份有限公司分别在纽约证券交易所（NYSE：CEA）、香港联合交易所（港交所：0670）和上海证券交易所（上交所：600115）成功挂牌上市。是中国三大国有大型骨干航空企业（中国国际航空股份有限公司、中国南方航空股份有限公司）之一。

事件回放：

2008 年 3 月 31 日，东方航空公司云南分公司有飞机因为"天气原因"返航。紧接着，连续 7 个航班也因为下一站机场的"天气原因"返航。但机组人员并没有按照惯例各自回去，而是停留在原地，似乎在等待什么。

当天，东航云南分公司共有 18 次航班返航，其中丽江 5 架次，大理、西双版纳各 3 架次，临沧 2 架次，芒市、思茅、文山、昭通、迪庆各 1 架次。这些返

---

① 如何选拔人才？选拔和培养人才时的四个注意事项. 中华硕博网，2009 - 03 - 18.

航的航班均为省内航线。这些飞机的返航影响到航班的后续运力安排，当天云南分公司因此取消了其他 14 个航班，滞留在机场的旅客达到 1 500 多人。

次日，东航云南分公司又出现 3 次航班返航，其中丽江 2 架次，大理 1 架次。

民航西南地区管理局派出的调查组随后进驻昆明，对前两日的"返航事件"进行调查。东航则对外否认飞行员罢工，坚称是因为"天气原因"返航，此举引来一片骂声。

"返航门"事件发生后，很多出行者已不愿选择东航的飞机。而东航地勤人员工作压力开始陡增，哪怕是飞机正常晚点，乘客也会马上质问。

事发之后，东航坚称是天气原因让飞行员集体返航，但很快就被证明：这是一起飞行员以集体"罢飞"来维权的行为——飞行员不满公司现有的待遇，在与公司协商无效的情况下，采取了有组织、有预谋的罢飞来要挟公司管理层的极端措施。

导致的后果：据网络的调查，高达 62.4% 的乘客表明将不再选择东航航空公司，67% 表示对东航的企业管理能力与飞行员的职业品德产生怀疑。而不少乘客更是表明，即使价格更高，也愿意选乘其他航空公司的航班。

"返航"事件一石激起千层浪，铺天盖地的指责与批评汹涌而来，一场重大的东航信任危机随即掀起。

事件的起因：内部协调出现问题

"返航事件"发生的前三天，躁动的征兆已经浮现。

一封题为《致东航云南分公司全体飞行员的一封信》的公开信，开始在飞行员中流传。一位东航机长向《中国新闻周刊》记者确认，有人把这封信塞进了飞行大楼和东航飞行员宿舍里。

这是一封言辞激愤的信件。其中提到"云南猪"——东航云南分公司的飞行员们被人如此称呼；文中列举了他们遭遇的种种不公平待遇：薪酬低、上飞机前"古怪"的安检很伤自尊、税收标准与总公司相比不合理，以及跳槽遭遇天价索赔。

另一个征兆是，因为不断更换执飞人员，飞行大楼的航班表被涂改得一塌糊涂，甚至还有航班出现人员空缺。"那段时间，情绪都不稳定，很多飞行员打算请假。"东航云南分公司的一位机长对《中国新闻周刊》表示。

在返航事件发生后的一周内，东航对外声明自我矛盾，危机管理混乱不堪：先是对外界的质问闭口不答，继而称天气原因造成飞行员返航；而在央视新闻联播提出质疑与批评之后，东航仍然以天气原因为由解释飞行员的返航事件，并由公司领导与飞行员达成统一口径，上下一条心对外隐瞒事实；在民航总局派员调查事件之后，东航终于迟迟地承认错误，承认返航事件存在"人为因素"。

作为一家大型的央企、上市公司，东航这次发生返航事件以及在返航事件之后所做的一系列错误举动，对东航的品牌造成了重大打击，巨大的信任危机已经在网络上掀起。

"返航事件"的直接负面影响在短期内将使东航乘客减少，公司盈利下滑；长远来看，则使公司品牌美誉度受损，投资者信心减弱，并可能影响其在资本市场上的成长。

在中国所有主流媒体的强烈批评以及网络负面舆论对民意的牵引之下，东航几乎在公众心中成为一个罔顾公众利益的管理混乱的公司，一切与东航相关的产品、品牌、服务，都可能因这次事件而累。强大的网络负面舆论挟裹着巨大的破坏力，足足将东航辛辛苦苦建立起来的品牌价值、公众信任、企业美誉度倒退5年甚至是10年。

后续效应：诚信毁坏之后

4月6日，东航宁波飞上海航班中途返航，百余乘客"情绪激动"；7日，东航上海飞往烟台航班机械故障返航，落地后惊魂未定的乘客立即退票；7日，东航海口飞往南京的航班延误，改口延误原因遭众多乘客质疑；9日，昆明机场东航出港航班晚到几十分钟，许多乘客围着东航工作人员讨说法……

"简直都成一锅粥了！"这几天，每天凌晨时分，东航云南分公司办公大楼里还是灯火通明，工作人员步履匆匆、神情焦虑，"不管什么航班，不管什么原因，只要有那么几十分钟的延误，乘客都要闹，一线人员精神处于极度紧张的状态。"

"现在最怕航班延误了，"东航一位工作人员9日神情疲惫地告诉记者，"哪怕延误只有十几分钟，乘客都要闹一闹，弄得机场人员和飞机上的空姐都快崩溃了。"

"5年能够恢复过来已经算是万幸了，"东航有关人士9日私下告诉记者，"主要是信任度的问题。今后即便是天气原因造成的延误，乘客会相信我们的解释吗？每次都要补偿怎么办？"

因为东航在返航事件中一直对外界谎称"天气原因"，后来在事实面前不得不改口，这样不顾事实的欺骗导致乘客对东航的极度不信任。因而往后的飞机即便是正常的延误，也很容易令人联想到"返航门事件"。这场危机的后续效应因为东航的不正确处理而一直延续。

专家点评：

东航的两大失误：

1. 内部沟通的不畅导致危机的爆发

东航这次危机的爆发是因为乘务人员的不满造成的，但是"冰冻三尺非一日之寒"，相信这些问题一直都存在，只是一直没有引起高层的注意。令不满越积越深，最后导致了这样一场危机事件，造成难以消弭的恶劣影响。

2. 面对公众的不诚实表现

东航在事件发生以后，违背危机处理的诚实原则，对外坚称是因为"天气原因"，结果最终"纸包不住火"，真相公开以后，不仅没有像他们希望的那样平息事态，反而造成了信任危机，这给以后的工作带来了恶劣的影响。所以对于危机事件，企业还是应该采取积极面对的策略，尽早公开事实真相，不然迟早有一天会陷入更加难堪的境地。

资料来源：杨龙．"罢飞"事件追踪：为什么是东航．中国新闻周刊．2008（14）；东航返航事件破坏诚信　航班延误乘客就闹．腾讯网，2008-04-10；林景新．2008年中国十大企业网络危机事件．中国公关网，2009-02-05.

复习思考题

1. 危机管理参与人员应该具备哪些基本素质？
2. 对危机管理人员的选择标准是什么？
3. 危机管理人力资源的规划应遵循哪些基本原则？
4. 专业危机管理人才的培养原则有哪些？

第 10 章

危机管理中的决策与评估

第 10 章

危机管理中的决策与评估

内容提要

（1）危机决策，也称为非常规决策，它是相对于常规决策而言的，是指决策问题不常出现，或者决策情境变化无常，难以事先规定解决方案和决策程序的决策。危机决策是团体决策、多目标型决策、非确定决策和动态决策的一个决策综合体。

（2）无论是哪种决策类型，决策过程都离不开五个基本要素：决策者、决策对象、信息、决策理论与方法、决策结果。在对危机管理与危机决策的探讨的基础上，我们构建了一个动态的循环危机管理决策系统。根据危机管理决策系统，决策者可依照一定的决策步骤进行危机情境的分析与策略的选择。

（3）危机的调查通常包括对危机诱因的调查、过程的调查以及危害的调查。危机的评估是一个总结经验教训的过程，实施中需要遵循设立统一的评估目标、选择适当的评估标准、确定搜集信息的途径、将评价结果向危机管理者报告等基本程序。

决策是管理的核心，而危机状态下的决策由于时间紧迫、可利用的资源有限、沟通不畅、情境复杂等因素，对组织的管理提出了更高的要求。危机的调查与评估是改进危机管理工作的重要手段，也是顺利开展后续管理工作的必要前提。决策与评估是危机管理的重要职能，对危机中的组织至关重要。

10.1　危机管理中的决策

10.1.1　危机管理决策的特点

1. 决策的基本理论

关于"决策"的概念，不同的学者有不同的看法。科学管理学创始人之一、美国管理学家赫伯特·西蒙认为："管理即决策。"西蒙将决策看作一种管理行为。决策是见之于客观行动的主观能力，是一种主观意志的表现。它是在对未来进行预测的基础上，见之于客观行动之前的主观能力，并以目标、方向、原则、方法、途径、策略、计划等形式来指导未来的实践。学者司千字给决策进行了更具体的定义：决策就是"人"对未来实践活动的理想、意图、目标、方向和达到理想、意图、目标和方向的原则、方法和手段所作的决定。

决策理论的发展经历了三个阶段。

1）古典决策理论

古典决策理论又称规范决策理论，是基于"经济人"的假设提出来的，主要盛行于20世纪50年代以前。古典决策理论认为，应该从经济的角度看待决策问题，即决策的目的在于为组织获取最大的经济利益。古典决策理论假设作为决策者的管理者是完全理性的，决策环境条件的稳定与否是可以被改变的，在决策者充分了解有关信息情报的情况下，是完全可以作出完成组织目标的最佳决策的。古典决策理论忽视了非经济因素在决策中的作用，不一定能指导实际的决策活动，从而逐渐被行为决策理论取代。

2）行为决策理论

行为决策理论是从20世纪50年代开始发展起来的。主要代表人物是赫伯特·西蒙。他对古典决策作出尖锐的批判：理性和经济的决策标准无法确切说明管理的决策过程。于是他提出"有限理性"标准和"满意度"原则。后人又进一步发展了他的理论，认为影响决策的因素不仅有经济因素，还有个人的行为表现，如态度、情感、经验和动机等。行为决策理论的主要观点和理论体系包括：

（1）人的理性介于完全理性和非理性之间，即人是有限理性的；

（2）决策者在识别和发现问题中容易受直觉上的偏差影响，在对未来的状况进行分析和判断时，直觉往往比逻辑分析方法运用得多；

（3）决策选择是相对理性的，由于受决策时间和可利用资源的限制，决策者即使充分了解和掌握有关决策环境的信息，也只能做到尽量了解各种备选方案的情况，而不可能做到全部了解；

（4）在风险型决策中，决策者对待风险的态度比经济利益的考虑，起着更重要的作用，决策者倾向于接受风险较小的方案，尽管其带来的利益可能没有风险大的方案高；

（5）决策者在决策中往往只求满意的结果，而不愿意费力寻求最佳方案。

3）当代决策理论

继古典决策理论和行为决策理论之后，决策理论又有了进一步发展，产生了当代决策理论。该理论的核心是：决策贯穿整个管理过程，决策程序就是整个管理过程。该理论认为，组织是一个由决策者个人及其下属、同事组成的系统。整个决策过程从研究组织的内外部环境开始，继而确定组织目标，设计可达到该目标的各种可行方案，比较和评估这些方案进而选择方案，最后实施决策方案，并进行追踪检查和控制，以确保预定目标的实现。这种决策理论对决策的过程、决策的原则、程序化决策和非程序化决策、组织机构的建立同决策过程的联系等进行精辟的论述①。

2. 危机决策的概念和特点

哈佛大学校长劳伦斯·萨默斯曾说："几乎每一个领导者都会遇到危机时刻。危机管理极其重要，大多数领袖被人所记住的正是其在危机时刻的所作所为。"可见，一个组织领导的危机决策能力是其管理能力的重要组成部分。

危机决策，也称为非常规决策，它是相对于常规决策而言的，是指决策问题不常出现，或者决策情境变化无常，难以事先规定解决方案和决策程序的决策。也就是说，危机决策就是在有限的时间、资源、人力等约束条件下完成应对危机的具体措施，即一旦出现预料之外的某种紧急情况，为了不错失良机，而打破常规、省去决策中的某些"繁文缛节"，以尽快的速度作出应急决策。

危机管理问题专家罗伯特·希斯（Robert Heath）按照危机决策阶段将危机管理决策分为危机事前决策和危机事中决策两种模式。危机事前决策一般在预警系统中进行，指对风险型决策中各种可能出现的结果进行预案。如英国的肯特郡警察局的大铁皮柜子里，放着几百个像砖头大小的纸包。里面装着关于防止英法间海底隧道着火的预案，每一包都针对一种可能发生的情况。如海底隧道中段着火，可从第一包中找到应对的预案；如由电引起，可从第二包中寻求对策。几乎所有可能会发生的情况，他们都做好了预案。

危机事中决策是指危机发生后进行的策略制定与选择。危机事前决策的运作程序类似于常规决策过程中一个完整的标准化的操作规范。这种决策模式是基于决策者的理性思考产生的。但是在危机事中决策中，时间有限，理性有限，问题层出不穷，决策者可能更倾向于构建简单模式而不是复杂模式。决策者往往会制定"满意的"或者"次优"的决策。这些决策或许不是"最优"的，但是一旦符合标准就被采纳，以便节省时间。在这里我们将以危机事件中的决策研究为主进行探讨。

与常规决策比较，危机决策有以下特点。

---

① 畅铁民．企业危机管理．北京：科学出版社，2004：188－190.

（1）目标取向不同。危机发生之前的事前决策的主要目标是以预防为主。人们可以通过对组织结构的合理优化以及有效的防控监督，把危机事件尽可能消灭在萌芽状态。因此，事前的决策主要以常规决策和程序化决策为主。决策的问题一般都具有良好的结构，可以广泛征求大家的意见，充分发扬和体现民主决策。

然而，危机一旦发生，危机的决策目标就会随着危机事态的演变而变化。决策的第一目标是控制危机的蔓延和事态的进一步恶化，最大限度保护相关利益者，尤其是其人身安全和重大财产安全。它要求企业管理者危机决策快速、高效，这就要求把危机管理中的权力高度集中于决策者手中。在这种危机决策中，不可能有充分的时间和条件来发扬民主，广泛征集全体利益相关者的意见，而通常以决策者的经验和灵感决策为主。在决策的过程中，由于情况紧急，往往是将权威决策者的决定作为最后的决策结果。

（2）约束条件不同。由于企业所处环境变动急剧，同时人类理性有限，无法完全掌握信息，所以不确定性就此产生，决策者难以对事物发展状态进行精确估量。

关于不确定性，密利肯（Miliken）按照决策者的主观感觉，将不确定性划分为：状态的不确定性；影响的不确定性；反应的不确定性。这些决策情境的不确定性导致企业必须根据事态的发展，实行权变式决策，特别是在危机情境下，这种不确定性尤其明显。

① 决策时间紧迫。在不确定状态下的企业危机决策，决策者要掌握时间第一的原则，具有应对各种危机的敏锐的洞察力，恰当估计形势，快速应变，及时疏导，果断地处理，以控制危机状态的蔓延。

② 信息有限。危机决策信息有限性主要体现在 3 个方面。

首先，信息不完全。危机状态下，由于危机事态发展本身的随机性和不确定性，很多危机信息是随着危机事态的发展而演变的。很多对危机决策来说最需要的信息在事发当时是不可能完全获悉的。

其次，信息不及时。由于危机事态发展往往是急剧变化的，危机信息要从事发现场传输到危机指挥决策机构，中间又要经过好几个层级。因此，最高决策者对危机信息的掌握往往滞后。

再次，信息不准确。危机决策虽然是非程序化决策，但是决策程序仍然要经过一定的步骤。每个决策步骤都是信息输入与输出的过程。在信息传输过程中，信息很容易失真。

③ 资源尤其是人力资源紧缺。危机决策对管理者素质，尤其是心理素质的要

求非常高。而危机决策中，人力资源最紧缺的首先就是高水平的决策者。其次，危机决策中缺乏专业技术人才。在现代企业经营中，每个企业不可能对决策涉及的每个方面、每项技术都充分了解。有些技术性很强的企业危机，譬如核泄漏、有毒有害化学品泄漏等，只有在咨询专家智囊团的意见后才能决策。

④ 技术设备稀缺。为避免大规模的人员和财产损失，危机管理者往往需要配备大量专业技术设备，如交通工具、通信设施、计算机辅助设备等，作为实施快速决策的支持平台。这些专业设备的失灵，也会给决策者带来更多困难。

（3）决策程序不同。危机决策属于典型的非程序化决策，其程序在不损害决策合理性的前提下必须简化。常规决策和危机决策的具体区别如表 10-1 所示。

（4）决策效果不同。一般来说，常规决策的效果是可以预期的，而危机决策则是一种模糊决策和非预期决策，决策方案的实施效果如何、能否按照原意严格执行、执行后影响如何，对于这些问题，决策者没有时间进行充分考虑，结果也很难预料[1]。

表 10-1　常规决策和危机决策类型比较一览[2]

决策类型	类型特点	决策制定技术	
		传统式	现代式
常规决策	程序化的：常规性，反复性决定，企业为处理该类型决策而研究制定的特定过程	1. 习惯 2. 事务性常规工作：标准操作规程 3. 组织结构：普遍可能性，明确规定的信息通道	1. 运筹学，数学分析，模型，计算机模拟 2. 电子数据处理
危机决策	非程序化的：单射式，结构不良，新的政策性决策，用通用问题解决过程处理的	1. 判断、直觉和创造 2. 概测法 3. 管理者的遴选和培训	探索式问题解决技术，适用于： 1. 培训人类决策制定者 2. 编制探索式计算机程序

10.1.2　危机决策的属性

美国学者拉西特和斯搭尔认为，不同类型的决策应用不同的决策过程。那么，危机决策的决策过程又是怎样的呢？根据决策的一般属性，如层次性、多义

---

① 畅铁民. 企业危机管理. 北京：科学出版社，2004：191-193.
② 畅铁民. 企业危机管理. 北京：科学出版社，2004：193.

性、随机性和几变性等，可以把危机决策理解为团体决策、多目标型决策、非确定决策和动态决策的一个决策综合体（见图 10-1）。通过分解不同决策属性的特点，我们可以对危机决策的过程有进一步的了解。

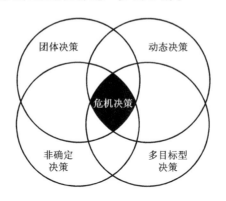

图 10-1　危机决策的属性①

1. 团体决策

根据决策的层次性，可把决策分为个人决策和团体决策。但在危机中，为了减轻个人因承受过多压力而造成决策的过失，同时，也为了避免大规模组织决策在时间上的拖沓，组织通常都会采用小团体决策模式，通过合理的分工，采用多数制的表决方式来提高决策的效率。

2. 多目标型决策

根据决策的多义性，即事物可能向各种可能的方向变化与发展，可知危机决策是一个多目标的决策过程。例如，危机给企业组织带来的影响除损害以外，可能还有发展的"机遇"。因此，危机决策的目的不仅要解决问题，还要扭"危"为"机"。在制定与选择策略时，企业组织要采取多目标决策，应自觉地提出尽可能多的待选方案，不仅要降低经济损失，维护企业形象，还要趁此提升企业品牌形象。

3. 非确定决策

根据决策的随机性，即事件发生与发展的偶然性和不确定性，可知危机决策是一个典型的非确定决策。非确定决策包括风险决策和竞争决策。在危机中，虽然许多研究者为危机决策者提供了各种战略及战术，但由于面临极度不充分的信息环境和具有差异的危机情境，即使决策者有先前的经验和规律可循，危机决策也存在很大的风险。

① 招志蕴．探析危机传播中的决策之道［D］．暨南大学，2006.

此外，在非确定决策中，竞争决策是一个非常糟糕的状况。尤其在危机传播的决策中，一切具有利益冲突的利益相关者都有可能成为企业的竞争对手。如危机中的媒体关系，如果处理得不好，媒体就会成为企业的"竞争对手"，对危机事件进行不断的炒作与负面报道。因此，决策者要尽量避免风险决策向竞争决策的转变，尽量保持与利益相关者的合作而非对抗关系，力求赢得利益相关者的理解、同情和支持，从单赢走向双赢。

4. 动态决策

根据决策的几变性，即外界环境与信息的不断变化，可知危机决策是一个动态的决策过程。如随着舆论态度、危机阶段等变化，现阶段的决策可能不适合下一阶段的危机情境。因此危机决策主体需要进行动态决策，不断地根据实际情况对决策结果进行相应的调整，如调整自身的态度、传播的主题信息等，以达到"人尽其才，物尽其用"，使其得到最佳、最快的发展①。

10.1.3　危机决策中的情境诊断

在危机决策以前，最重要的应是危机情境的诊断，因为唯有透过正确的情境加以判断，才能制定出正确与可行的目标，其后的策略与战术才会更有效用。在危机传播研究中，有学者提出了"危机情境——反应策略"的决策理论，即危机决策者通过评估危机的情境来选择适当的危机反应策略。此外，学者库姆司也指出，危机情境决定危机管理策略的选择，也决定决策者的思考框架。

危机情境与其诊断在决策过程中的重要性不言而喻。那么，什么是"危机情境"？影响危机情境诊断的因素又有哪些？接下来，我们将针对这两个问题一一进行探讨。

1. 危机情境

简单地说，情境就是在特定时间与地点发生的情况与事物。那么，是否危机情境就是在特定时间和地点发生的危机事件中所出现的各种情况和事物呢？

实际上，由于受到事态不确定、信息不充分、时间紧迫等危机事件特有的条件约束，危机情境不能像一般的情境，在相对充分的时间和信息环境中为人们所全面和客观地认识。危机情境的特殊性在于它所呈现的情况和事物在很大程度上受到决策主体的主观意识影响。正如社会学家托马斯所说，对情境的界定是人类意识"内化"外部刺激的独特过程和功能。有鉴于此，我们不能忽略或掩盖危机情境的特殊性，简单地把它定义为危机事件中的各种情况和事物，而是要在此基

---

① 招志蕴. 探析危机传播中的决策之道［D］暨南大学，2006.

础上，把"人"的主观性加入其中。

根据托马斯的观点，可以得出两个结论。

一是"情境"的诊断是主观定义的过程，这种主观活动所产生的结果依然是客观的。但同时，这种客观也是相对的，因为"情境"（主观）与现实（客观）之间的距离将随着人的认知能力的差异而变化。认知能力越高，"情境"就越符合现实。反之，"情境"的认知就越片面。

二是"情境"是外部刺激因素的"内化"过程。也就是说，外部刺激因素影响着"情境"在人脑海里的形成与认识。根据以上分析，"危机情境"就是危机决策主体在特定的危机事件中，根据决策主体的认知能力，通过对外部刺激因素进行判断与评价，对危机现实形成的一个相对客观的认识。

2. 影响危机情境诊断的因素

在危机传播过程中，决策者如何确保对危机情境的诊断结果更接近客观事实，并能有效指导危机中的决策？这就需要我们对影响危机情境诊断的各种因素加以研究。

根据对"危机情境"的定义，影响危机情境诊断的因素可以分为内部因素和外部因素：内部因素是指在危机事件中决策者的认知能力；外部因素是指决策者进行评价与判断的外部刺激因素。

1）内部因素

在危机决策中，决策者的认知能力受到两个因素的影响。一是个人因素。一些研究微观层次的学者指出，决策者在处于绝对的支配位置、危机时刻和面临许多不确定因素的时候，个性因素表现得最为突出。如参与决策的成员，特别是最高决策者的个人经历、学识、信仰、特点、风格、能力、习惯、个人价值观和家庭等因素。此外，在巨大的决策压力下，决策者个人的心理素质也非常关键。在霍尔斯蒂（Holsti，1978）提出的压力模式中，他认为危机造成高压力，将使决策者认知僵化，认知能力、注意力和推理能力降低，从而导致决策盲点，包括：因认知能力窄化而使问题解决的途径局限单一，欠缺周详，容易排除他人意见等。

二是组织因素。组织影响决策者认知能力主要通过两个方面：组织硬件和组织软件。组织硬件是指企业危机传播小组的设置状况，如规模大小、结构形式、规则程序及决策模式等。如政治权力决策模式，即由组织内掌握最大权力的个人或利益团体取得最后决策权，并从中获得最大利益。此模式如用在危机决策中，可能会导致领导者个人的认知成为最终的决策结果。而组织软件是指决策者群体决策行为所造成的群体环境。决策环境是和谐还是竞争，是互相交流还是封闭环抱，决策人是公证无私还是带有个人目的，这都将极大地影响着决策者最终的认知结果。

2）外部因素

影响危机决策中情景判断的外部刺激因素相对复杂。到目前为止，学者们还没有达成一致的看法，以下是部分学者的相关论述。

第一，毕林斯（Billings，1980）和米尔博恩（Milburn，1980）等强调危机认知过程可分为两部分。第一部分是"确认引发危机的诱发事件"与察觉问题；第二部分是判断问题的严重性。

第二，米特洛夫和皮尔生（Mitroff and Pearson，1993）的研究调查也发现：危机的种类、阶段、系统与利益关系人是危机管理的四个主要原因与变数，也是危机预防的主要思考方向。

第三，斯特奇斯（Sturges，1994）认为危机的重要性、立即性及不确定性共同构筑出危机的情境。此外，还受到组织的危机传播做法的影响。

第四，库姆斯（Coombs，1995）主张从社会大众的感知面着眼：危机种类、证据的真实性、危机伤害程度以及组织过往的表现构成危机情境。

第五，西尔瓦和迈克格恩（Silva and McGann，1995）则从危机造成的后果出发提出四个审查要素：① 这个事件会对达到经营使命的能力造成多大程度的影响？② 这个危机的强度与迫切性为何？它能扩展到多大？③ 哪些价值会受到影响？损失的长期潜在可能性为何？④ 哪些关系会受到威胁？

虽然各学者的观点不一致，但对危机情境的分析与认知均具有一定的共性，即危机决策者可从危机本质属性与社会大众对危机的感知两个层面对危机情境进行评价与判断。其中，危机本质属性可包括危机种类、危机阶段、危害程度等；关于大众对危机的感知，虽然学者们没有过多提及，但根据认知主体的分类，可以把大众对危机的感知细化为利益群体意见、公众舆论和大众媒介舆论等。在影响危机情境诊断的因素中，除了以上提到的内部因素和外部因素，无论是媒体、公众、利益群体，还是决策者，都在相当大的程度上把历代承袭的道德伦理规范视为天经地义而信奉和遵循。在决策过程中，中国伦理道德观潜移默化地成为社会大众对危机感知与决策者对危机情境诊断的一个判断标准。社会伦理也应该被纳入外部因素的研究范畴，探讨其对危机情境诊断与决策的影响。

综上所述，影响危机情境诊断的因素可分为两大部分：一是内部因素，即影响决策者认知能力的个人因素和组织因素；二是外部因素，即危机本质属性与社会大众感知两个层面。危机本质属性包括危机阶段、危机种类、危害程度等；社会大众感知包括利益群体意见、公众舆论和大众媒介舆论；此外还有社会伦理①。

10.1.4　危机管理决策系统

虽然危机决策难以事先规定具体的方案，但根据决策的同态性，即对于任何复杂的系统，它的同构系统是一定存在的。那么，如何巧妙地设计出危机决策系统的同态系统，以更有效地为危机决策服务，是危机决策研究的一项重要任务。

1. 决策系统的五个基本要素和决策系统

决策者、决策对象、信息、决策理论与方法、决策结果是决策学的五个基本要素。无论是哪种决策类型，其决策过程都离不开这五个基本要素。根据这五个基本要素，中国学者司千字构建了决策学的基本结构（见图 10 – 2）。

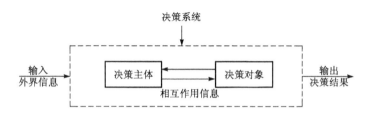

图 10 – 2　决策学的基本结构②

从图 10 – 2 来看，司千字把决策者作为决策主体，通过与决策对象之间的信息互动，形成一个主客观的决策与被决策的关系，从而构成了决策系统。外界信息则通过对决策系统的输入，经过决策系统内部的复杂转换，如决策理论和方法的分析、推理、判断，从而输出决策信息，即决策结果。该决策系统的优点在于能把决策系统的脉络和要素清晰地勾画出来，尤其是把决策主体与决策对象的互动、互换关系清晰地体现出来，从而体现决策者本身又是决策对象的一部分。其启示在于在决策过程中，决策主体和决策对象是相互约束的，在一定的条件下，决策主体可以反控于决策对象。

但是，该决策系统也有不足之处。决策系统中的信息可分为内部信息和外界信息，缺少任何一种信息，决策系统都不能正常工作。然而，在司千字的决策系统中，我们可以看到，外界信息是在决策系统之外的；同样，决策结果也被排斥在外。此外，从动态型的危机决策来看，决策往往不是一次性完成的，它更需要

---

① 招志蕴. 探析危机传播中的决策之道［D］. 广州：暨南大学，2006.
② 招志蕴. 探析危机传播中的决策之道［D］. 广州：暨南大学，2006.

不断地根据外界的反馈进行自身的调整。因此，决策系统应该是双向循环的，而非单向线性的。

基于以上分析，可以在继承司千字构建的决策系统的优点之上，进一步完善与弥补其决策系统的缺点，构建危机管理决策系统的雏形（见图 10-3）。

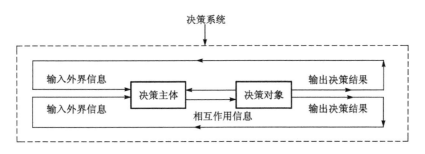

图 10-3　危机管理决策系统的雏形①

2. 危机管理中的决策系统

危机管理的核心是使危机中的不同意见在沟通过程中达到"互相理解"的共享程度，并向有利于企业组织的方向发展。那么，如何让危机情境诊断、危机反应策略选择与制定的决策过程有条不紊，达到信息的"互相理解"呢？构建危机管理的决策系统将有效地解决这个问题。结合前文对危机管理与危机决策的探讨，我们可以对危机管理的决策系统进行以下三个步骤的构建：

首先，根据危机管理和危机决策过程的特点与所涉及的内容，对危机管理中决策系统的五个基本要素分别界定；

其次，根据危机决策思路，以及各因素之间的关系，在危机管理决策系统的雏形基础上，对危机管理决策系统框架进行构建；

最后，根据五个基本因素具体对应的内容，对号入座，完成整个危机管理决策系统的构建。

遵循以上三个步骤，危机管理的决策系统构建如图 10-4 所示。危机决策主体为危机处理小组的成员和领导，其决策与认知能力受个人因素和组织因素影响；同时，危机决策主体通过对外部刺激因素，如危机本质属性（危机阶段、危机种类等）、利益群体意见、公众舆论、大众媒介舆论和社会伦理进行资料的搜集和分析后，完成对危机情境的诊断；根据危机情境的诊断结果，决策者得出决策结果——危机传播反应策略，并输出决策系统；危机策略一旦输出，便产生传播效果，重新以外部信息的方式逐层反馈到决策系统中的各影响因素中，进而不

---

① 招志蕴. 探析危机传播中的决策之道 [D]. 广州：暨南大学，2006.

断地影响危机情境的诊断与危机决策的结果。

整个危机管理的决策系统在形式上是一个动态的循环决策系统，其中危机情境（决策对象）和危机决策主体（决策主体）是整个决策系统的核心，两者之间进行不断的信息互动与反馈。从各因素的影响层次来看，排在最外层的是社会伦理，因为它被视为天经地义而被信奉和遵循，因此，其影响范围是最广泛而根深蒂固的。其次，是大众媒介舆论。它不仅可以直接影响议程的设置，更能间接地塑造公众舆论。接着是公众舆论，它是公众对危机事件中的政治、经济、社会等各种问题的认识、感情和态度的反映。在一些冲突问题尤其是危机时刻，公众舆论可以直接或间接地对决策过程起到制约作用。然后是与危机事件相关的利益群体，作为影响危机情境最直接的群体，他们通过各种手段向社会公众、政府和企业施加影响，以期达到和服务本团体的利益。最后是危机阶段、危机种类等危机本质属性，他们是危机情境最基本的表现。以上多种因素通过危机决策主体的评价与判断形成危机情境的诊断和危机应对策略。而在决策过程中，决策主体对危机情境的认知能力在不同程度上受到组织因素与个人因素的影响。

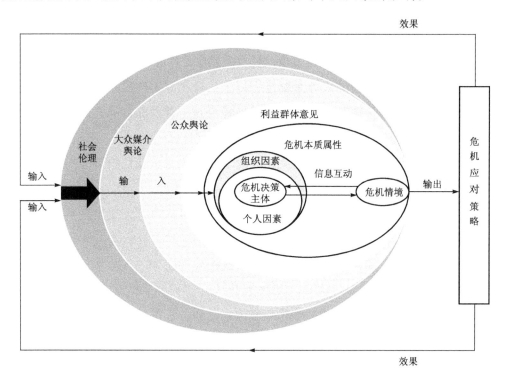

图 10 - 4　危机管理的决策系统①

———————

① 招志蕴．探析危机传播中的决策之道 ［D］．广州：暨南大学，2006.

　　根据危机管理决策系统，决策者可依照以下四个决策步骤进行危机情境的分析与策略的选择。

　　步骤一：对危机情境进行定性

　　通过对事情来龙去脉的了解，如危机的诱因、危机阶段、危机中所牵涉的人与物、危机的危害程度与范围、危机主体的角色与责任、各影响因素之间的关系等，对危机情境进行定性，找出问题与目标，为方案的制订与选择确立方向。

　　步骤二：根据特定的危机情境制定与选择相应的策略

　　在选择和制定危机应对策略时，决策者要根据危机情境的特点制定出正确与可行的目标，而后的策略及战术才会更有意义与功效。如在危机事件中，证据如果是真实的，则可以采取"压抑屈辱策略"。证据如果是错误的，则可用"否认与澄清策略"。切忌不分青红皂白，盲目地根据通则性的规则和方法而进行危机传播的决策，因为不同的危机情境必须采取不同的回应策略。

　　步骤三：根据决策的依据，选择"最优"方案

　　在危机传播决策时，决策者需要依靠一定的判断依据来选择应对危机情境的策略。而在危机事件中，往往会同时出现多个危机情境。这时的危机决策者就需要从不同层面、不同角度同时使用多个判断依据来选择相应的策略，然后再筛选与整合。

　　步骤四：根据反馈效果不断调整决策方案

　　不同的策略将在危机传播的实施中产生不同的效果，而这些效果将直接反馈在大众媒介、公众和利益群体的报道、态度和行为之上。因此，在危机传播决策中，要注意时刻检测外部信息的变化与反馈，摒弃单向传播的思维方式，与媒体、公众和利益群体进行及时的沟通，了解检测的主要指标，如媒体报道的数量、媒体报道的态度（正面/中性/负面），公众和利益群体对品牌形象的评价，以及产品销售上的数字变化等。通过这些信息的收集和分析，及时调整危机决策的策略与方案①。

10.1.5　危机迷情与危机决策过程中的失误

1. 危机迷情

　　罗伯特·希斯认为，危机管理者在危机决策过程中要避免出现"危机迷情"。这种迷情是导致发生危机管理失控的、不着头绪的关键因素。其产生的原因主要是：

---

① 招志蕴. 探析危机传播中的决策之道［D］. 广州：暨南大学，2006.

（1）危机周围环境混乱不堪；

（2）压力重重下沟通系统发生扭曲；

（3）不确定性，这会阻止管理者深入认识正在发生什么以及最好应该如何做。

由于受到危机的刺激和迷惑，管理者思考与交流的能力会减弱，迷惑不清的沟通会使这种迷惑不清的情形愈发严重。人们总是期望事件如预期的那样运行，以产生预定的结果，而缺乏确定性的结果与运行的不可预测性会使危机失去控制。

危机迷情的表现是：危机管理者如果对先入为主的信息比较重视，决策时会产生两个结果。第一种结果是极端的排斥风险。这种情况下，制定的决策难免僵化或过于受限于具体数据。其结果是"鸵鸟反应"，即把头埋在沙堆里，不肯承认实际情况，或反应狭隘，甚至惊慌失措，面对信息两眼发直、四肢麻木。第二种情况正好相反，是接受极端的风险。这通常又有三种结果："黄粱美梦"反应，即试图寻求现成的关键信息，并随便地遵照这些信息行事；"粗心轻率"反应，即对信息走马观花一番就进行决策；"闻风而起"反应，即将最危险的行动看作处理问题最快捷的过程。

危机管理者将大量时间用于分析、决策、行动等反复循环的过程，故而会感到压力和紧张。这种情境中的危机管理者，在没有充足信息和充分考虑时就开始制定决策，因为他们对时间飞逝、决策要当机立断的认识非常清醒。结果会产生："第一辆出租车"反应，也就是依据最初的想法和所见行动，因为在叫出租车时，我们总是向第一眼看到的出租车招手；"僵化时刻"反应，也就是面对形势时思想和身体反应麻痹；"世界末日"反应，即受危机形势打击而产生挫败情绪和放弃心理。

训练增加信息的收集量以及对危机情境的评估，可以使这些反应迷情有所减轻。信息收集得越多，训练有素的反应就会使信息变得更具有可靠性，危机管理者在利用信息时会有更多的信心。因此，危机形势下的训练和实践是十分必要的。

2. 危机决策过程中的失误

危机情境中的决策往往建立在信息不充分的基础上，同时决策者还要经受严重心理反应，这很容易造成危机决策过程中的决策错误。布雷姆（Brehmer）所提出的危机状态下的三种决策错误是：目标不确定、以点带面和拒绝。

所谓目标不确定，是指危机决策者从一个目标转向另一个目标，如同毫无目的、到处乱飞的蝴蝶。不确定隐藏在"以点带面"和"拒绝"之间，处于这种失误状态的决策者很不稳定，很容易从一个事故转向另一事故，从一个"事实"转向另一个"事实"。

所谓以点带面，是指以牺牲其他目标为代价而集中于一个目标的危机决策失误。以点带面的失误可能造成危机恶化。例如，机组人员只关注某一特别事故而忽略其他事故，导致了许多飞机事故的发生。1972 年 12 月美国东方航空公司在迈阿密的飞机坠毁事件（401 航班）、1978 年 12 月美国联合航空公司在波特兰的 DC8 飞机坠毁事件，都是因为机组人员过分关注飞机起落架是否放下，401 航班的机组人员忘记了使用自动驾驶系统，DC8 机组人员则耗完燃料，造成了飞机坠毁的恶果。

所谓拒绝，是指不作任何决策。

此外，危机情境中的决策失误还包括团体心理定势。贾尼斯（Jains）提出了"团体思考"式的危机决策失误，其特征是：缺乏搜寻所有数据与信息的努力；任意团体成员都不愿意反对某一行动；团体的某一或某些高级成员对某一选择会强烈的支持；对情境与人们持一贯的看法；全体一致的错觉；恰当的、无懈可击的错觉。

对于这种"团体思考式"的错误，有以下解决方法：

（1）寻找基本假设与视角；

（2）鼓励异议，而不仅是反对；

（3）有意考虑每一个可能的最坏结果；

（4）使用非正式组织而不是正式组织去寻求解决方案，并分析各种方案的各种可能结果。

在危机决策过程中，力争避免与"团体思考式"错误有关的心理定势：传统智慧、教条主义、长期经验等。这些心理定势往往导致管理者忽视企业现在的特定环境，忽视了各种不同类型的危机应有不同的处理方式。所以在危机处理中，我们应该积累过去的经验、计划和训练，但是更需要审时度势、因地制宜①。

10.2　危机管理中的评估

10.2.1　危机管理中的调查

通常在危机的恢复期，组织会对整个危机进行全面地调查与分析，吸取经验

---

① 周永生．现代企业危机管理．上海：复旦大学出版社，2007：177–179.

教训，最大限度地避免类似危机的再次发生。事实上，对危机管理的调查并不只是在危机的恢复阶段才出现，而应贯穿在整个危机处理的过程之中。

危机调查主要包括以下三个方面的内容。

（1）危机诱因的调查。危机的真正诱因往往隐藏在一系列现象的背后，这就需要我们透过现象发现本质，找到引发危机的根源，只有这样才能因地制宜，制订科学的危机处理方案。

（2）危机的过程调查。危机的过程调查包括对危机发生的时间、地点、周围的环境、利益相关者的反应、媒体的动态等方面资料的收集、记录与分析，通过对有关资讯的处理提高危机决策的准确性，尽早化解危机。

（3）危机的危害调查。危害调查既包括对直接损失的调查也包括对间接损失的调查。直接损失较为直观，包括危机中人员伤亡的情况，损害的财产物品的数量与价值等，调查起来比较简单；间接损失是在危机中间接受到影响的事物，如危机对社会风气的负面影响、对企业形象的不良作用、在受众心理留下的阴影等，这类损失的信息较难收集，量化也比较困难。

常见的危机调查方法主要有以下几种。

（1）观察法。观察法是在自然情景中对人的行为进行有目的、有计划的系统观察和记录，然后对所做记录进行分析，发现心理活动和发展规律的方法。孔子曰："始吾於人也，听其言而信其行；今吾於人也，听其言而观其行。"[①] 就是指用观察法来认识人。在这里，主要是指对危机发生现场的观测与勘探、对有关利益相关者言行的观察与记录，通过对这些信息的分析处理为决策提供依据。

（2）访谈法。是指通过访员和受访人面对面的交谈来了解受访人的心理和行为的研究方法。访谈法的优点在于可控性强，反馈及时，沟通深入；缺点是样本较小，需要较多的人力、物力和时间，应用上受到一定限制。团体访谈不仅节省时间，而且与会者之间会相互启发影响，有利于促进问题的深入。危机中可以通过面谈、电话访谈、团体访谈等方式了解危机发生的经过、利益相关者的意见与态度等。

（3）问卷调查法。问卷调查法是用书面形式间接搜集研究材料的一种调查手段，研究者将所要研究的问题编制成问题表格，以邮寄方式、当面作答或者追踪访问方式填答，从而了解被试者对某一现象或问题的看法和意见，又称为问题表格法。

问卷调查法的优点在于：节省时间、经费和人力；具有较好的匿名性，易于

---

① 《论语·公冶长》

收集到真实的信息；可以避免偏见，减少调查误差；便于进行比较和定量分析。不足之处是对被调查者的文化水平有一定要求且回收率较难保证。问卷调查常与观察法、访谈法结合起来运用，用来获得有关危机的全方位的信息，以求得到最为客观、公正的结果。

（4）文献分析法。危机中的文献分析是指通过收集大众媒体对危机的报道以及利益相关者对危机态度的报道，或者通过查阅已有的文献或凭证，了解有关情况，查找危机爆发的原因。[①]

10.2.2　危机管理中的评估

危机管理中的评估是一个总结经验教训的过程，建立一个有效的危机管理评估体系，能客观地反映危机管理中的成败得失。危机管理评估的范围很广，内容可以包括危机管理战略框架的评估、危机管理计划的完备性评估、危机预警系统的评估、危机管理措施的评估、危机管理沟通的评估、危机的媒体管理评估、危机的人力资源管理评估、危机的决策情况评估、危机后组织形象的评估等，组织可以根据自己的需要，对各部分工作进行调查与评价，认真总结危机管理过程中的得失，为今后的危机管理提供经验和方法上的借鉴。

在众多的危机评估内容中，组织往往特别关注组织形象在危机发生前后的变化，甚至常将对组织形象的评估作为危机恢复阶段的一项重要工作来完成。在此，我们以组织形象的评估为例，来看看危机评估的基本程序。

所谓形象评估，就是根据一定的标准，对形象计划、形象铸造过程及效果进行衡量、检查、对照、评价和估计，以判断其状态或价值。[②] 根据这个概念，危机恢复期对组织形象的评估就是根据一定的标准，对处于危机恢复期中的组织的形象状态以及危机管理启动机制对形象控制的效果进行衡量、检查、对照、评价和估计，以判断形象的总体状况以及接下来应该怎样进行形象修复。

评估是危机形象恢复和重建的起点，危机形象评估的基本程序如下。

（1）设立统一的评估目标。统一的评估目标是检验形象活动的参照物。有了参照物才能通过比较来检验形象活动的结果。即使这一评估目标更多的是定性而非定量的，仍需定出一个统一的评估目标。在平时的评估过程中评估人员可以将形象危机评估重点、提问要点等形成书面材料，以保证评估活动顺利进行。而在危机恢复期，由于没有足够时间去作详细的评估，故而应该将一些危机时刻的主

---

① 肖鹏军. 公共危机管理导论. 北京：中国人民大学出版社，2006：131.
② 秦启文，周永康. 形象学导论. 北京：社会科学文献出版社，2004：282.

要矛盾作为评估目标。

（2）选择适当的评估标准：通常来说，标准反应通常是形象主体的期望效果。如果一个组织将"让公众了解自己、支持当地福利机构，以改善自己的形象"作为活动的目标，那么，评估此形象活动的标准就应该是了解公众对组织的认识情况以及观点、态度和行为的变化。对于危机形象评估来说，可能最普遍的形象评估标准就是：目前组织在公众心目中的形象是否下跌，下跌多少？这样定性的评估可针对以下几个要素进行评估：危机发生前组织的形象状况，危机爆发和演进过程中组织的形象状况，危机事件结束后，即当下组织的形象状况；对照危机发生前、演进中和结束后组织的形象状况，分析其变化，针对这些变化，确认组织形象恢复和改善的具体目标和任务。在自然状态下，这些要素是难以被量化的，但是作为评估来说，一个被量化的结果是最直观的，我们应该人为地将形象量化。比如，我们可以将危机形象评估要素再细分成以下若干项目进行评分，做成危机形象评估标准表（见表 10 - 2）。

表 10 - 2　危机形象评估标准表

项　　　目	危机发生前评分	危机发生后评分
维护公共利益		
公开、真诚		
值得信任		
勇于承担责任		
对内对外一致		
友好亲善		
……		

（3）确定搜集信息的途径。

在普通情况下，要完成以上评估应该尽可能多选取一些层次的人群来完成。但是在危机恢复期，这样做是不合适的。评估应该控制在一定范围的人群——利益相关者内举行。如何使在一定范围内进行的评估尽可能客观呢？这就要求危机恢复内部人员在评估过程中保持一颗公正客观的心。通过广泛搜集媒体信息来进行打分是一个比较好的办法，因为在没有直接向大众询问的情况下，大众媒体信息有助于人员更好地保持客观心态。

（4）将评价结果向危机管理者报告：无论是何种形象评估，这都是一项固定的制度。它可以保证危机管理的领导者及时掌握情况，从而进行全面协调。

案例直击

恒源祥——牺牲美誉度，追求知名度

企业介绍：

恒源祥创立于 1927 年，是中华老字号企业。目前，恒源祥由上海南京路上一家占地 100 多平方米的毛线商店变成了一家拥有中国驰名商标，集针织、服饰、家纺、绒线为一体的集团企业。集团下辖十多家全资子公司，一百多家联盟体工厂，在中国拥有六百多家经销、分销商，五千多个销售网点。2005 年恒源祥销售额近 40 亿元、年销售商品 3 400 万件、相关联的产业人员 4 万人。

恒源祥集团是中国乃至全球羊毛年使用量最大的企业之一——每年耗用量达 1 万吨以上，金额超过 5 000 万美元；同时是全世界最大的手编毛线产销企业，年产量曾于 1996 年达到创历史纪录的 1 万吨，目前稳定在 8 000 吨左右。

恒源祥不仅是中国毛纺行业中举足轻重的企业，也是被业界誉为中国运用商标品牌资产经营得最好的企业。坚持品牌经营，不断创造"第一"是恒源祥续写市场神话的动力：恒源祥是国内唯一一家连续 12 年赞助中国足球事业的企业；恒源祥是国内第一家拥有世界最细羊毛的企业；恒源祥也是国内第一家拥有全新男子人体数据库的企业；2005 年，恒源祥与中央电视台王牌栏目《同一首歌》合作，完成史无前例的企业品牌与媒体品牌的强强联手……

经过近 80 年的发展，恒源祥在全国赢得了 90% 以上的品牌认知度。1999 年，"恒源祥"获得"中国驰名商标"称号。2001 年，恒源祥成功实施 MBO，在当时被誉为中国最成功、最经典的 MBO 案例。2002 年和 2003 年，"恒源祥"蝉联"中国十大公众喜爱商标"称号。2004 年，恒源祥被评为"中国最具文化价值十大品牌"。2003 和 2005 年，"恒源祥"牌羊毛衫、羊绒衫先后荣获"中国名牌产品"称号。2005 年，由世界品牌实验室发布的中国 500 最具价值品牌排行榜中，恒源祥位列 293 位，品牌价值 20.41 亿元。

这样的一家知名企业，却在 2008 年卷入一场令人尴尬的话题当中，受到大众的广泛批评，让我们来看看事件是如何发生的。

事件回放：

节后的网民尤其是上班族，近日相互传播最多的内容之一就是恒源祥春节期间在各大电视台播放的一分钟重复轰炸型广告视频。

在这则长达 1 分钟的电视广告中，由北京奥运会会徽和恒源祥商标组成的画面一直静止不动，画外音则从"恒源祥，北京奥运赞助商，鼠鼠鼠"，一直念到"恒源祥，北京奥运赞助商，猪猪猪"，将中国 12 个生肖轮番念过，简单的语调重复了 12 次。

网民恶评如潮，有人说开始的时候还以为电视机卡壳了，有人说看得"要崩溃"，大部分人反映，现在一看到这则广告就赶紧换台。当然，也有人评论，这样的重复轰炸耳朵，广告效果也算是达到了：大家都记住了恒源祥是 2008 年北京奥运会的赞助商。

恒源祥的考虑

"什么难听的话我都听到了，但是也有人表示这样的广告有创意，毁誉参半吧。"恒源祥广告部有关人士在 2 月 14 日接受《第一财经日报》采访时说。据介绍，这则广告至今播出不满 200 次，但短时间内已经引起了高度的关注。2 月 17 日，他们还将在北京，就恒源祥独特的奥运营销方式开一次研讨会，届时会向外界详解恒源祥选择打这样一则广告的原因。近阶段，恒源祥正在收集电视观众和网民的意见。

1 分钟的电视台广告投入不菲。恒源祥在安徽、江苏、浙江、湖南、上海和山东等地各大电视台都投放了这则广告，时间段从早上到晚上都有。

恒源祥集团副总经理陈忠伟曾在接受《第一财经日报》记者采访时坦言，自成为北京奥运赞助商以来，公司自觉压力很大。奥运会其他赞助商和合作伙伴都是世界或中国的顶尖企业，财力雄厚，而恒源祥在这个行列里只能算是个小企业，另外奥运会历史上还没有羊毛和羊毛衫这个行业的赞助商，他们没有任何案例可以借鉴。

数据显示，恒源祥 2006 年的销售额约为 45 亿元，但恒源祥自己不从事生产和销售，靠品牌输出收费的恒源祥利润总额不一定丰厚，规模的进一步扩大也将增加更多的管理压力。另外，这家 2001 年由国企转制的民营企业，到 2005 年底，才还清因转制欠下的所有债务。而此次恒源祥赞助奥运，其代价相当于"再买一次恒源祥"。

这一财务状况令恒源祥决定，必须将每分钱都花在刀刃上。

陈忠伟曾告诉记者，尽力压缩成本，创造"令人记住"的传播效果，重复、持续，宁愿被骂也不能被忘记，这些一开始就确定的营销方针，至今仍是恒源祥营销部门的案头格言。

而这一次，恒源祥更是将这一营销宗旨发挥到了无以复加的地步。与脑白金广告打了几个月后才挨骂的历史相比，恒源祥在最短的时间创造出了骂名，也算是破了脑白金的纪录。"我们会根据自身的财务状况，作出 1 到 2 个经典案例。"陈忠伟年前曾对记者透露，而在 14 日接受记者电话采访时，陈忠伟认为恒源祥已经达到了目的。

这则广告的播出对于恒源祥是福是祸呢？参加新浪网调查的 4 万多网友中，将近90%的人对他们的广告内容表示反感，近80%的人认为这样的广告对品牌有损害。虽然该品牌传媒顾问说，这种单调重复的广告形式是为了打响"知名度"，但面对70%多的人在前述调查中表示"看到这个广告后不会购买恒源祥产品"的结果，指望这个解释来圆场，很难。总之恒源祥的知名度是达到了，因为所有被轰炸过的耳朵估计都不会忘记。但是这样的做法对品牌的成长真的有好处吗？

专家点评：

恒源祥的广告初衷是令人难忘，但是它采取了非常极端的手法。首先赞助奥运是企业凸显民族责任感的好机会，适当的宣传会起到很好地加强企业美誉度的作用。这方面我们可以从王老吉在汶川地震中的表现看出。本来是增加品牌美誉度的大好机会，可是恒源祥却采取了完全相反的策略，先将品牌好感毁得所剩无几，然后通过令人厌烦的策略令人强记住品牌名称，其实这样做有什么好处呢？你要塑造的是一个令人有好感的品牌，人们才会去购买你的产品。塑造一个尽人皆知而又反感的品牌，对品牌的成长真的是一种助力吗？

这种刺激过多、过强和作用时间过久而引起心理极不耐烦或反抗的心理现象，称为"超限效应"。马克·吐温回忆过年轻时他的这种经历：有一个牧师演说要人们捐钱，他说了 5 分钟，我就想捐了，可他还不停地说，我就只想捐原来的一半了。最后他居然说了一个小时，太可恶了！我就从他的钱箱子里拿出 2 元钱才罢休……

从广告学的理论来说，一个企业对自身的宣传，知名度仅仅是基础层次，美誉度和消费者的忠诚度才是品牌价值的集中体现。这种不惜"遗臭"的追求，体现出的是一种"审丑"——只求吸引眼球，不计代价；只求形式骇人，不管内容。这种娱乐圈中低劣的炒作手法，居然被大型企业借鉴来当作广告策略。广告人出此下策，究竟是对当前的民众没有信心，还是自己放弃了对美的信念？观众现在的态度已经给出了答案。

总而言之，这种做法无异于拔苗助长，本来是要将品牌打响的，然而毁坏了品牌好感，一切都没有意义了。所以，企业在考虑这种营销方式时，还是应该三思而后行。

资料来源：吴乐晋. 恒源祥解读奥运广告受抨击：宁愿被骂不能被忘. 第一财经日报，2008 - 02 - 15；媒体继续炮轰恒源祥广告　称背后是审丑文化. 北京晚报，2008 - 02 - 21.

复习思考题

1. 什么是危机决策？与常规决策比较，危机决策有哪些特点？

2. 如何理解危机决策的属性？

3. 什么是危机情境？影响危机情境诊断的因素有哪些？

4. 请谈谈对危机管理中的决策系统的认识。

5. 什么是危机迷情？它有哪些表现？

6. 危机调查主要包括哪三个方面的内容？常见的危机调查方法有哪些？

7. 危机形象评估的基本程序如何？请结合实际谈谈在危机管理中如何对危机预警系统、危机的媒体管理、危机的人力资源管理等方面进行评估。

第 11 章

危机管理中的沟通管理

沟通管理

危机管理沟通实务

第 11 章

危机管理中的沟通管理

内容提要

（1）沟通是一种关于信息的活动，它是信息借助媒介物在两者间传递的活动和过程。危机沟通包含两个方面的内容：一是危机事件中组织内部的沟通问题；二是组织与社会公众和利益相关者之间的沟通公关。

（2）就危机的沟通战术而言，福莱灵克公关咨询公司特别情况小组发明的一个简单公式——（3W + 4R）8F + Vl 或 V2 能为我们带来很多启示。

（3）危机的潜伏期、突发期与恢复期等不同危机管理阶段的工作内容与重点都有所不同，在沟通上也就必须采取不同的策略与之相适应。

（4）危机管理沟通一定程度上也是一种说服传播工作，借助传播学中说服理论从信源、传播方式、意见领袖等角度来解读危机沟通，具有重要的实践指导意义。

有这样一个传说，说的是远古的人们打算修建一座通到天堂的巴比伦塔，上帝不希望凡人到他居住的地方打扰他，于是把人们的语言打乱，由于人们之间无法沟通，因此各以为是，通天塔也就没法修建成功。这个故事反映了沟通在工作中的重要性。现实生活中，姑且不论语言不通造成的沟通不畅，就算用同一国语言进行交流，也常常出现各种障碍，在危机状态下的沟通更是如此，与什么人沟通、选择哪种渠道合适、运用什么技巧沟通都需要慎重考虑，娴熟的沟通技能往往能够达到事半功倍的效果。

11.1 沟通管理

11.1.1 什么是沟通

沟通是我们每天都要做的事，与我们的生活息息相关，在我们的生活中无处不在。那么什么是沟通呢？简单地说就是交流观点和看法，寻求共识，消除隔阂，谋求一致。沟是手段，通是目的。单就字面意思来看，"沟"是指流水道，"通"则是没有阻碍，可以穿过，能够达到。从字面意思可以看出，"沟通"一词指的是水流没有阻碍，畅快流通。使信息就像水流一样没有阻碍的流通，这个过程就叫作通了。

有这样一种说法，猫和狗之所以常常打架，就是在沟通上出现了问题。摇尾摆臀是狗族向同伴示好的表示，而这一套身体语言对于猫来讲则是挑衅的意思。反之，猫儿们在放松情绪表示友好时，喉咙里会发出"呼噜呼噜"的声音，这种声音在狗听来就是想打架。双方彻底误会了对方的表达，这就是沟通不畅带来的问题①。我们来看看各方对于沟通的理解。

字典中关于沟通的解释有：

《大英百科全书》——沟通是用任何方法，彼此交换信息，即指一个人与另一个人之间用视觉、符号、电话、电报、收音机、电视或其他工具为媒介，所从事交换信息的方法。

《现代汉语词典》——使两方能通连。

《韦氏大辞典》认为沟通就是文字、文句和消息之交通，思想或意见之交换。

我们再来看看学界的定义：

哈罗德·拉氏韦尔认为，沟通就是什么人说什么，由什么路线传至什么人，达到什么效果。

赫伯特·西蒙认为，沟通可视为任何一种程序，借此程序，组织中的每一成员，将其所决定的意见或前提，传送给其他有关成员。

斯蒂芬·罗宾斯认为，沟通就是意义的传递和理解。

著名组织管理学家巴纳德认为："沟通是把一个组织中的成员联系在一起，以实现共同目标的手段。"

著名成功学大师卡内基这样说："所谓沟通就是同步。每个人都有他独特的地方，而与人交际则要求他与别人一致。"

在麦金森的定义中："沟通是组织成员从上到下，从下到上及在平行方向上融为一体的理解链条。"他提出了沟通能够在所有方向上进行。在企业内部，有下行沟通（指上级将信息传达给下级，是由上而下的沟通）、上行沟通（指下级将信息传递给上级，是由下而上的沟通）和平行沟通（指同级之间横向的信息传递，也称为横向沟通）。因此，沟通问题在任何方向上都可以出现。

---

① 陈天峰，王晶．高效执行案例及操作要点分析．北京：企业管理出版社，2005．

此外，沟通还被解释为用语言、书信、信号、电信进行的交往，是在组织成员之间取得共同理解和认识的一种方法。

从关于沟通的种种定义中可以看出，沟通是一种关于信息的活动，它是信息借助媒介物在两者间传递的活动和过程。从管理学的角度，特别是从管理者工作职能特性的要求出发，可以把沟通定义为：沟通是信息凭借一定符号载体，在个人或群体间从发送者到接受者进行传递，并获取理解的过程。从该界定中，可以发现沟通建立的几个关键要素：传递、符号载体、理解。沟通首先是意义上的传递，如果信息和想法没有被传递，则意味着沟通没有发生；沟通的建立需要有符号作为载体，没有介质，信息无法被送达，沟通也就无法建立；沟通意味着理解，不被理解的信息就算被传递了也没有意义。

11.1.2 沟通的重要性和分类

卡特罗吉斯说："如果我能够知道他表达了什么，如果我能知道他表达的动机是什么，如果我能知道他表达了以后的感受如何，那么我就敢信心十足地果敢断言，我已经充分了解了他，并能够有足够的力量影响并改变他。"

通用汽车前公司总经理英飞说："根据我40多年的管理工作经验，我发现所有的问题归结到最后都是沟通问题。"

从中国古代的明君纳谏到西方现代管理者的透明办公室，都说明了沟通被视为事业成功的关键。这一方面说明了有效沟通在管理中的重要作用，另一方面更说明了实现有效沟通并非轻而易举，需要主客体双方付出许多努力和心血。

对于组织而言，沟通通常可以分为内部沟通和外部沟通。组织内部的沟通是组织保持运转的方式，组织内部通过上行沟通、下行沟通和平行沟通等方式维持组织的正常运转，增进内部成员的相互了解，提高工作效率，培养整体观念及团体合作精神。外部沟通是指组织与外界的信息交流，组织通过各种渠道将自身的各类相关信息告知公众、消费者、媒体等外部利益相关者，并对来自外部的各类信息进行处理与反馈。我们来分别看看内部沟通与外部沟通对于企业的重要性。在内部沟通方面，现代企业中，人与人、部门与部门、企业上下级之间以及其他各个方面之间都特别需要彼此进行沟通，互相理解、互通信息。良好的沟通管理不仅反映了企业中管理人员的管理和协调能力，更体现了完善的企业制度和健康的企业文化。一个非常好的企业，就是通过文化、制度等建设形成一个非常畅通的沟通环境与氛围，从而降低企业内部沟通的成本，实现企业盈利的，而文化、制度的建设都建立在有效沟通的氛围中。从企业的角度来考虑，必须要有一套有效的沟通措施和信息交流渠道，保证员工能了解掌握企业发展战略、目标、目的和计划，向员工通报企业的经营活动情况、面临的问题，所取得的成就、业绩以及大家所关心的事情。而作为企业管理工作者，正承担着承上启下的传递作用，如何准确快捷地传递企业经营状况和员工的工作状况，增加企业的透明度，则是企业管理工作人员工作职责的重要部分。

大家都知道团队精神和企业文化对于一个企业的重要性，而良好的沟通则是形成企业文化的有效手段，在这一方面可供借鉴的案例有很多，沃尔玛的内部沟通模式就是很好的榜样。美国沃尔玛公司总裁萨姆·沃尔顿曾说过："如果你必须将沃尔玛管理体制浓缩成一种思想，那可能就是沟通。因为它是我们成功的真正关键之一。"沃尔玛公司总部设在美国阿肯色州本顿维尔市，公司的行政管理人员每周花费大量时间飞往各地的商店，通报公司所有业务情况，让所有员工共同掌握沃尔玛公司的业务指标。在任何一个沃尔玛商店里，都定时公布该店的利润、进货、销售和减价情况，并且不只是向经理及其助理们公布，也向每个员工、计时工和兼职雇员公布各种信息，鼓励他们争取更好的成绩。沃尔玛公司的股东大会是全美最大的股东大会，每次大会公司都尽可能让更多的商店经理和员工参加，让他们看到公司全貌，做到心中有数。萨姆·沃尔顿在每次股东大会结束后，都和妻子邀请所有出席会议的员工约 2 500 人到自己家里举办野餐会，在野餐会上与众多员工聊天，大家一起畅所欲言，讨论公司的现在和未来。为保持整个组织信息渠道的通畅，他们还与各工作团队成员全面收集员工的想法和意见，通常还带领所有人参加"沃尔玛公司联欢会"等。萨姆·沃尔顿认为让员工了解公司业务进展情况，与员工共享信息，是让员工最大限度地干好其本职工作的重要途径，是与员工沟通和联络感情的核心。而沃尔玛也正是借用共享信息和分担责任，适应了员工的沟通与交流需求，达到了自己的目的：使员工产生责任感和参与感，意识到自己的工作在公司的重要性，感觉自己得到了公司的尊重和信任，积极主动地努力争取更好的成绩。沃尔玛的成功，与企业内部沟通的成功是分不开的。要打造一个健康的企业，一定要从员工入手，要让员工感到企业与自己的密切关系，这样员工才会对工作尽心尽力，这样的企业才是有旺盛生命力的。而沟通是形成员工聚合力量的黏合剂，多层次、全方位的沟通能促使人与人之间、个体与群体之间相互理解、相互信任，减少摩擦，形成合力，推动企业长足发展。

现实中因为内部沟通的不善而导致的危机事件也不在少数。例如，2008 年轰动一时的"东航返航门事件"，使东航一时陷入了严重困境，到现在仍未完全消除影响，这次事件的起因就是东航内部员工与东航之间的劳资纠纷未能妥善解决，而导致员工采取了极端抗议措施。该事件严重影响了东航的形象和信誉，给东航带来了巨大的经济和名誉损失。在惋惜的同时也值得我们警醒与思考。所以，无论从组织的长期发展来看，还是从危机的预防来看，内部沟通对组织都是十分重要的。

我们再来看看外部沟通的重要性。对于企业来说，与客户、政府职能部门、周边社区、金融机构等建立良好关系，争取社会各界支持，创造好的发展氛围都是企业生存与发展的必需，事实上，我们已很难想像一个只会埋头生产而无法与外部利益相关者进行良好沟通的企业如何在当今社会存活下来。一方面，企业通过与外部利益相关者的沟通与交流，能树立良好企业形象，提高企业的知名度、美誉度、资信度，为企业持续发展提供好的环境；另一方面，企业通过导入形象识别系统，将理念系统、行为系统、视觉系统有效整合，进行科学合理的传播，并通过不断与外界沟通，在社会上发出自己的声音，引起社会的关注，才能成为有影响力的企业。如果企业从来都是闻所未闻，那么有再好的产品也是不容易让人信服和接受的。

除了内部沟通与外部沟通之外，根据不同的分类标准，还可以将沟通划分为不同的类别。

按照组织管理系统和沟通体制的规范程度，可以分为正式沟通和非正式沟通。正式沟通是指在组织系统内部，以组织原则和组织管理制度为依据，通过组织管理渠道进行信息传递和交流。在正式渠道之外，通过非正式的沟通渠道和网络进行信息交流就是非正式沟通，常用来传递和分享组织正式活动之外的"非官方"信息。

根据信息是否以语言为载体进行传播，可以将沟通分为语言沟通和非语言沟通。语言沟通，是指以语词符号为载体实现的沟通，主要包括口头沟通、书面沟通和电子沟通等。非语言沟通主要包括：辅助语言，如说话速度；形体语言，如说明性动作，眼神以及仪容仪表。

根据沟通者的数目，可以将沟通分为自我沟通、人际沟通和群体沟通。自我沟通中，信息的发送者和接受者的行为是由一个人来完成的，如通过各种方式进行的自我肯定、自我反省等。人际沟通是指在两个人之间的信息交流过程，最大的特点是有意义的互动性。即人际沟通必须是两个人之间的，有信息的发送者及接受者，同时有传播信息的媒介，且双方能达成理解上的一致。群体沟通，又叫小组或者团队沟通，是指在三个及三个以上的个体之间进行的沟通。个体和群体之间以及群体和群体之间的一对多、多对多的正式或非正式沟通，如会议、演讲、谈判等，都属于群体沟通。

按照功能划分，沟通也可以分为工具式沟通和感情式沟通。工具式沟通是信源将信息、知识、想法、要求等传达给接收者。感情式沟通是指沟通双方表达情感，获得彼此精神上的同情和谅解。其目的都是达成某一问题的共识，并影响和改变接收者的行为。在企业内部，如果只用一种沟通方式或者不适当运用沟通方式都会导致无效沟通。

按照沟通的媒介物来划分，沟通又可以分为口头沟通、书面沟通、非语言沟通、体态沟通、语调沟通及电子媒介沟通等。

11.1.3　什么是危机沟通

管理学大师彼得·德鲁克曾在其所著的《21 世纪的管理挑战》一书中作过粗略统计，美国大约有 85% 的企业在危机发生一年后就会处在倒闭破产的边缘，或者根本已经消失，这实在是一个让人警醒的数字。但随着现代经济发展水平的不断提高，企业随时都要准备迎接各种各样的挑战，于是，"危机"的不可避免成为一个不争的事实，那么，学会应对危机也就成为企业必须具备的一种素质。

宽泛而言，"危机"是指所有可能给企业的形象、信用和运营造成负面影响的事件或活动，它既包括许多不可预测的突发事件，也包括那些已经向企业发出了警告信号，却未曾被管理者们察觉和重视的潜在危险因素，它总是和不确定性交织在一起，似乎是突飞猛进的技术和日益发达的市场带给我们的一个副产品。[①]危机沟通是指以沟通为手段、解决危机为目的所进行的一连串化解危机与避免危机的行为和过程。危机沟通可以降低企业危机的冲击，并存在化危机为转机甚至商机的可能。如果不进行危机沟通，则小危机有可能变成大危机，对组织造成重创，甚至使组织就此消亡。危机沟通既是一门科学也是一门艺术，它可以提高危机内涵中的机会部分，降低危机中的危险成分。

根据迈克尔·布兰德给出的理论，企业沟通的对象大概涵盖四大方面：被危机所影响的群众和组织、影响公司运营的单位、被卷入危机的群众或组织、必须被告知的群众和组织。依据此种划分，企业的危机沟通对象其实也就是企业的利益相关者，即投资者、企业员工、工会、政府及社会中介组织、媒体、顾客、供应商、经销商、竞争者等。企业如果不能够与它们进行很好的沟通，则必然会产生不同类型的危机。

---

① 陈宝春. 学会危机管理. 医药世界，2005（1）.

危机沟通包含两个方面的内容：一是危机事件中组织内部的沟通问题，二是组织与社会公众和利益相关者之间的沟通公关。概括来说，企业组织危机沟通的覆盖范围主要有：企业内部管理层和员工、直接消费者及客户、产业链上下游利益相关者、政府权威部门和行业组织、新闻媒体和社会公众等五大类群体。

11.1.4 沟通在危机管理中的重要性

任何社会都不可避免地会遭受各种灾难，从而引发公共事件。同样，在商业环境中，每个企业都可能随时随地地面临危机的挑战。引发危机爆发的起因可能非常细微，但是往往"大风起于青萍之末"，酝酿成一场巨大的风暴，对企业的生命造成杀伤性的伤害。这个时候，如果能够很好地处理危机，危机就可能转化为一个契机，令企业扭转乾坤，并且"好风凭借力，送我上青云"，在事业上成长一大步；但是一旦没能阻止危机恶化，则极可能令企业一败涂地，在商界这样的例子不胜枚举。例如，前文提到过的南京冠生园就因"陈馅月饼"事件，最终导致了破产并被收购的结局。所以，灭亡必会从危机开始，但是危机未必走向灭亡。企业成功之道就是在不断修正之中成长。对于组织而言，危机既是风险也是机遇，恰当的危机公关就是要化解危机，发现新的机遇，而化解危机的重要手段就是沟通。

可以说危机管理的核心就是沟通管理。只有与外界保持良好的沟通，才能一步一步地化解危机。危机是有其发展过程的，一般来说有潜伏期、爆发期和平息期三个阶段。如果在危机的三个阶段都能够进行良好的沟通，那么企业是能够很好地避免元气大伤的。在危机的潜伏期，如果能够与顾客保持良好的沟通，很可能在危机爆发之前就消除它。比如，2008年震动全国的三聚氰胺事件，一开始就有消费者投诉，如果在那时就能认真对待，妥善处理，应该就不会造成后面不可收拾的局面。在危机的爆发期，既要处理好与消费者的沟通，也要处理好与媒体的沟通。因为消费者往往是通过大众媒体与企业取得沟通的，企业如果采取回避的鸵鸟策略，只能引起消费者的不满，给谣言和恶意中伤制造机会，使得事态严重恶化。当危机开始慢慢平息之后，并不意味着沟通就结束了。毕竟组织还是要继续发展，随时随地地传递企业的信念，对于保持与利益相关者的良好关系有很大的帮助。这一时期，组织应当着手逐渐消除危机带来的长期负面影响，并进一步改进自身，使自己能够更好的发展，不至于再一次陷入同样的危机之中。

11.1.5 沟通管理

沟通管理是管理学中的一个分支，它是一门交叉学科，是以管理学、心理学、社会学、公共关系学等学科为基础而建立起来的新型学科。管理是人类最重要的活动之一，自从人们开始形成群体去实现个人无法达到的目标以来，管理工作就成为了协调个人努力沿着组织确定的方向所必不可少的因素。

美国著名管理学家哈罗德·孔茨认为："管理就是设计和保持良好环境，使人在群体里高效率地完成既定目标。"既然如此，为了设计和保持一种良好环境，为了使人在群体中能够高效率地工作，就需要沟通。中国有句俗话：一言能使人笑，一言也能使人跳。这就极其形象地说明：沟通是一门科学，更重要的是一门艺术。沟通的重要性越来越受到人们的重视，沟通在市场经济的今天正日益发挥出强大的作用。

沟通之于管理非常重要，没有沟通，就没有管理，没有沟通，管理只是一种设想和缺乏活力的机械行为。沟通是组织中的生命线，好像一个组织生命体中的血管一样，贯穿全身每一个部位、每一个环节，促进身体循环，提供补充各种各样的养分，形成生命的有机体。这里所说的管理沟通，就是指所有为了达到管理目的而进行的沟通。具体而言，是指组织内部成员之间，或者组织成员与外部公众或社会组织之间发生的，旨在完成组织目标而进行的多种多样的形式、内容与层次的，对组织而言有意义信息的发送、接受与反馈的交流全过程。

组织的日常管理工作离不开沟通。日常管理工作如业务管理、财务管理、人力资源管理，全部借助于管理沟通才得以顺利进行。业务管理的核心是在深入了解顾客和市场的基础上，向企业的目标市场和目标顾客群提供适合其综合需要的服务和产品，而与市场进行互动，就需要沟通。财务管理中财务数据的及时获得和整理、分析、汇总、分发、传送，更是企业管理层监督企业运行状态的权威依据，是典型的沟通行为。人力资源管理更是直接以离不开沟通的人为管理对象，只有良好的管理沟通才能打通人们的才智与心灵之门，激励人，挖掘人的潜能，更好地为企业创造价值。

管理沟通是创造和提升企业精神和组织文化，完成组织管理根本目标的主要方式和工具。管理的最高境界就是在企业经营管理中创造出一种企业独有的企业精神和企业文化，使企业管理的外在需求转化为企业员工内在的观念和自觉的行为模式，认同企业核心的价值观念、目标及使命。而企业精神与企业文化的培育与塑造，其实质是一种思想、观点、情感和灵魂的沟通，是管理沟通的最高形式和内容。没有沟通，就没有对企业精神和企业文化的理解与共识，更不可能认同企业共同使命。

在世界经济日益全球化的今天，管理沟通的重要性越来越被人们所认识。以企业为例，对企业内部而言，人们越来越强调建立学习型的企业，越来越强调团队合作精神，因此有效的企业内部沟通交流是成功的关键；对企业外部而言，为了实现企业之间的强强联合与优势互补，人们需要掌握谈判与合作等沟通技巧；对企业自身而言，为了更好地在现有政策条件允许下，实现企业的发展并服务于社会，也需要处理好企业与政府、企业与公众、企业与媒体等各方面的关系。这些都离不开熟练掌握和应用管理沟通的原理和技巧。管理沟通更是管理创新的必要途径和肥沃土壤。许多新的管理理念、方法技术的出台，无不是经过数次沟通、碰撞的结果，以提高企业管理沟通效率与绩效，其根本目的是提高管理效能和效率。而对于企业中的个人而言，建立良好的管理沟通意识，逐渐养成在任何沟通场合下都能有意识地运用管理沟通的理论和技巧进行有效沟通的习惯，达到事半功倍的效果，显然也是十分重要的。

11.2　危机管理沟通实务

11.2.1　危机处理中的内部沟通与外部沟通

1. 内部沟通

危机产生的诱因，有时候是单纯的外因，如 SARS 对北京旅游、餐饮企业的影响，众所周知的泰坦尼克号海难等。但是，绝大多数危机的发生都或多或少地存在着内因，如技术上的安全隐患、规章制度上的纰漏、作风上的自由散漫、敷衍搪塞行为、弄虚作假和对立情绪等，都会在一定条件下酿成企业危机。因此，不论在危机的预控阶段还是在对危机的处理之中，内部沟通对于组织而言都有着重大的意义。

所有的企业都希望自己成为一个快速反应的公司，尤其在出现危机的时候，但是我们看到，当公关危机出现的时候，企业管理者越来越把反应的重点放在了对媒体和公众的公关上，却忽视了一个最重要的问题——危机控制中的企业内部管理。很多企业在快速反应中不该出现的明显问题，往往与内部公关出现问题有关。

一个典型的内部危机管理的成功案例就是当年创维"黄宏生"被拘事件。创维的这次危机来得很突然、很意外，而创维上下的反应、决策却很及时、很成功。毫无疑问，创维危机管理的成功与其自身拥有一套危机应急机制及相关人员的危机管理意识密不可分。黄宏生一被拘，创维就立刻决定整个过程要向外界保持透明，在新浪网报道出现后 3 个小时，即向新浪网证实新闻的真实性，不遮掩和隐瞒。同时，创维集团高层集体亮相也再次体现出创维内部应对机制的及时和主动。"养兵千日，用兵一时"，应对危机管理最好的办法是在内部建立有效的应急机制，这样才是企业危机管理的根本之道，企业才不会方寸大乱。

此外，危机中的内部沟通还体现在通过与内部成员的沟通，使他们对危机情境有一个客观、全面的认识，而不至于被外界的流言、传闻所误导，使他们成为危机中组织有力的支持者、中坚力量，并协助组织向外界发出"一个声音"。整个组织上下同心协力共抗危机，齐渡难关，不仅有助于危机的及时化解，还能向公众彰显组织强大的向心力，使利益相关者对组织产生信心，进而获得提升组织形象、转危为机的契机。危机中组织内部互相指责，互相推诿，自乱阵脚，势必会使危机朝着更加恶劣的情境发展。可见，危机中组织内部的沟通对组织而言极其重要，它是危机管理不可忽略的组成部分。

2. 外部沟通

企业的外部沟通主要是与外部利益相关者的沟通。如果危机中有直接受害人的话，就应该迅速组织慰问人员与受害人进行沟通，尽量倾听受害人的心声，并尽快拿出解决方案。要尊重公众的感受，公众的恐惧是真实的，公众的怀疑是有理由的，公众的愤怒是来自内心的，这是事实。永远不要形容公众太不理智，永远不要忽略和漠视公众的真实感受。否则的话，不仅不会使他们平静下来，还会丧失他们对你的信任。通常危机沟通失败的几个原因是：批评人们对于危机本能的反应；不接受恐惧的感情基础；只注重事实，不注重人们的感受。一味地为自己辩护，与公众对峙只能造成局势的更加恶化。如 2008 的万科捐款门事件，就是其代言人王石的不当言论造成的。在面对公众对于特殊情况下，国难当头的局势下，万科捐款过少的质疑时，王石的做法不是虚心考虑改进措施，而是和网友进行理性的辩论，这给人们留下了更加不可原谅的印象。此后万科的形象下降，万科股票大跌等种种负面影响，相信王石本人也是始料未及的。所以在危机处理中，最不可忽视的就是公众的利益和感受，否则一旦染上漠视公众利益、唯利是图的恶劣印象，再要挽救品牌与企业形象，就十分困难了。

其次便是与媒体的沟通。媒体对于企业的作用具有两面性，既可以使企业陷入危机，又可以使企业脱离危机。媒体对企业危机化解的作用主要体现在以下三个方面。一是给企业改正错误提供信息沟通平台。一些信誉较好的企业由于一时的失误或错误，导致在产品质量、营销手段、环境保护等方面出现问题，对企业的经济效益和形象产生了重要影响，但企业及时发现了错误并进行了整改，希望在公众当中重新树立企业形象，此时媒体就是企业和公众间沟通的平台，企业通过公告、声明、启事等方式，传达自身的危机修复信息，刺激新的消费热情，修复甚至提高企业形象。二是通过平衡报道，营造企业危机的公正氛围。媒体可以从不同角度对企业的危机进行报道，侧重点亦有不同，对企业危机的发展方向自然也会产生不同影响。媒体应平衡报道重点，减轻企业舆论压力，同时提供外部智力支持，帮助公众全面了解实际情况，帮助企业应对危机。三是帮助蒙冤企业洗脱冤情，摆脱困境。以"三鹿婴幼儿奶粉事件"为例，该事件引发了中国乳制品行业产品质量的信任危机，乳制品行业陷入生产、销售困境。如果说生产问题乳制品的企业惨遭封杀是罪有应得，可是，质量合格的乳制品品牌同样也受到了牵连，消费者也怀疑其质量存在问题，生产、销售同样陷入了困境，这时就需要媒体报道事实真相，消除消费者疑虑，使蒙冤企业洗脱冤情。

媒体与企业的关系十分密切，危机往往就是通过媒体的报道与渲染才扩大的，但是要解决危机，澄清事实，消除影响又不得不借助媒体的力量。所以说企业与媒体的关系是十分微妙的。在危机爆发的时候，尤其要重视与媒体的良好沟通。躲避政策、隐瞒事实的做法、"无可奉告"的恶劣态度无疑会堵死沟通的渠道，迅速恶化危机。在现今信息高度发达的社会，"以不变应万变"、"沉默是金"并不是企业解决危机的金玉良言，媒体和公众需要信心和真诚，诚信为本、积极主动是企业取得媒体和公众信任、把握舆论主动权的基础；反之则会给企业的信誉带来致命的打击，甚至可能导致企业的消亡。那么，如何在危机公关中变被动为主动、化不利因素为有利因素，如何才能化危为安呢？

1) 把握先机，争取主动

一旦危机产生，企业要明白速度等于一切。如果企业在时间上失去处理危机的控制，那么危机的影响力就会随着公众的种种猜测和媒体报道的推波助澜而一发不可收拾。因此，在危机发生之后的最短时间内，企业应不惜集中一切能够利用的资源来解决危机。

拖延对于此刻的情形是致命的，因为随着危机的进展，各种不可测因素随之增加，通常是屋漏偏遭连夜雨。危机一旦爆发，企业就会成为公众和媒体的焦点，此时如果组织不能迅速查明真相，或者正常的信息通道不畅通，没有人出来发布信息，就会造成危机传播中的信息真空，公众就会用想像来填满所有的疑问，必定生出各种各样的小道消息，很快，信息真空就会被颠倒黑白、胡说八道的流言所占据。同时时间的拖延会令公众对企业的诚信产生质疑，这种影响是难以消除的。所以一旦危机爆发，企业一定要以最快速度保证信息的畅通，争取主动权。下面我们来关注一个体坛的例子，看看速度与态度是如何化解危机的。

在 2008 年北京奥运会上大放光彩的游泳名将，有着"飞鱼"之称的菲尔普斯在被曝光吸毒之后，一时间处于媒体舆论的风头浪尖之上。菲尔普斯在第一时间内采取了一系列得力的危机公关应对措施，迅速平息了"吸毒风波"，并且仍然获得大众的好感。我们来看看他是如何运用危机公关的技巧来化解危机的。

第一步：坦诚错误，主动沟通

在 2 月 1 日媒体曝光吸毒之后，菲尔普斯在第一时间内进行了声明，积极承担事件责任。"我才 23 岁，尽管我在泳池取得了成功，可我表现还显年轻、不当，没表现得像人们期望的那样。为此，我很抱歉。我向支持我的人和公众保证，这种事再也不会发生了。"飞鱼承认自己吸毒，并就不当行为向大家道歉。

凭借坦诚的态度与积极的悔改之心，菲尔普斯获得了媒体与广大公众的支持，这无疑减缓了这起负面事件的非理性发展。

第二步：把握关键点，赢得公众好感

在第一时间内发表声明，积极主动悔改之后，飞鱼接下来开展了事件的真诚沟通工作。与众多明星、企业的官方声明不同，菲尔普斯在沟通环节有力地把握了沟通的关键点——向母亲道歉，有力地开启了媒体的信息来源，从而掌握了事件发展的主动权。

来自单亲家庭、从小和母亲相依为命的菲尔普斯面对母亲的眼泪痛感无地自容，人们很容易被亲情感动，因为妈妈的眼泪，从而原谅本来应当为自己行为负责的"孩子"菲尔普斯。菲尔普斯也承认从未见母亲如此沮丧过，而这件事情对母亲的伤害超过了其他任何事情，所以要深深地向母亲道歉。

向母亲道歉这一招，一方面让人看到了飞鱼内心的真诚，更为重要的是借这张亲情牌博得了广大媒体与公众的支持，从而掌握事件发展的主动，菲尔普斯真可谓是棋高一着。

效果：借助于立体应对策略，菲尔普斯面对吸毒事件，如同赛场一般如鱼得水，得到了各方面的媒体与广大公众的支持，就连罗纳尔多这种明星级人物也站出来声援飞鱼，由此足见菲尔普斯危机公关立体应对策略的震撼效果。在采取一系列公关应对策略之后，最后让我们来看一下飞鱼事件的效果吧！

《今日美国》网站上的一个民意调查显示，菲尔普斯道歉之后，有 53.4% 的网友选择理解菲尔普斯并会继续支持他。除此之外，有关协会组织对飞鱼事件的处理结果及各方面赞助商的支持度，是衡量其事件应对效果的重要指标。

目前，除美国游泳协会对飞鱼禁赛 3 个月外，国际泳联等协会组织力挺菲尔普斯。与此同时，商业赞助方面绝大部分赞助商均支持菲尔普斯，这足以让我们看到菲尔普斯危机公关应对的效果。经过以上分析，可以看出菲尔普斯之所以能够走出"吸毒风波"的危机公关困局，主要得益于其迅速的回应、坦诚地承认错误、把握媒体关注点、引导事件发展等有力措施。[①]

2）尊重媒体，态度真诚

媒体是舆论的传播者，要想影响受众，必先争取传播者的理解。所谓在第一时间沟通，是指危机发生后最好争分夺秒抢时间与媒体联络。等媒体报道后再做工作，为时已晚。真诚的姿态，更容易使媒体感觉到尊重，沟通也会更加有效。另外，对待媒体的态度要真诚，传达的信息必须准确、清晰，不要让媒体有被欺骗之感，使媒体得到应有的尊重。企业无论犯错与否，都需要有一个正确的心态，增加透明度，向公众作坦诚的解释。媒体会为"敢于认错、知错就改、勇于负责"叫好，却不能原谅不负责任的遮掩和逃避。

3）掌握应对技巧

在危机初始，即便是企业措手不及不能向媒体提供确切信息时，也要尽可能向外发送一定信息，掌握舆论主动权，绝不可用猜测或不真实的内容来欺骗媒体，尽可能地满足记者的信息需求。危机中，面对媒体一定要冷静地回答记者的提问，回答时要表现组织的人文关怀，强调组织的社会责任，在对事件做基本陈述的同时要强调组织始终是将受害方、工作利益置于首位的态度，以有效获取媒体、公众的理解和同情。相关的媒体应对技巧还有很多，有关内容在第 6 章有过详细阐述。

11.2.2　危机沟通的战术

就危机的沟通战术方面，福莱灵克公关咨询公司特别情况小组发明了一个简单公式：（3W＋4R）8F＋Vl 或 V2。该公式被公关界称为危机公关成功的"金科玉律"。

1. 3W

3W 是说在任何一场危机中，沟通者需要尽快知道三件事：

（1）我们知道了什么（What did we know）；

（2）我们什么时候知道的（When did we know about it）；

（3）我们对此做了什么（What did we do about it）。

---

① 深度解密菲尔普斯危机公关成功的法宝．中国 MBA 网，2009－02－13.

寻求这些问题的答案和一个组织作出反应之间的时间，将决定这个反应是成功还是失败。

如果一个组织对于其所面临的危机认识太晚，或是反应太慢，则它就处在一个滑坡上，掌控全局会变得极为困难；如果不能迅速地完成3W，它将会无力回天。信息真空是沟通者最大的敌人，因为总有人会去填充它，尤其是竞争对手。

2. 4R

4R 是指在收集正确的信息以后，就该给这个组织在这场危机中的态度定位了：

（1）遗憾（Regret）；

（2）改革（Reform）；

（3）赔偿（Restitution）；

（4）恢复（Recovery）。

换句话说，与危机打交道，一个组织要表达遗憾、保证解决措施到位、防止未来相同事件发生并且提供赔偿，直到安全摆脱这场危机。很显然，并不是一个声明或者一个行动就能取得所有"4R"的。相反，我们需要把4R当作一个过程来执行。

3. 8F

8F 则是沟通时应该遵循的八大原则。

（1）事实（Factual）：向公众沟通事实的真相。

（2）第一（First）：率先对问题作出反应，最好是第一时间。

（3）迅速（Fast）：处理危机要果断迅速。

（4）坦率（Frank）：沟通情况时不要躲躲闪闪，体现出真诚。

（5）感觉（Feeling）：与公众分享你的感受。

（6）论坛（Forum）：公司内部要建立一个最可靠的准确信息来源，获取尽可能全面的信息，以便分析判断。

（7）灵活性（Flexibility）：对外沟通的内容不是一成不变的，应关注事态的变化，并酌情应变。

（8）反馈（Feedback）：对外界有关危机的信息作出及时反馈。

4. V1 和 V2

如果3W、4R和8F都做得正确了，你的组织在危机中会成为V1，即"勇于承担责任者（Victim）"的形象便凸显出来。这个结果很不错，公众会认为你很负责任、会想尽办法解决问题并且让他们满意。相应地，他们会对你从轻处罚或减少抱怨，甚至还可以原谅你。

相反，如果你不能做好3W、4R和8F，你很可能会被当作V2，即"小丑和恶棍"（Villain）的形象。公众将认为你的行为和言辞避重就轻、不上心和不负责任。这反过来会导致雇员意志消沉、股东抗议、顾客投诉、管理层动荡等不良后果。

11.2.3　不同危机管理阶段的沟通策略

危机中的沟通，从横向来看，可以分为危机中的组织内部沟通与组织外部沟通，这样的划分有助于我们对危机状态下的管理沟通有更加整体、全面的把握；从纵向来看，也就是从危机的生命周期的角度来看，危机中的沟通还可以划分为危机潜伏期的沟通、危机突发期的沟通和危机恢复期的沟通，这样的划分能更好地使组织的沟通与各阶段的管理工作相结合，也使沟通策略更具针对性。在不同的危机管理阶段中沟通策略亦有所不同。

1. 危机的潜伏期

伊索寓言里有一则这样的故事：有一只野猪对着树干磨它的獠牙，一只狐狸见了，问它：现在没看到猎人，为什么不躺下来休息享乐。野猪回答说：等到猎人和猎狗出现时再来磨牙就来不及啦。这则寓言很好地说明了危机意识的重要性。孔子也曾经说过："人无远虑，必有近忧。"不管对公司还是个人，危机意识是医治一切疾病的最好良药。有了危机意识，就能激励员工奋发图强、防微杜渐，想方设法防患于未然，拒危机于千里之外。即使哪一天危机不可避免地发生了，由于准备充分，也能力挽狂澜，将损失降到最低，转危为安，化危险为机遇，保持企业昌盛发展。

一个国家如果没有危机意识，迟早会出问题；一个企业如果没有危机意识，迟早会垮掉；个人如果没有危机意识，也必会遭到不可测的横逆。有一句话说得非常好，危机并不可怕，没有危机意识才是最大的危机。这句话，对于所有企业家来说都应该是一句警言。

比尔·盖茨曾经告诉他的员工，要时刻怀有"距离破产只有18个月"的危机感；华为总裁任正非提出了要迎接"华为的冬天"；《海尔是海》、《别让大象踩扁你》、《商殇》等一列畅销书籍都向读者传达了"危机意识"的重要性。没有危机意识，当真正的危机到来时，也许你的企业已经回天无术了，我们需要的是培养员工的危机意识。建立完善的危机公关体系已经成为企业品牌管理过程中非常重要的一环，因为在企业运营过程中，无论是大危机还是小危机，无论是外部危机还是内部危机都潜伏四周，危机的出现是随时可能发生的事情。杰出的企业要做的重要事情不是期望危机不发生，而是建立出色的危机公关处理体系，使企业能够在危机发生时尽力控制危机的扩散，降低危机对组织的负面影响。

危机在企业的整个生命周期中是不可避免的。对于危机，最重要的是预防其发生，并预见可能发生的危机。越早认识到存在的威胁，越早采取适当的行动，越有可能控制住问题的发展。从国内外应对危机的成功经验和失败教训中可以得出结论，对危机进行预防是抵御危机侵害的最有力武器。

（1）树立危机意识。这里所指的树立危机意识，更多强调的是不仅组织的管理者必须具备强烈的危机意识，能把危机管理工作做到危机实际到来之前，并为组织应对危机做好组织、人员、措施、经费上的准备，更要通过组织的内部教育与沟通，培养全体成员的忧患意识，全面提高组织抵抗风险的能力。

（2）设立危机沟通机构。设立危机管理的常设机构，机构成员应保证畅通的联系渠道，当危机发生时，该机构自然转型为危机领导核心。

（3）加强危机信息管理。危机是组织内外环境出现问题造成的，因此，在危机爆发之前，必然要显示出一些信号。如当组织出现如下征兆时，就有必要提请有关部门注意并进一步加强监测：对企业或企业领导人形象不利的舆论越来越多；受到政府、新闻界或同行业人士异乎寻常的关注；组织的各项财务指标不断下降；组织遇到的麻烦越来越多；企业的运转效率不断降低等。建立危机的预警系统，实际上也就是组织加强对内外部信息沟通渠道的疏导、对沟通信息内容的管理的表现。我们对问题信息的调查，就是通过对既定的沟通渠道的疏导或开辟一些新的沟通渠道的方式，对组织内外部信息环境进行全面的了解。对问题信息调查的结果分析与测评，就是主要借助组织内部沟通的形式，对沟通中获得的信息进行综合的分析、处理或反馈。

（4）进行内部媒体公关培训。在发生危机时，组织能否冷静自如、坦诚大度地面对媒体、巧妙地回答媒体的问题，是能否及早化解危机的一个关键环节。预先对组织领导者及公关人员进行这方面的培训非常必要，通过理论学习、模拟演练等方式，使他们熟练掌握基本的媒体沟通技巧，这样在危机中面对媒体才能真正做到应付自如。可能的话，也应对危机管理团队的其他成员进行这方面的基础培训，这样能促进团队成员之间的相互理解与合作。

（5）建立并维护良好的媒体合作平台。组织平时应定期与媒体进行沟通，让媒体及时了解组织的最新动态，并与媒体建立良好的合作关系，获得媒体的信任与支持。平时不注意建立与媒体的联系，危机状态下"临时抱佛脚"，甚至"病急乱投医"的做法，往往很难取得良好的效果。

（6）与消费者、社区公众等利益相关者保持良好的沟通。这不仅能使组织获得较好的生存环境，客观上也有助于提高组织抵御危机的能力。

（7）加强组织内部传播流程管理。适当时候进行危机预演，让内部人员熟悉发生危机时必须要做的事情。

在这一个阶段，组织比较偏重内部沟通，注重保持成员有高度的危机意识，对组织有高度的认同感和使命感。一个健康的组织，内部沟通应当是畅通的，与外部的关系也是和谐的，这样组织的生命力才是旺盛的。

2. 危机的突发期

当危机不可避免地到来的时候，由于危机具有突发性、破坏性等特点，组织一时之间便成为公众关注的焦点、媒体争相采访的对象。这个阶段的沟通工作较偏重于外部沟通，主要围绕媒体和公众展开。在具体操作中，应该注意如下几个方面。

（1）高度重视危机公关的处理。组织出现危机后，高层领导作为组织对外沟通的重要的信息源，必须以"新闻发言代表"或"企业代表"身份出现，在第一时间以坦诚的态度出现在媒体和公众面前。对危机公关战略上的高度重视是危机化解的有力保障。

（2）统一危机事件处理的发布渠道。组织发生危机时，要以坦诚的、解决问题的态度直面媒体和公众，并与之保持良性的互动。同时，组织应该使自己成为媒介信息的主渠道，主动充当信息源的角色，及时、准确、适度地向媒体提供信息。一味地回避问题，保持缄默，只会将媒介的话语权拱手让给记者与公众的揣测。

（3）积极主动沟通。无论危机事件的起因何在，组织都应以积极的态度主动进行处理，为妥善处理危机创造良好的氛围，而不应推卸责任，消极等待，贻误处理危机的最佳时机。

（4）情感联络。在危机事件发生后，公众往往有着强烈的抵触和怨恨心理，组织在处理过程中不仅要解决直接的利益问题，也要根据公众的心理反应，采用多种方式与公众进行感情联络，化解积怨，消除隔阂，增进了解，尽早平息危机事件。

（5）如实宣传。危机一旦爆发，组织要如实地与公众沟通，并主动与新闻媒体联系，公开事实真相。切忌弄虚作假，用一些虚假材料、行业术语等为媒体和公众了解实情设置障碍。

（6）与媒体诚恳合作。组织应主动与媒体及时沟通，坦率说明事实真相，诚恳表明企业的态度和立场，争取首先赢得媒体的理解和支持，以便减轻舆论压力，为企业消除危机影响创造更为宽松的环境。

（7）利用法律调控危机。法律调控手段主要包括两个环节：一是依据事实和有关法律条款来处理；二是遵循法律程序来处理。这样既可以维持处理危机事件的正常秩序，又可以保护组织和公众的合法权益。当企业名誉受到恶意诽谤和侵害时，运用此种方法，会收到较好的效果。

（8）邀请权威来协助沟通。处理危机的权威主要有两类：一是权威机构，如政府部门、专业机构、消费者协会、行业协会等；二是权威人士，如公关专家、行业专家等。在某些特殊的危机处理中，组织与公众的看法往往不相一致，难以调解。这时，权威意见能对公关危机的处理起到决定性的作用。

3. 危机的恢复期

经过上个阶段的努力，危机终于慢慢淡出人们的视线。这个时候的组织终于从危机中恢复过来，慢慢恢复正常，但是不是就完全消除了危机的影响呢？答案是否定的。危机的诱因看起来都十分细小，但实际上大多数危机都来自于组织内部：或者是不好的服务态度，或者是不过关的产品质量等。我们认为组织是一个有机体，出现"病来如山倒"的局势往往是由于平时的积累。既然出现了问题，企业就应该好好审视自身，找出症结所在。与此同时，组织要想恢复正常运行，还必须与一些危机中受到损害的个人或群体沟通，对其进行补偿，并重新缔结良好的关系。因此，在这一阶段，危机的沟通工作主要围绕危机中受到损害的利益相关者以及内部成员展开。

（1）与受到损害的利益相关者沟通。在危机恢复阶段的重要工作就是对公众进行补偿，其中既包括有形的补偿也包括无形的补偿，这就需要通过恰当的渠道与补偿的目标进行沟通，尤其要注意协助他们及早恢复正常的心理和生活状态。

（2）与内部成员沟通。组织这一阶段的内部沟通主要是进行总结与评估，并公布评估结果，对内部员工进行警示与教育，统一意识，加强危机预防观念。

11.2.4　传播视角下的危机沟通

危机传播中最重要的工具就是沟通。通过沟通，组织可以与危机中的利益相关者进行信息的交换和意见的表达，在事实和价值方面达成共识，找到解决问题的最佳途径，这对于危机解决的重要性是不言而喻的。此外，迅速妥善地处理危机，还可以树立起组织负责任、讲诚信的良好形象，成功借助危机来促进组织的进步，从这个角度来看，出现危机也许并不完全是件坏事，正如我们常说的"塞翁失马，焉知非福"。

危机中的管理沟通事实上是一种说服传播工作，因此有必要借助传播中的说服理论对危机沟通进行进一步的分析。在对传播效果模式中的说服模式研究中，集大成者是著名的传播学者卡尔·霍夫兰。卡尔·霍夫兰是美国实验心理学家，毕生从事说服与态度改变以及心理对行为影响的研究。相关研究包括说服与态度的关系、态度的形成与转变、说服的方式、技巧与能力等，主要集中在用实验的方法研究人的态度与说服之间的关系。下面我们从其研究的几个主要方面来看看劝服模式，希望从中获得一些危机沟通方面的启示。

第一个方面：从信源方面来分析说服性研究

（1）知名度与信源的可靠性。

1951年，霍夫兰对信源的可信度和说服效果的关系进行了实证考察并提出了"可信性效果"概念，得出结论：同一内容的信息，如果出自不同的传播者，人们的接受程度不一样，获得的传播效果也不同。一般来说，信源的权威性、知名度越大其可信度就越高，传播效果就越好。

这个结论带给我们的启示是，在危机管理沟通中，一定要有社会形象好、公众信任的组织和个人作为组织的新闻发言人，对公众澄清事实。最好有官方的组织能够为企业来作出证明，如果不能做到这点，那么最好也是由训练有素的、与新闻媒介关系良好的新闻发言人来进行危机沟通。所以在平时组织就应该预先做好准备，培养一个能言善辩，反应敏捷，有着缜密的思维、得体的沟通的专门的"新闻发言人"（Spokesman）。

（2）传播者的动机。

传播来源的动机与传播活动的效果的关系：当传播者的动机和他本人的利益相反时，他的传播力量才最大。如果传播者是站在己方利益的立场上进行信息的传播，那么取信于人的成功概率就会大打折扣。

这个结论带给我们的启示是，在危机传播的时候，一定要站在公众的立场进行信息的传播。企业应当有社会责任感，人们对于只追求自身利益，漠视人的价值的企业是普遍反感的。企业要对公众展示自身富有人情味的一面，将公众的利益和社会的利益放置在首位。只有这样才能赢得公众的理解和原谅。这样即使会牺牲一些短期利益，但是却能赢得公众的信赖，从长远来看，是大大利于组织发展的。王石在汶川地震中的表现引起的"万科地震"就是一个很好的例子。再来看看森马广告引起争议的事件（详见本章末"案例直击——森马：误解了个性的意义")。"森马"以一句"我管不了全球变暖，至少我好看"的广告词引发了网友声讨。消费者不满是因为它宣扬完全抛弃社会责任感的生活方式，引起了人们的普遍反感。这就是森马错误地定位了自己的消费者群，忽视自己的社会责任感所致。从这方面的案例可以知道，公众对于只是赤裸裸地追求金钱和利益，缺乏社会责任感的企业十分反感，只有真正关心社会、关爱他人的企业才能获得公众的认同与尊重，这正如儒家所言，"爱人者人恒爱之"。

第二个方面：从传播方式角度解读劝服性传播

（1）"只说一面"和"两面都说"。

"只说一面"是指仅向说服对象提示自己一方的观点或者于己有利的材料，观点集中、简洁明快，但易产生心理抵抗。"只说一面"对于原来就赞同此观点和受教育程度较低的人有较强的说服效果。"两面都说"是指在提示己方观点的时候也提供反方观点，对反方的观点进行解析与反驳。两面说理适合受教育程度较高的人。

这一结论给我们的启示是：进行危机传播的时候，必须真诚坦率，不文过饰非。尊重事实基础，不要欺骗媒体和消费者。毕竟真相是藏不住的，一旦企业采用了欺骗的战术，掩盖事实真相的言辞，那么最后真相曝光之时，企业不论如何解释也无济于事了。所以企业在危机沟通中一定要保证信息的真实可信。2008 年 9 月 11 日，三鹿在被媒体曝光后，通过"人民网"公开回应：其奶粉没有任何问题，而且经过了甘肃权威质检部门认证，同时还质疑消费者的营养知识。然而在 2008 年 9 月 12 日 14 时，又发布消息称：早在 8 月 1 日，就得出结论，此事件是由于不法奶农向鲜牛奶中掺入三聚氰胺造成。当天晚上 21 时，甘肃省质量技术监督局声明：该局从未接受过三鹿集团的委托检验，正在检验中的样品，是在调查中从流通领域抽取的。三鹿在此次危机事件中多次陈述"事实"前后不一，言辞真假难辨，一再透支消费者的信任，必然导致品牌最终的覆灭。

（2）"动之以情"还是"晓之以理"。

即采用情感诉求还是理性诉求。研究表明，动之以情的诉求方式较之逻辑性强的诉求方式更可能导致态度的改变，然而现实一般是两者并用。在现实的传播内容中往往既有情感因素又有理性因素，前者打动受众的感情，改变其态度，后者使受众认识深入，改变其观念与行为。将两者结合，即"动之以情，晓之以理"的劝服效果最佳。这个结论也告诉我们，在进行危机传播的信息沟通中，不能只注重将事实公布于众，也要兼顾感情因素，要达到打动公众的良好境界。

第三个方面：从意见领袖角度解读危机中的沟通

传播学者拉扎斯菲尔德、罗杰斯、麦库姆斯、肖等人的研究发现，人们在对于特定信息的评价和据此采取的行为中，总是受到少数权威的影响。这些权威影响着人们对某一事物的看法，是指引人们形成某种"意见的领袖"。罗杰斯认为发现和利用意见领袖，可以为信息流的改变提供很大的帮助。

一般说来，意见领袖是人群中接触大众媒介较多，在某一方面的知识丰富，并在人群中十分活跃，能够影响他人的人群。意见领袖对于群体意见的改变起着相当大的作用。在危机传播沟通中，如果我们能够及早与部分意见领袖进行良好的沟通，获得其支持与理解，必将对危机的处理有极大的帮助。

然而，如何寻找意见领袖呢？大致有这样几个突破口。一是深入利益相关者群体，观察人们在危机中的活跃度。危机突然出现的时候，大多数人都会有从众心理。而少数派的"意见领袖"则是积极奔走、四处打探、为了自身的利益大声疾呼。因此，活跃度是发现意见领袖的第一个突破口。二是通过多渠道主动寻访。根据人们的线索来发掘意见领袖。组织可以通过多种方式来询问群众，如座谈会、BBS等途径，询问群众，谁是你们的代表，你们更愿意相信谁。一旦找到这样的一个或者一小群人，企业就可以展开有的放矢的公关策略，与他们展开对话，寻求解决问题的最佳途径。三是在危机影响范围比较大的时候，要在核心利益相关者群体中寻找意见领袖。在危机的沟通管理中，不能告知性地通过大众媒介达到瞬间传播。面对广阔的群众，一定要在最核心的利益相关者中寻找意见领袖，这样才最有利于节约企业资源，以实现危机的沟通。

意见领袖因为是"第三方立场"，与群众的利益是一致的，所以较能取得群众的信任。企业如果能够巧妙借助这个传播的机制，则可以达到"事半功倍"的效果。

案例直击

森马：误解了个性的意义

企业介绍：

森马集团有限公司创立于1996年12月18日，是一家以虚拟生产、连锁经营休闲服饰为主导产业的多元化集团公司。公司以"创大众服饰名牌"为发展宗旨，积极推行特许经营发展模式，休闲装和童装品牌连锁网点遍布全国二十九个省、市、自治区，形成了完整的市场网络格局。集团公司现有行销企划、生产设计、人力资源、财务管理、行政管理、营销管理六大中心，四个全资公司、十个分公司，拥有休闲装"semir"及童装"balabala"两个知名服装品牌。森马积极开拓"虚拟生产、品牌经营、连锁专卖"的非常之路，以"形象第一、服务第一、代理第一"为经营思想，切实奉行"企业与员工共成长"的原则和"小河有水大河满"的经营哲学，为员工营造良好的发展空间，做到共享利益、共创繁荣，实现企业与员工双赢的目标。强强合作是森马持续发展的强劲动力。自 2002 年以来先后与法国著名设计公司、奥美广告公司以及用友公司展开积极合作，使集团的核心竞争力和整体实力得以迅速提升，更好地诠释森马崇尚青春、活力、奔放、健康的品牌文化。正是凭借着开拓进取、不断创新的拼搏精神，森马创造了无数优异的成绩。森马由默默无闻而发展成为浙江省著名商标、浙江省知名商号，并跻身全国服装行业"双百强"、中国成长百强企业，已连续六年荣膺"中国民营企业 500 强"称号，当选中国服装协会休闲装委员会副主任单位。森马产品先后被认定为温州市名牌产品、浙江省名牌产品、国家休闲服饰最高等级一等品。此外，童装"balabala"品牌荣获"2004 年中国最受欢迎的十大童装品牌"、"浙江名牌产品"等称号。这样成功的一个企业，却在 2007 年因为一则"我管不了全球变暖，但至少我好看！"的广告语卷入一场公众的口诛笔伐之中，制造了轰动一时的森马争议广告事件。下面我们先来看看这个事件的始末。

事件回放：

2007 年底，森马以反世界环保的广告——"我管不了全球变暖，但至少我好看！"，造成适得其反的宣传效果，遭到广大网友的炮轰。其实，森马休闲服联合网站征集的"但至少我好看"的广告语，诸如"我没有幽默感，但至少我好看"、"我打球很烂，但至少我好看"等，其实是很有个性的，也能够打动部分年轻消费者的心。

但是，沿着这条思路走下去，把"不管全球变暖"作为一种宣传口径，则有些太过了。所谓真理，多走一步往往就变成了谬误，森马即如此。

森马本身的目的是想以争议性话题作为广告主题，学习国外的"贝纳通"的争议性广告，但玩得过了头，适得其反。

森马的错误在于错误地理解了个性的意义。

服装品牌是需要些个性的。范思哲"惊世骇俗的性感与华丽"；阿玛尼的"优雅，不过分前卫，永远在优雅与前卫之间完美地拿捏着平衡"；圣罗兰的色彩缤纷和浪漫高雅；美特斯·邦威的"不走寻常路"……这些都是个性的，在产品和品牌同质化的时代，只有风格、个性才能创造竞争优势。

我们再来看看一个将个性道路走到极致的成功案例：贝纳通。

贝纳通以反对工业化文明的斗士形象塑造了贝纳通广告，它擅长挖掘具有强烈争议性的话题，诸如：艾滋病、环境污染、种族歧视、战争、废除死刑、宗教间的和平共处等都被收入广告中。脐带还没剪断的新生婴儿、被手铐合铐在一起的黑人与白人、接吻的牧师和修女、在死牢里的囚犯、濒死的被亲属拥抱的艾滋病患者、战争中阵亡士兵沾血的迷彩军裤与白色圆领衫、浑身沾满石油欲飞不能的海鸟这些主张宽容、带有争议的广告使贝纳通名声大振。当一个广告创意超越了产品本身，成为宣传品牌的某种精神或思想的主张时，这样的广告便给品牌赋予了特殊的个性和内涵，这也就是为什么贝纳通广告屡遭禁刊，但品牌依然成功的原因。

在国内，有一些品牌就在学习贝纳通的广告手法，利用具有争议性的话题来赋予品牌以内涵，同时吸引消费者的眼球，这本身无可厚非。但有的品牌画虎不成反类犬，森马的上述广告就有点这种味道。要知道，贝纳通虽然强调利用争议性话题做广告，如针对艾滋、针对黑人和白人的种族融合等主题，但它是站在正面的角度来进行表现的，从广告创意中，我们看到的是一个有正面主张的、倡导社会融合宽容的品牌形象，并不是像森马在其广告中所表现的那种对气候变暖不管不顾的负面形象。

森马的考虑是：森马的目标对象群是 16 ～ 26 岁的年轻群体，就是被称作80后、90后的一个群体。这个群体的特征是叛逆，挑战传统；有一点无厘头，外加一点不羁。对于服饰，他们没有先入为主的束缚，只有强烈的自我表现意识，拒绝跟风，在穿着和搭配上自作主张，乐于以百变的形象示人，在潮流中凸显个人风格。森马的这个"至少我好看"系列就是为了取悦他们，假设他们的价值观，极力迎合他们而做的。现在看来，这个系列中的"我没有幽默感，但至少我好看"、"我没有粉丝，但至少我好看"、"我打球很烂，但至少我好看"几条还是很新颖和独特的，可是这句"我管不了全球变暖，但至少我好看"一出来，味道就完全变了。他所标榜的太过自我、不管不顾的价值观违背主流价值观，就连最最新锐的80后、90后都难以接受。还有网友认为，森马打出这样的广告误读了中国年轻人。"我们80后虽然很个性、很自我，但是我们也关心世界，关心人类的未来！"一位名叫淘气宝宝的网友说。

9 月 7 日，森马集团正式表态，对广告产生的负面效果"表示道歉"。并"为工作上的疏忽再次表示歉意"。森马集团表示，全球变暖牵涉每一个人，没有企业和个人可以免责，森马将努力消除广告的负面影响，并承诺未来几年将一如既往地用实际行动来支持环保和公益事业。

资料来源：摘自《中国服装广告的三大硬伤》，世界营销评论时间。

专家点评：

1. 不要随便挑战普世价值观

当今社会有一个很重要的问题就是价值观问题。不同的观念交流碰撞就是不同的价值观相互渗透的问题，但是有一些价值观是普遍获得认同的，比如说平等自由、环保意识等。在各种不同的价值观存世的时代，能够赢得普遍认同的价值观，无疑是非常坚固很难挑战的。森马这次所犯的错误在于试图与普世价值观强大的力量相对抗，引起普遍的反感与批评其实是不难预见的。希望企业在面临这种选择的时候还是三思而后行，毕竟有的危机一开始也是可以避免的。

2. 闭口不谈不是好的对策

森马在应对这次危机的时候，首先采用的就是典型的鸵鸟策略。在事件发生之后，一位记者试图就事件进行采访，当该记者致电森马公司负责宣传的一位张先生时，他连忙说："这事情不要说了，不要说了好不？"以自己不负责为由推到了公司总经办。而森马公司的总机一直无人接听。我们知道这样的应对措施和掩耳盗铃的道理是一样的。你捂住耳朵假装听不见，其实是不妨碍铃会响的。而事情发生以后不予回应，也并不一定就会平息事态。好在森马最后还是出面就此次事件作出了解释，在 9 月 7 日，森马集团正式表态，对由于工作上的疏忽而造成的广告负面效果"表示道歉"，并承诺未来几年将一如既往地用实际行动来支持环保和公益事业，以此来消除广告的不良影响。

从此案例中可以看出，森马在此次的危机中犯的错误很不高明，而后的应对措施也并不完美。希望企业可以从此次事件中吸取教训，学会选择正确的途径更好地与消费者进行沟通，并且，一旦危机爆发，能有更为妥善的处理方法。

资料来源：部分源于：沈志勇．中国服装广告的三大硬伤．价值中国网，2007－11－08.

复习思考题

1. 什么是沟通？结合实际谈谈组织内部沟通的重要性。
2. 如何理解（3W＋4R）8F＋Vl 或 V2 公式。
3. 不同危机管理阶段的沟通策略有何不同？
4. 从信源方面来分析说服性研究能为危机沟通带来哪些启示。
5. 从传播方式角度解读劝服性传播能为组织的危机沟通带来哪些启示。
6. 意见领袖在危机沟通中的作用有哪些？

第 12 章

危机管理中的信息管理

危机中的信息管理机制

危机信息管理实务

第 12 章

危机管理中的信息管理

内容提要

（1）信息管理就是对信息资源和信息活动的管理，信息管理的过程包括信息收集、信息传输、信息加工和信息储存。组织危机状态下信息的传播常遭遇如下困境：信息资源严重匮乏、信息传播渠道的多元化、信息传播的多级化。

（2）危机中的信息管理活动必须遵循如下基本原则：及时收集处理信息原则、保障信息的准确性原则、提高信息的利用率原则、区分信息的主次原则。

（3）由于危机管理阶段的不同，信息管理活动的主要内容也有所不同，相应的信息管理策略也有所不同：危机事前控制阶段应注意建立标准信息体系，紧扣危机识别信息；危机事中处理阶段需要聚焦核心信息，及时处理并反馈，确保信道畅通，并整合各类信息流，形成传播合力；危机事后恢复阶段要注意优化利用各类资源并汇总分析危机管理信息。

2004 年零点调查公司公布的《京沪两地企业危机管理现状研究报告》显示，企业的中高层管理人员危机识别能力低，突出表现为危机信息意识不强，缺乏有效的识别危机的信息方法和技术手段，信息组织机制不完善等。危机的信息管理是危机管理的重要组成部分，危机中获得的信息不充分就不可能作出科学的管理决策，同样，危机中如果不善于分析、处理与反馈信息，必然导致危机管理的低效甚至失败。

12.1 危机中的信息管理机制

12.1.1 信息与信息管理

1. 信息与信息流

在此前的论述中，我们多次提到"信息"二字，那么究竟什么是信息呢？

1948 年，美国数学家、信息论的创始人申农在题为"通讯的数学理论"的论文中指出："信息是用来消除随机不定性的东西"，美国著名数学家、控制论的创始人维纳在《控制论》一书中，指出："信息就是信息，既非物质，也非能量。"信息从广义上来看是一种客观存在的物质运动形式，它在物质运动过程中所起的作用是表述它所属的物质系统，在同其他任何物质系统全面相互作用或联系的过程中，以质、能波动的形式所呈现的结构、状态和历史。该界定将一切反映事物内部或外部互动状态或关系的东西都视作信息。

具体而言，信息具有以下基本特性。① 可传递性。信息的传递与物质和能量的传递同时进行，人类常用的信息传递方式有语言、文字、表情、动作等，信息的可传递性是信息的本质特征。② 可共享性。信息可以通过信息源的对外传递扩散开来，从而使多个信宿共享信息。③ 可识别性。信息是可以识别的，识别又可分为直观识别、比较识别和间接识别等多种方式，其中直接识别是指通过感官的识别，间接识别是指通过各种测试手段的识别。不同的信息源有不同的识别方法。④ 可存储性。信息可以通过不同的方式存储在不同的介质上，如人类的文字、绘画、录音、录像等都可以起到信息存储的作用。⑤ 可处理性。信息可以通过一定的手段进行处理，如人脑就是一个最佳的信息处理器。⑥ 可转换性。信息可以从一种形态转化为另一种形态。如人类可以将从自然界获得的信息进行处理，转化为文字形式、声音形式、图像形式等。⑦ 可压缩性。人们通过对信息的归纳、概括与提炼，对信息进行压缩。⑧ 可利用性。信息是一种资源，具有一定的价值，因而具有可利用性。⑨ 时效性。信息在特定的时间范围内是有效的信息，在此时间之外就可能失去其价值。⑩ 真伪性。信息有真假之分，人类通过对信息的处理对其真伪予以鉴别。

为了使研究更具有系统性与针对性，研究学者从不同的视角对信息进行了分类：按照信息的反映形式，可以分为数字信息、图像信息和声音信息等；按照信息加工的顺序，可以分为一次信息、二次信息和三次信息等；按照信息所属的系统不同，可以分为人类信息和非人类信息；按照信息应用领域的不同，可以将信息分为物理信息、生物信息和社会信息。这里研究的危机管理中的信息属于社会信息的范畴，社会信息一方面具有信息的物质属性，另一方面还伴随着人类复杂的精神和心理活动，如态度、情感、意识形态等。因此，社会信息是物质载体与精神内容的统一。

从字面上来看，与"社会信息"非常类似的一个词汇便是"信息社会"，但两者的含义却相去甚远。生活中，我们常说如今身处的是信息社会，那么究竟什么是信息社会，它具有哪些特征呢？

　　信息社会的概念是 20 世纪 60 年代末至 70 年代初在日本、美国等发达国家最先提出来的，它是指"信息成为与物质和能源同等重要甚至比之更加重要的资源，整个社会的政治、经济和文化以信息为核心价值而得到发展的社会"①。在农业社会和工业社会里，物质和能源是主要的资源，人们所从事的也是大规模的物质生产，而在信息社会中，信息成为了与物质和能源同等重要甚至更加重要的资源，以开发和利用信息资源为目的的信息经济活动迅速扩大，逐渐取代工业生产活动而成为国民经济活动的主要内容。信息技术在物质生产、科研、教育、医疗、管理以及生活中的广泛应用，对社会的发展产生了巨大而深刻的影响，从根本上改变了人们的生活方式、行为方式以及价值观念。信息社会的特点有：① 社会经济的主体由制造业转向以高新科技为核心的第三产业，即信息和知识产业占据主导地位；② 劳动力主体不再是机械的操作者，而是信息的生产者和传播者；③ 交易结算不再主要依靠现金，而是主要依靠信用；④ 贸易不再主要局限于国内，跨国贸易和全球贸易将成为主流。② 认识信息社会的特点，有助于我们正确认识信息管理在社会生活中，尤其是危机中的重要地位。

　　信息流是指信息的传播和流动，它是信源和信宿之间的信息交换。在当前信息社会的传播背景下，信息流依据不同的标准可以进行不同的划分。有学者按照信息量的多少及传播规模的大小，将信息流划分为三大类③。① 大型信息流。大型信息流主要是由主流媒体流向广大受众的。这里的"主流媒体"既指媒体覆盖率意义上的大众媒体，也包括媒体影响意义上的大众媒体，然而只有大众媒体是无法形成信息流的，受众的参与是形成信息流的必要条件。因此，同一条信息可以形成不同流量的信息流，至少取决于三个方面的条件：媒体的覆盖率决定了可获得该信息的受众范围；媒体的影响力影响公众对媒体的选择；信息本身的重要程度决定了公众对信息的关注程度。当三个条件都满足并达到最高时，信息流的流量通常是最大的。② 中型信息流。中型信息流主要由小众媒体流向特定受众。如果说主流媒体满足的是公众的需要，小众媒体则满足特定受众的特殊需要。随着媒体对受众市场的不断细分，小众媒体逐渐增多并拥有自己的忠实受众。③ 小型信息流。小型信息流主要指借助非大众媒体进行的信息传播，通常指用

---

① ［日］《朝日现代用语》，第 245 页，转引自郭庆光．传播学教程．北京：中国人民大学出版社，1999：35．

② 参见 Frederick，Howard H．Global Communication & International Relations，ibid．，77．转引自郭庆光．传播学教程．北京：中国人民大学出版社，1999：38．

③ 钟新．危机传播信息流及噪音分析．北京：中国传媒大学出版社，2007：57 – 60．

于群体、组织、人际传播的媒体，如电话、手机、传真、会议等。由于此类传播所形成的信息流的规模和流量都比较小，故被纳入小型信息流的范畴。在危机中，组织应充分认识到信息的重要性，并合理引导和利用各类信息流，以形成最佳的传播合力。

2. 信息管理

信息管理就是对信息资源和信息活动的管理。具体而言，信息管理的过程包括信息收集、信息传输、信息加工和信息储存。信息收集就是获取原始的信息。信息传输是信息在时间和空间上的转移，因为信息只有通过传输才能实现扩散与共享，并被受传者有效地利用。信息加工包括信息形式的变换和信息内容的处理：信息的形式变换是指在信息传输过程中，通过变换信息的载体，使信息及时、准确地传递给接收者；信息的内容处理是指通过对原始信息进行加工和整理，使其更容易被理解、更有效地被利用。信息储存是指对信息的保留与储存，以备日后查询、参考或重复使用。

信息管理作为管理活动的一种，仍具有计划、组织、领导、控制的基本职能，其根本目的是为了更好地实现信息的效用与价值。在信息时代，进行高效的信息管理，建立完善的信息管理系统，有利于组织及时、准确地掌握并处理相关信息，为组织计划的制订、领导的科学性及决策的正确性提供重要的依据。在企业的危机状态下，对各类信息的监控、鉴别、传递、疏导、反馈等都是危机信息管理的范畴。

12.1.2　危机信息传播的困境

危机的情境往往对组织的信息管理工作提出了更高的要求，这主要是由于，在组织危机中，信息传播常遭遇如下困境。

1. 信息资源严重匮乏

信息资源的匮乏首先体现在组织对危机的认识层面上，组织平时如果缺乏对危机的预防与监控、对信息资源的有效管理，必然会导致危机中的信息资源缺乏，如对内调度困难、对外信息交换不畅等。另外，有的组织尽管有一定的危机观念与忧患意识，但危机一旦爆发，短时间内外部信息的骤然增加与组织掌握信息的有限性往往导致信息传播的不对称，组织对外信息的传递与流通不畅，对信息控制与疏导十分困难。

2001 年，武汉市野生动物园因为一起怒砸奔驰事件而进入公众视野。据武汉森林野生动物园董事长助理刘女士介绍，在购买该车后没有多长时间，车在行驶过程中就出现了故障，电脑系统紊乱，警示灯一直亮着，在随后的洗车当中，又发现方向机漏机油，经过反复 5 次修理都没有将奔驰修好，奔驰方面也没有明确的说法，只是认为可能是油质太差造成的故障。2001 年 12 月 11 日车主提出退车要求，而奔驰方面却表示由于车辆的问题为外在因素所致，不能答允退车的要求。

2001 年 12 月 26 日上午 11 时，在武汉森林野生动物园总经理"开始砸车"的一声令下，5 名年轻壮汉挥舞着木棒、铁锤砸向这辆奔驰 SLK230 轿车。12 月 27 日晚，奔驰公司驻北京办事处就此给媒体发出公开声明，称这是"极端的、没有必要的行为"。2002 年 1 月 7 日下午，遭遇奔驰汽车的质量问题而迟迟未得到解决的 6 名中国消费者聚首武汉，宣布成立"奔驰汽车质量问题受害者联谊会"并于 1 月 10 日下午约见了部分在京媒体，并发表了三项声明。2002 年 1 月 17 日，奔驰公司要求"武汉森林公园就所采取的不必要的侵害我公司的权益行为"出具一份公开道歉函，这份声明发至所有报道过此事的媒体。2002 年 3 月 8 日武汉森林公园在园内再次砸烂另一辆奔驰车。奔驰公司当时就表态，武汉森林公园在砸车的当天，将其门票提高了 30 元，表明此事有炒作的嫌疑，并将此事向消协做了通报，称"这（砸车事件）是一种典型的非理性行为"，最后进一步以外交恐吓的方式强调："希望王先生的行为不会给正在进行国际化的中国造成不良影响。"2006 年 3 月 15 日，武汉森林野生动物园与奔驰公司终于取得协调和解，奔驰的质量危机告一段落，但奔驰公司傲慢与自负的形象已烙在了公众的心中。①

从上述奔驰的质量危机事件中可以看到，奔驰公司缺乏对危机有效的预防与监控，在消费者再三反映质量问题的情况下，并没有意识到危机的临近，而是继续无视消费者的利益，处于自我感觉良好的幻境之中。在危机正式爆发后，奔驰公司仍反应迟钝，态度傲慢，对事态的严重性估计不足，缺乏对信息资源的有效管理。作为世界顶级品牌的汽车公司，奔驰公司几次表白似乎都在指责消费者，甚至在威胁消费者，一度以技术代替公关、法律代替公关，对媒体的采访也多是避而不见，在危机信息传播紊乱的情况下仍然错误地选择信息传播的内容与信息传播的渠道，最终导致了信息沟通的严重不畅与持续恶变。

2. 信息传播渠道的多元化

危机之中，信息传播渠道的多元化趋势十分明显。信息在通过新闻发布会、大型的媒体等正式渠道流向受众的同时，还通过各种非正式的途径进行传播。比

---

① 根据事件相关报道整理。

如，企业内部的员工可能通过人际传播或群体传播将企业危机有关的信息向外界透露。信息传播渠道的多元化会进一步加深信息传播的混乱，使组织在面对信息资源匮乏、传播渠道不畅局面的同时还必须遏制各种传闻、谣言的扩散。

2003 年"非典"期间，在广州市接触到非典型肺炎病例的一些医护人员，最初由于没意识到这一疾病的传染性被陆续感染上。医护人员纷纷病倒的消息通过电话、手机短信、电子邮件悄然在广州市大面积扩散，越传越耸人听闻。有人称与这类肺炎患者"打个照面就死"，甚至"上午传染上，下午就死"，还有人称"不少医护人员死亡"。2 月 10 日，传言进入高潮，并从广州市向珠海、深圳等其他地区蔓延，随后又向海南、福建、江西、广西、香港等邻近地区传播。2月 10 日起，抢购板蓝根、白醋、口罩等风潮以异常速度席卷广州，六七元一包的板蓝根卖到 70 元，20 元一瓶的白醋被一抢而光。位于广州东部、距离广州约 200 公里的广东省河源市掀起了一股罕见的抢购抗病毒药品的风潮。抗病毒口服液、罗红霉素、红霉素等，只要药盒上标有抗病毒、预防病毒感染，就迅速被当地市民抢购，原本 10 元左右一盒的抗病毒口服液，甚至卖到了 100 多元。据说，这是因为一种不明病毒正在河源流行，传染性之强无法可防，病势之凶无药可治，有医生告诉亲朋好友，得预先吃些抗生素或抗病毒类药物。传言中，两个高烧患者在河源市人民医院住院，结果两人病情没有好转，接诊过他们的医护人员却病倒一大批，已经有医生护士死亡，恐惧席卷全城。①

在 2003 年非典期间广东地区的抢购风潮，很大程度上就是由信息传播渠道的多元化导致的传言、谣言的泛滥造成的。

3. 信息传播的多级化

1962 年，美国农村社会学家罗杰斯在深入调查农村中新事物的采用和普及过程的基础上，发表了研究报告《创新与普及》。根据调查结果，罗杰斯把传播过程分为了两个方面，一是作为信息传递过程的"信息流"，二是作为效果或影响的产生和波及过程的"影响流"。罗杰斯认为，前者可以是一级的，即媒介信息可以直接由传者流向受众；而后者则是多级的，即传播的效果需要经过人际传播、组织传播、群体传播等多种形态才能发生作用（见图 12 - 1）。例如，受众从电视中得知非典爆发的信息，但受众的态度形成并不会只以此信息为依据，而是会通过其他媒介、同事、朋友等多种渠道获得更多信息，最终对诸多的信息进行综合分析与判断并采取行动。罗杰斯的"N 级传播"模式理论对我们认识危机情境下的信息传播的复杂性具有重要的意义。正是由于危机中受众频繁地受到

---

① 钟新．危机传播信息流及噪音分析．北京：中国传媒大学出版社，2007：39 - 40．

"信息流"与"影响流"的交互影响，组织对信息的控制才显得尤为艰难。

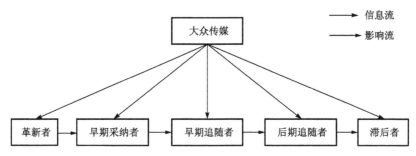

图 12 - 1　新事物普及的过程中"信息流"和"影响流"①

12.1.3　危机信息管理的基本原则

危机中的信息管理活动必须遵循以下基本原则。

1. 及时收集处理信息原则

危机状态下的信息管理对时限有更高的要求。危机的重要特征之一便是时间上的紧迫性，在有限的时间里迅速发现并提供危机管理活动所需要的信息有助于组织全面了解危机的情况，抢占先机，获得话语权。及时地收集处理信息一方面要求组织积极主动地发现和收集相关的信息，最迅速地了解危机的进程与状态，并适当记录与储存，作为决策、指挥甚至事后评估的重要依据。另一方面组织对信息进行分析判断后还必须及时地发布、传递信息，收集整理信息是为了更好的决策，迟迟不采取行动必将延误危机的处理，使信息的及时收集失去意义。上文中提到的奔驰公司的延迟反应就是例证。

2. 保障信息的准确性原则

信息的准确性对危机管理至关重要，只有准确的信息才能使管理者作出正确的决策，失真或错误的信息不但无法对危机管理工作起到指导作用，还可能导致管理的失误，使危机继续升级。因此，在收集和整理原始信息的时候必须坚持实事求是的原则，对原始资料认真核实，使其能够准确反映实际情况。在核实过程中，可采取信息多渠道验证的方法，在组织内部，通过多渠道对危机事件进行核实与求证，在组织外部，也可通过直接的访谈、收集多种媒体信息等方式彼此互相校验，防止对部分信息来源的过分依赖与偏信，保障获得信息的科学性与准确性。

---

① ［日］田崎笃郎，儿岛和人．大众传播效果研究的展开．东京：东京北树出版社，1992：28. 转引自郭庆光．传播学教程．北京：中国人民大学出版社，1999：198.

3. 提高信息的利用率原则

危机管理中对信息的收集不仅要注意及时性与准确性，还必须尽可能地提高效率。信息的利用率是指有效的信息占全部原始信息的百分比。百分比越高说明信息工作的成效越大。反之，不仅在人力、物力上会造成浪费，而且还使有用的信息无法及时得到利用。提高信息利用率的重要手段就是优化信息管理系统，提高信息工作人员的业务水平，增强他们对有效信息的识别能力。

4. 区分信息的主次原则

在危机处理的过程中，组织通常需要分析、处理大量信息，有待处理的信息由于价值大小、紧急程度的不同，不可一概而论。这就需要在传递信息的过程中注意区分信息的主次，确定其优先次序，以更好地满足决策者的需求。一般而言，危害程度高、影响范围大、紧迫性强的信息应优先处理。

12.1.4 影响危机信息管理的环境因素

危机的信息管理并不是一个封闭的系统，而是一个不断与环境发生相互作用的开放体系。影响危机信息管理的环境因素主要来自于以下三个方面。

1. 社会宏观环境

宏观环境又称一般环境，是指影响一切行业和企业的各种宏观力量，其中政治、经济、技术和社会是影响组织的主要外部环境因素。具体而言，政治法律环境包括一个国家的社会制度，执政党的性质，政府的方针、政策、法令等。不同的国家有着不同的社会性质，不同的社会制度对组织活动有着不同的限制和要求。对同一个国家而言，政府的方针特点、政策倾向也是不断变化的，关注国家的政治法律信息，有助于组织及时抓住机遇或发现潜在威胁，及早采取相关措施。

经济环境主要包括宏观和微观两个方面的内容：宏观经济环境主要指一个国家的人口数量及其增长趋势，国民收入、国民生产总值及其变化情况以及通过这些指标能够反映的国民经济发展水平和发展速度；微观经济环境主要指组织所在地区或所服务地区的消费者的收入水平、消费偏好、储蓄情况等因素。经济环境会对组织的信息管理及信息系统建设产生一定的影响，由于社会经济环境的变化导致的企业危机并不鲜见。

科学技术环境不仅包括企业所处领域的直接相关技术的发展变化，还包括技术发展动态和研究开发费用总额、技术转移和技术商品化速度、专利及其保护情况等。世界上每一次科技革命都使不少旧的行业走向没落，同时也给许多新兴的行业带来了发展契机，关注科技领域的动态既可协助企业寻找发展的新机遇，也可通过对新科技的应用提高企业信息管理的效率。

社会文化环境包括一个国家或地区的居民教育程度和文化水平、宗教信仰、风俗习惯、审美观点、价值观念等。对于跨国企业而言，尤其应注意收集当地的社会文化环境方面的信息，并据此采取本土化的策略。丰田汽车的"霸道广告事件"就是忽视文化因素的反面例证。2003 年，一汽丰田销售公司刊登在《汽车之友》杂志上的"霸道"和"陆地巡洋舰"两则广告引起了轩然大波：一辆霸道的汽车停在两只石狮子之前，一只石狮子向下俯首，另一只石狮子抬起右爪作敬礼状，背景为高楼大厦，广告语为"霸道，你不得不尊敬"；"丰田陆地巡洋舰"在雪山高原上以钢索拖拉一辆绿色大卡车前进。不少读者认为，石狮是我国民族传统文化的一个象征，丰田竟让它为公司新车敬礼，是极不严肃的；在陆地巡洋舰广告中，那辆被拖的车酷似国产"东风"卡车，广告有诋毁中国民族品牌之嫌。最终两则广告在公众的一片责骂声中销声匿迹。

2. 组织外部利益相关者

危机中组织的利益相关者包括竞争对手、供应商、经销商、消费者、咨询公司、媒体等，这些个体或组织对企业以及政府的危机信息管理产生着重要影响，他们既可以是危机的信息提供者，也可以是危机信息的接受者，与危机信息管理系统的运作息息相关。

3. 组织内部环境

组织的内部环境是组织内部的物质、文化环境的总和，它不仅包括与组织内部的利益相关者的关系，还包括组织结构、企业文化、资源条件、价值链、核心能力、运作机制、工作流程、人员配备等因素。所有这些因素都直接或间接地影响到组织的信息管理机制。组织的信息管理系统的正常运行有赖于各个要素之间的相互协调与密切配合，良好的组织内部环境是进行高效的危机信息管理的重要保证。

12.2　危机信息管理实务

12.2.1　不同危机管理阶段的信息管理活动

危机管理是组织通过危机的事前监控、事中处理与事后恢复，最大限度地降低或消除危机带来的损害的一系列过程。由于危机管理阶段的不同，信息管理活动的主要内容也有所不同。

1. 危机事前控制阶段的信息管理

危机的事前控制主要指危机的事前预警和监控，作为危机信息管理的第一个阶段，危机事前控制的信息工作相对其他阶段的信息工作而言比较基础，内容也较庞杂，但对危机管理的意义重大。危机事前控制的信息管理工作主要包括对以下信息的收集与处理：明确信息需求、关注组织外部环境动态、分析组织内部环境状况、划分危机类型、设定危机等级标准、采集危机信息、建立日常危机管理制度、形成危机管理的战术框架。客观来看，尽管采取种种方法和手段尽量完善企业危机预警和预控的功能，但危机信息仍然是不完全的。信息不完全从主体的角度看，是指人们在实际工作中获得和运用的信息不可能绝对完整，危机信息也不例外。究其原因，主要有以下三点：第一，人们认识危机能力的局限性导致对危机信息、信号的选择失误；第二，信息的绝对滞后性决定了获得的信息不可能对实时变化的危机作出全面的描述和反映；第三，受到资源成本效益性的限制，即使能完全获得信息，但成本巨大，计划也无法被采纳。[①]

2. 危机事中处理阶段的信息管理

危机事中处理阶段的信息管理活动更为灵活与复杂。一旦对危机无法实现有效的预防与控制，必将迎来危机的爆发。危机状态下往往信息资源极度匮乏，信息传播渠道的多元化以及信息传播的多极化导致信息的传递和交换无法正常进行，进而严重影响预期传播效果的达成。在该阶段首要问题便是在多渠道获得信息的基础上对信息进行过滤，并据此快速进行反应与决策，确认危机的类型、等级与状态，启动危机预案、制定具体危机处理的策略与行动方案，监督危机决策的具体落实并及时处理反馈信息。

3. 危机事后恢复阶段的信息管理

危机事件的平息并不意味着危机管理工作的完结。同危机的事前、事中管理一样，危机事后恢复的管理也决定着整个危机管理工作的成败。危机事后恢复阶段的信息管理活动主要围绕恢复重建、评估与学习展开。具体而言，主要涉及危机的生产恢复、心理恢复、形象恢复、事后调查、危机过程评价、从危机中汲取经验与教训等内容。危机事后恢复阶段的信息管理活动侧重于对之前获得信息的梳理与总结，并据此对利益相关者进行补偿，恢复沟通渠道、沟通环境和组织形象，减少组织损失，进行效果评估及总结经验。

---

① 汪传雷. 基于生命周期的企业危机信息管理. 合肥：安徽大学出版社，2007：66.

12.2.2　不同危机管理阶段的信息管理策略

危机信息纷繁复杂，在不同的危机管理阶段危机信息管理有不同的内容与特点，根据各阶段的不同特点采取相应的信息管理策略能使危机中的信息管理工作更具有针对性，获得更好的效果。

1. 危机事前控制阶段的信息管理策略

针对危机事前管理阶段的主要工作，其信息管理的主要策略有以下几种。

1）建立标准信息体系

这里所谓的建立标准信息体系主要是指通过这一阶段的信息收集与分析，明确危机的内涵、危机的分类与分级标准、制定日常危机管理制度、形成危机管理计划，这些明确的信息体系的建立对后续的信息管理工作有重要的指导作用。建立标准信息体系解决的是组织危机管理中的方向性问题，组织在与外界进行信息交换的过程中存在哪些风险？可能产生哪些危机？通过哪些途径可以有效地控制危机？面对危机组织的工作流程如何？回答这些问题要求组织在信息管理之初便制定标准信息，只有首先从战略上对危机有宏观的把握才能使组织在危机到来时临危不乱。

2）紧扣危机识别信息

危机识别信息是危机爆发前的一些征兆性信息，通过对这些与危机有着较强相关性的征兆类信息的分析，可以判断即将发生的危机的性质、可能的破坏程度、波及的范围等。紧扣危机的识别信息并不意味着对所有可能引发危机的信息都给予同等的关注，毕竟组织的资源有限，皆为重点实则无重点，对解决问题毫无裨益。现实中，只有当各类征兆性信息发展到一定阶段或积累到一定程度时，才会诱发危机。所以，我们应重点关注的是那些有一定发展与积累的征兆性信息，它们与危机的相关性更强，诱发危机的可能性更高。在危机爆发前的信息工作中对这样的信息应特别予以重视。

例如，美国的国土安全部发布的"全国安全警戒级别"（Homeland Security Advisory System）就将安全警戒的级别用五种不同的颜色进行标识，分别代表不同的危险程度：红色代表极度危险，严重的恐怖袭击的风险；橙色表示很危险，有较高的恐怖袭击的风险；黄色表示较危险，存在恐怖袭击的风险；蓝色代表警戒，有较低的恐怖袭击的风险；绿色表示较安全，具有很低的恐怖袭击风险。美国的全国安全警戒级别的划分就是为了便于识别危机关键信息，更好地进行危机的事前管理。

2. 危机事中处理阶段的信息管理策略

1）聚焦核心信息

危机一旦爆发，组织的相关信息便通过各种渠道迅速弥漫与扩散，大量的负面信息、传言、谣言掺杂在一起，如何对各种信息进行过滤，获得有效信息为科学决策提供支持成为了组织危机处理中亟待解决的问题。危机应对过程中做好信息管理工作首先必须聚焦核心信息，这不仅要求我们必须做好核心信息的搜集工作，还要求我们必须传播核心的信息，提高信息的实用价值。核心信息的搜集包括对危机的破坏程度、影响范围、造成的后果、核心利益相关者的反应、公众的态度、媒体的论调等信息汇总分析，掌握核心信息有助于把握危机的走势，形成正确的判断。传播核心信息主要是针对搜集到的资料确定应该说些什么，不论组织选择哪些信道进行信息的传递，信息的核心都应该保持一致，也就是之前提到过的"发出一个声音"，而且它还必须是大家最需要也最想听到的声音。

2）及时处理并反馈

对收集到的信息必须第一时间对其进行过滤与鉴别，将有用信息呈递给危机的决策者，决策者必须在收到信息后及时处理，迅速反馈。在有些危机中，时间就是生命，就是金钱，延误对信息的处理必然误人误己。2001年2月10日上午8时45分左右，美国核潜艇撞沉日本"爱媛号"渔业实习船。事故发生时，日本首相森喜朗与朋友一起出发去打高尔夫球。10时40分后，他接到关于沉船事故的第一次报告后，仍继续打球，直到快到13时才离开球场，回到官邸已经是14时20分。据报道，除首相迟到外，当天负责危机管理的内阁官房副长官安倍晋三抵达官邸时也已经是下午一点多了。内阁官房长官福田康夫接到事故报告时正在出席祝贺酒会，他在致辞后才返回官邸。负责防灾危机管理的大臣伊吹文明正在京都，返回东京已经近下午5时了。此次事件引起日本媒体、民众和政党对政府所作所为的严重不满和责难。①

3）确保信道畅通

信道，即信息传输的媒质或渠道，畅通的信道是信息顺利完成交换的必要条件。然而，信息传输渠道的不畅往往是危机信息传播紊乱的重要表现，在信道多元化传输的情境下，保障信道的畅通并非易事。这要求危机中组织在向各媒体主动提供有关核心信息的同时，还应利用好自己的传播信道，如组织的网站、内部的杂志、报纸等，这些传播渠道相对而言可控性较强，但这些信道的畅通有赖于

---

① 肖鹏军. 公共危机管理导论. 北京：中国人民大学出版社，2006：71.

平时的积极建设与维护。如果组织平时疏于网站建设，网络信息严重滞后，内部刊物办得毫无声色，平时受众寥寥，也就不可能期待在危机状态下这些信道能发挥太大的作用了。

4）整合各类信息流，形成传播合力

信息管理很重要的一个功能就是有效地引导信息的传播与流动，使信息传播更加科学、高效。在危机中，对各种类型的信息流进行引导与整合，往往能达到一加一大于二的效果，形成传播的聚合效应，从而有效地为组织的危机管理服务。具体而言，整合多种信息流的作用在于：第一，最大限度地扩大受众群，使尽可能多的利益相关者及时了解组织的态度与行动；第二，借用信息流和影响流的交互作用，对受众进行重复传播，例如，人们先从网站上读到组织传播的信息，之后又从朋友的口中再次听到相关内容的表述，通常会对该信息产生较深刻的印象。哈尔滨市政府在应对松花江水污染事件的过程中就有效地整合了新闻发言人、媒体、互联网、手机短信等传播媒介，通过立体化的信息传播形成巨大的传播合力，最终度过了这场危机。

2005 年 11 月 13 日，中国石油吉林石化公司双苯厂发生爆炸，苯、硝基苯等有机物造成松花江水质严重污染。11 月 21 日，一条长达 135 公里的水污染带，正一步步逼向一座拥有近 400 万城区人口的北方特大城市——哈尔滨。为确保用水安全，11 月 23 日至 27 日，哈尔滨市停水四天，在此期间，哈尔滨市采取了全面而有序的应对措施，全方位地与公众进行沟通。

第一，现场交流。危机爆发后，省市各级领导亲临一线指挥，看望慰问群众，国务院总理温家宝也亲赴哈尔滨市视察指导。哈尔滨市政府下派了 300 多个工作组深入社区，将政府的有关公告传达到千家万户，解释宣传并指导储水。

第二，新闻发言人。哈尔滨市市政府在停水期间通过新闻发言人制度发布相关信息。哈尔滨市市政府秘书长作为全市水污染处理工作的新闻发言人每天定时、定点召开新闻发布会，连续召开五次，均现场直播。环保、水利、水务和供热等相关部门也确定了本部门的发言人，定期通过新闻媒体向社会发布有关信息。

第三，新闻媒体。水污染事件发生后，美联社、路透社、新华社、凤凰卫视等境内外记者 120 余人云集哈尔滨市，对事件进行集中报道。为引导媒体正面、客观宣传，哈尔滨市市委外宣办主动出击，积极协调，介绍情况，协助各媒体做好采访。省市电台、电视台打破常规报道模式，以播出内容需要为准，不固定时间，快速、及时、准确无误地发布政府的信息公告，每两小时滚动播出监测结果，定时播出监测水质的综合分析及预测情况。哈尔滨市电视台新闻综合频道首辟《整点新闻》，全天11档节目发布权威信息及相关动态。政府还通过广播、电视等媒介向群众宣传苯、硝基苯等有机物对人体健康的危害程度，确保无人饮用污染水，并通过专家访谈等方式宣传饮用水安全知识。

第四，互联网。哈尔滨市政府门户网站"中国·哈尔滨"在接到哈尔滨市市政府停水通告五分钟内，制作了"弹出窗口"，上网发布。开设了"通知通告"、"最新消息"和新闻图片栏目，改进了首页滚动条，加大字体，并根据水危机不同阶段，随时调整版面，增加新的发布内容。在对网上宣传进行周密部署的同时，组织哈尔滨市属各网站开展网上评论，纠正错误信息，回击不良言论，正确引导网上舆情，有力配合了主流宣传。

第五，手机短信。危机期间，哈尔滨市电信部门利用手机短信形式，每两小时向手机用户告知苯、硝酸苯的浓度值和超标范围，保证市民的知情权，收到良好效果。①

3. 危机事后恢复阶段的信息管理策略

1）优化利用各类资源

经历过危机后，组织的资源可能已几近虚空，甚至已消耗殆尽。在这种境况下，组织一方面应及时收集危机中受到损害的人、财、物的信息，明确恢复管理所需的资源，获得相关需求信息；另一方面还应积极搜寻组织内、外部可调配资源（包括可从别处获得的资源），明确供给信息。以满足需求为目标，动态地调整、优化各类资源配置，并制订具体的危机恢复计划，尽早使组织从危机中恢复过来。

2）汇总分析危机管理信息

汇总整个危机管理过程中的信息是为了对危机的管理工作进行评估与考量，通过分析其中的得失，借鉴经验，反省失误，并据此对企业现有的日常危机管理制度、危机工作战略框架等进行适当的调整与修正，使之更科学，更具有可操作性。此外，通过汇总分析危机管理信息还可以发现在危机管理过程中起到积极作用的人员，并对其进行适当的奖励，相应的，对于危机中出现严重工作失误的员工则应进行处罚。汇总分析信息的工作一定程度上也是新一轮危机预控阶段工作的开始。

---

① 唐钧. 公共部门的危机公关与管理：政府与事业单位的危机公共关系解决方案. 北京：中国人民大学出版社，2007：125 – 127.

案例直击

2008，万科很受伤

企业介绍：

万科企业股份有限公司成立于 1984 年 5 月，是中国大陆首批公开上市的企业之一，也是目前中国最大的专业住宅开发企业。2008 年公司实现销售金额 478.7 亿元，结算收入 404.9 亿元，净利润 40.3 亿元。

万科 1988 年进入房地产行业，1993 年将大众住宅开发确定为公司核心业务。至 2008 年末，业务覆盖到以珠三角、长三角、环渤海三大城市经济圈为重点的 31 个城市。当年共销售住宅 42 500 套，在全国商品住宅市场的占有率从 2.07% 提升到 2.34%，其中市场占有率在深圳、上海、天津、佛山、厦门、沈阳、武汉、镇江、鞍山 9 个城市排名首位。

万科 1991 年成为深圳证券交易所第二家上市公司，持续增长的业绩以及规范透明的公司治理结构，使公司赢得了投资者的广泛认可。过去二十年，万科营业收入复合增长率为 31.4%，净利润复合增长率为 36.2%；公司在发展过程中先后入选《福布斯》"全球 200 家最佳中小企业"、"亚洲最佳小企业 200 强"、"亚洲最优 50 大上市公司"排行榜；多次获得《投资者关系》等国际权威媒体评出的最佳公司治理、最佳投资者关系等奖项，并连续六次获得"中国最受尊敬企业"称号。

2008 年，对于房地产业的老大万科来说，绝对是不平常的一年。在 5 月 12 日汶川地震发生以后，万科也迅速因为"捐款门事件"成为地震中的焦点。全国人民在为震区人民心痛的同时，也对万科的做法及说法表示强烈的谴责与抵制。这场危机事件被称作是万科的地震事件。虽然已经时过境迁，但是仍有很多值得借鉴的地方。

事件回放：

5 月 12 日四川汶川地震当天，万科宣布捐款 220 万元。但在全国人民爱心涌动，全国企业界动辄千万、上亿元的捐款面前，这笔捐款数额以及之后万科董事长王石的表态迅速给万科带来了近年来最大的一次公共信任危机。

2007 年，万科销售额排名内地房地产企业第一，超过 523 亿元，净利超过 48 亿元，此次捐赠的善款不足其净利润的万分之四。在捐出款项的同时，就引发了网友对于其捐款数额过低的质疑。

　　面对网友的质疑，地震三天后的 5 月 15 日，王石在博客中写下一篇名为《毕竟，生命是第一位的（答网友 56）》的博客文章，王石在文章中称："200 万是个适当的数额。中国是个灾害频发的国家，赈灾慈善活动是个常态，企业的捐赠活动应该可持续，而不应成为负担。万科对集团内部慈善的募捐活动中，有条提示：每次募捐，普通员工的捐款以 10 元为限。其意就是不要慈善成为负担。"

　　一石激起千层浪。王石的表态很快为公司以及他本人带来更多铺天盖地的指责甚至漫骂。很多人表示，"万科在我们心中一落千丈"。有网友指出，万科 8.2 级的地震从此开始。不少人甚至自发组织"抵制购买万科住宅、抵制持有万科股票"的活动，万科捐款事件升级，并影响到了企业的品牌和发展，甚至连万科员工也饱受压力。

　　一时间，各大媒体也纷纷将焦点对准万科和王石。5 月 18 日，《南方都市报》刊登了《万科员工捐款以 10 元为限 王石自辩遭网友炮轰抠门》，5 月 20 日，《第一财经日报》发表文章《万科员工称捐款不低于百元 成王石言论受害者》，5 月 21 日，《上海证券报》以《王石和万科成舆论风暴最大受灾户 被群起而攻之》为题，对事件进行了报道，万科、王石显然已经成为当时最受关注的对象。

　　同时在万科内部，员工也对王石的说法做法表示强烈不满。万科内部一名员工表示，王石的言论已衍生出社会对整个万科公司乃至万科团队的质疑。"我真的去我们的捐款箱看了，没有 100 元以下的钞票。只有两张 10 元的，是因为一名员工掏光了钱包里所有的钱，捐了 1 020 元钱。还有深圳总部的一位员工，在捐款第一天将钱包中所有钱捐了之后，第二天又补交了 500 元钱。"万科的员工们都热血沸腾地以自己的方式支持赈灾，但是社会的质疑仍在所难免。万科内部一名员工向《第一财经日报》表示，自从公司董事长王石在博客中发表言论，称"万科对集团内部慈善的募捐活动中有条提示：每次募捐，普通员工的捐款以 10 元为限，其意就是不要让慈善成为负担"后，他觉得"难以接受"。

　　在万科很多分公司，除管理层外，万科普通员工的自发捐款都超过 500 元，多则近万元。按照各分公司的说法，员工们并没有收到公司有关"10 元上限"的捐款限制，按照有关的数据统计，仅深圳分公司的 200 余名普通员工就捐款 19 万元，人均捐款额大概千元左右。

　　"我们也不甚清楚董事长说'10 元钱'的初衷所在，但这仅是一种建议，并不是一种限制。"万科一名员工称。

　　"在这次灾难后，万科所遇到的危机，让万科员工也成了意外受害者。"万科一名员工无奈地说。对于王石的表态，即使万科的员工也认为"情感上很难接受"。如今,万科要求面对客户的人员,都佩戴上绿丝带。可是在发动客户捐款时,尴尬已在所难免。

这个时候的万科,用内外交困来形容也是不过分的。因为总经理王石的不恰当言语而导致外界的巨大压力,这种损失是十分惨痛的。

我们来看看万科接下来的补救措施。

第一步,王石道歉。

2008 年 5 月 21 日,王石在四川绵竹市遵道镇接受采访时,第一次针对"捐款门"事件进行公开道歉。王石表示:"我现在认为在当时这种情况下,我所说的那句话还是值得反思。这段时间,我也为我这句话感到相当不安!主要基于三方面原因,一是引起了全国网民的分心,伤害了网民的感情;二是造成了万科员工的心理压力;三是对万科的公司形象造成了一定的影响。在这里对广大网友表示歉意!"

随后,关于"王石灾区现场道歉"的报道大量见诸报端,暂且不论民众是否已经原谅,单看媒体的评论文章,不少已经表示了认可,《经济观察报》、《燕赵都市报》先后刊登了《王石道歉 万科真理面前多走了一步》、《王石道歉值得欢迎 民众质疑并非道德勒索》。同时,万科也开始迅速展开危机公关,很多网站已经尽量不发表关于万科的评论文章。

第二步,补增捐款。

2008 年 5 月 21 日,万科发出"补捐"公告,称将参与四川地震灾区的临时安置、灾后恢复与重建工作,该工作为纯公益性质,净支出额度为人民币 1 亿元。然而万科的大笔补捐行动并未获得大众的认可,民众普遍认为,这只不过是王石迫于压力而作出的妥协。同时,更有传闻猜测万科有意在当地投资商品住宅、旅游开发业务,或在四川地震灾后重建中寻找业务机会。

5 月 23 日,《北京晨报》的文章《舆论质疑万科捐款是要圈地 王石仍未脱困"捐款门"》再次令万科感到了形势的严峻。第二天,万科通过新浪房产再次发表声明,表示公司参与四川地震灾区的临时安置、灾后恢复与重建工作是完全无偿的,不收取任何直接与间接经济回报,不回收任何成本的纯公益性质,万科在本次地震灾后重建的全过程中,不承揽任何有回报的重建业务。此外,万科不考虑在遵道镇乃至整个绵竹市开展商品住宅、旅游开发或其他任何内容的商业投资活动。

第三步,回应质疑,再次道歉。

6 月 5 日,万科临时股东大会高票通过 1 亿元援建四川灾区的议案,同时还播放了时长 25 分钟的万科在四川救灾的纪录片,煽情感人的画面赚取了现场人员不少眼泪，事后多名记者表示这项"公关活动"颇为成功。

会上，王石针对此前在博客上的言论向股东表示无条件道歉："万科对救灾作出了很大努力，但没有得到社会承认。很大原因是因为我在博客上不合适地回答了网友提问，在这里我向各位股东无条件道歉，不做任何辩解。"并表示今后将加强自身修养，并建立万科新闻发言人制度，避免因其个人言论引起股价波动，对股东造成不必要的损失。

第二天，《信息时报》发表了《王石成功脱身"捐款门"危机公关保万科招牌》，认为万科此次危机事件处理得甚为成功。6月11日的《新京报》则表示《"捐款门"的救赎 且看强势王石如何约束言行》，采取了静观其变的态度。

至此，持续近一个月的万科"捐款风波"暂时告一段落，而在搜房网进行的调查中，有接近七成的网友对王石的道歉表示接受，一位网友在留言中写道，"虽然王石比起巴菲特还有一些差距，不过比起国内许多有钱人，王石表现一直还是不错的，不能因为说错几句话而抹杀他。"

专家点评：

1. 态度决定一切

这次万科代言人王石的不当言行导致的万科地震，深究其原因在于王石作为公众人物，忽视了自己言行的公众影响力。在回应公众质疑的时候，采用的不是真诚面对的态度，而是在自己的博客上用"逐条分解对质"的方式跟网友进行公然辩解。王石这种做法无疑让人们认为他难以信任。

2. 错过最佳时间

在危机处理中，时间是很宝贵的，任何拖延都有可能令事态恶化。从危机爆发的15日开始，到21号王石道歉，经过了整整一周的时间。在这一周中，所有的舆论都是对万科和王石的不满。此时才作出回应，显然已经过了危机最佳修复时间。在这段时间里，舆论对王石和万科的不满已经全面扩大，此时道歉只能让公众认为万科是迫于压力的补救行为。

3. 与媒体的沟通不当

作为重要的社会力量，媒体在很大程度上影响着公众的认知、反应和态度，在企业的危机管理中起着不可替代的作用。对企业而言，媒体既是危机爆发的途径，又是危机控制与解决的关键因素。在地震救灾中，王石和万科一刻都没有停，从公司的反应速度看，灾难后48小时的万科和王石的反应都还算是合适的。但由于这些在当时都不是公开信息，大多数的网友和媒体只看到了"沉默的万科"。这也从侧面反映出，企业并没有实施良好的媒介管理。也就是说，万科在做了好事的时候没有令其出门，坏事的时候又没能及时澄清。所以与媒介的不当沟通也导致了事态的不良发展。

资料来源：部分源于：张倩，赵培. 从万科捐款门事件看企业危机公关危机诱因. 产权导刊，2008（7）.

复习思考题

1. 什么是信息？什么是信息流？
2. 按照信息量的多少及传播规模的大小，可将信息流划分为哪三大类？
3. 危机中信息传播的困境有哪些？
4. 危机中的信息管理活动需要遵循哪些基本原则？
5. 影响危机信息管理的环境因素主要有哪些？
6. 不同危机管理阶段的信息管理策略有何不同？

附录 A　中华人民共和国突发事件应对法①

目　　录

第一章　总　　则

第一条　为了预防和减少突发事件的发生，控制、减轻和消除突发事件引起的严重社会危害，规范突发事件应对活动，保护人民生命财产安全，维护国家安全、公共安全、环境安全和社会秩序，制定本法。

第二条　突发事件的预防与应急准备、监测与预警、应急处置与救援、事后恢复与重建等应对活动，适用本法。

第三条　本法所称突发事件，是指突然发生，造成或者可能造成严重社会危害，需要采取应急处置措施予以应对的自然灾害、事故灾难、公共卫生事件和社会安全事件。

按照社会危害程度、影响范围等因素，自然灾害、事故灾难、公共卫生事件分为特别重大、重大、较大和一般四级。法律、行政法规或者国务院另有规定的，从其规定。

突发事件的分级标准由国务院或者国务院确定的部门制定。

第四条　国家建立统一领导、综合协调、分类管理、分级负责、属地管理为主的应急管理体制。

第五条　突发事件应对工作实行预防为主、预防与应急相结合的原则。国家

---

① 2007 年 8 月 30 日第十届全国人民代表大会常务委员会第二十九次会议通过。

建立重大突发事件风险评估体系，对可能发生的突发事件进行综合性评估，减少重大突发事件的发生，最大限度地减轻重大突发事件的影响。

第六条 国家建立有效的社会动员机制，增强全民的公共安全和防范风险的意识，提高全社会的避险救助能力。

第七条 县级人民政府对本行政区域内突发事件的应对工作负责；涉及两个以上行政区域的，由有关行政区域共同的上一级人民政府负责，或者由各有关行政区域的上一级人民政府共同负责。

突发事件发生后，发生地县级人民政府应当立即采取措施控制事态发展，组织开展应急救援和处置工作，并立即向上一级人民政府报告，必要时可以越级上报。

突发事件发生地县级人民政府不能消除或者不能有效控制突发事件引起的严重社会危害的，应当及时向上级人民政府报告。上级人民政府应当及时采取措施，统一领导应急处置工作。

法律、行政法规规定由国务院有关部门对突发事件的应对工作负责的，从其规定；地方人民政府应当积极配合并提供必要的支持。

第八条 国务院在总理领导下研究、决定和部署特别重大突发事件的应对工作；根据实际需要，设立国家突发事件应急指挥机构，负责突发事件应对工作；必要时，国务院可以派出工作组指导有关工作。

县级以上地方各级人民政府设立由本级人民政府主要负责人、相关部门负责人、驻当地中国人民解放军和中国人民武装警察部队有关负责人组成的突发事件应急指挥机构，统一领导、协调本级人民政府各有关部门和下级人民政府开展突发事件应对工作；根据实际需要，设立相关类别突发事件应急指挥机构，组织、协调、指挥突发事件应对工作。

上级人民政府主管部门应当在各自职责范围内，指导、协助下级人民政府及其相应部门做好有关突发事件的应对工作。

第九条 国务院和县级以上地方各级人民政府是突发事件应对工作的行政领导机关，其办事机构及具体职责由国务院规定。

第十条 有关人民政府及其部门作出的应对突发事件的决定、命令，应当及时公布。

第十一条 有关人民政府及其部门采取的应对突发事件的措施，应当与突发事件可能造成的社会危害的性质、程度和范围相适应；有多种措施可供选择的，应当选择有利于最大程度地保护公民、法人和其他组织权益的措施。

公民、法人和其他组织有义务参与突发事件应对工作。

第十二条 有关人民政府及其部门为应对突发事件，可以征用单位和个人的财产。被征用的财产在使用完毕或者突发事件应急处置工作结束后，应当及时返还。财产被征用或者征用后毁损、灭失的，应当给予补偿。

第十三条 因采取突发事件应对措施，诉讼、行政复议、仲裁活动不能正常进行的，适用有关时效中止和程序中止的规定，但法律另有规定的除外。

第十四条 中国人民解放军、中国人民武装警察部队和民兵组织依照本法和其他有关法律、行政法规、军事法规的规定以及国务院、中央军事委员会的命令，参加突发事件的应急救援和处置工作。

第十五条 中华人民共和国政府在突发事件的预防、监测与预警、应急处置与救援、事后恢复与重建等方面，同外国政府和有关国际组织开展合作与交流。

第十六条 县级以上人民政府作出应对突发事件的决定、命令，应当报本级人民代表大会常务委员会备案；突发事件应急处置工作结束后，应当向本级人民代表大会常务委员会作出专项工作报告。

第二章 预防与应急准备

第十七条 国家建立健全突发事件应急预案体系。

国务院制订国家突发事件总体应急预案，组织制订国家突发事件专项应急预案；国务院有关部门根据各自的职责和国务院相关应急预案，制订国家突发事件部门应急预案。

地方各级人民政府和县级以上地方各级人民政府有关部门根据有关法律、法规、规章、上级人民政府及其有关部门的应急预案以及本地区的实际情况，制订相应的突发事件应急预案。

应急预案制订机关应当根据实际需要和情势变化，适时修订应急预案。应急预案的制订、修订程序由国务院规定。

第十八条 应急预案应当根据本法和其他有关法律、法规的规定，针对突发事件的性质、特点和可能造成的社会危害，具体规定突发事件应急管理工作的组织指挥体系与职责和突发事件的预防与预警机制、处置程序、应急保障措施以及事后恢复与重建措施等内容。

第十九条 城乡规划应当符合预防、处置突发事件的需要，统筹安排应对突发事件所必需的设备和基础设施建设，合理确定应急避难场所。

第二十条 县级人民政府应当对本行政区域内容易引发自然灾害、事故灾难和公共卫生事件的危险源、危险区域进行调查、登记、风险评估，定期进行检查、监控，并责令有关单位采取安全防范措施。

省级和设区的市级人民政府应当对本行政区域内容易引发特别重大、重大突发事件的危险源、危险区域进行调查、登记、风险评估，组织进行检查、监控，并责令有关单位采取安全防范措施。

县级以上地方各级人民政府按照本法规定登记的危险源、危险区域，应当按照国家规定及时向社会公布。

第二十一条　县级人民政府及其有关部门、乡级人民政府、街道办事处、居民委员会、村民委员会应当及时调解处理可能引发社会安全事件的矛盾纠纷。

第二十二条　所有单位应当建立健全安全管理制度，定期检查本单位各项安全防范措施的落实情况，及时消除事故隐患；掌握并及时处理本单位存在的可能引发社会安全事件的问题，防止矛盾激化和事态扩大；对本单位可能发生的突发事件和采取安全防范措施的情况，应当按照规定及时向所在地人民政府或者人民政府有关部门报告。

第二十三条　矿山、建筑施工单位和易燃易爆物品、危险化学品、放射性物品等危险物品的生产、经营、储运、使用单位，应当制订具体应急预案，并对生产经营场所、有危险物品的建筑物、构筑物及周边环境开展隐患排查，及时采取措施消除隐患，防止发生突发事件。

第二十四条　公共交通工具、公共场所和其他人员密集场所的经营单位或者管理单位应当制订具体应急预案，为交通工具和有关场所配备报警装置和必要的应急救援设备、设施，注明其使用方法，并显著标明安全撤离的通道、路线，保证安全通道、出口的畅通。

有关单位应当定期检测、维护其报警装置和应急救援设备、设施，使其处于良好状态，确保正常使用。

第二十五条　县级以上人民政府应当建立健全突发事件应急管理培训制度，对人民政府及其有关部门负有处置突发事件职责的工作人员定期进行培训。

第二十六条　县级以上人民政府应当整合应急资源，建立或者确定综合性应急救援队伍。人民政府有关部门可以根据实际需要设立专业应急救援队伍。

县级以上人民政府及其有关部门可以建立由成年志愿者组成的应急救援队伍。单位应当建立由本单位职工组成的专职或者兼职应急救援队伍。

县级以上人民政府应当加强专业应急救援队伍与非专业应急救援队伍的合作，联合培训、联合演练，提高合成应急、协同应急的能力。

第二十七条 国务院有关部门、县级以上地方各级人民政府及其有关部门、有关单位应当为专业应急救援人员购买人身意外伤害保险，配备必要的防护装备和器材，减少应急救援人员的人身风险。

第二十八条 中国人民解放军、中国人民武装警察部队和民兵组织应当有计划地组织开展应急救援的专门训练。

第二十九条 县级人民政府及其有关部门、乡级人民政府、街道办事处应当组织开展应急知识的宣传普及活动和必要的应急演练。

居民委员会、村民委员会、企业事业单位应当根据所在地人民政府的要求，结合各自的实际情况，开展有关突发事件应急知识的宣传普及活动和必要的应急演练。

新闻媒体应当无偿开展突发事件预防与应急、自救与互救知识的公益宣传。

第三十条 各级各类学校应当把应急知识教育纳入教学内容，对学生进行应急知识教育，培养学生的安全意识和自救与互救能力。

教育主管部门应当对学校开展应急知识教育进行指导和监督。

第三十一条 国务院和县级以上地方各级人民政府应当采取财政措施，保障突发事件应对工作所需经费。

第三十二条 国家建立健全应急物资储备保障制度，完善重要应急物资的监管、生产、储备、调拨和紧急配送体系。

设区的市级以上人民政府和突发事件易发、多发地区的县级人民政府应当建立应急救援物资、生活必需品和应急处置装备的储备制度。

县级以上地方各级人民政府应当根据本地区的实际情况，与有关企业签订协议，保障应急救援物资、生活必需品和应急处置装备的生产、供给。

第三十三条 国家建立健全应急通信保障体系，完善公用通信网，建立有线与无线相结合、基础电信网络与机动通信系统相配套的应急通信系统，确保突发事件应对工作的通信畅通。

第三十四条 国家鼓励公民、法人和其他组织为人民政府应对突发事件工作提供物资、资金、技术支持和捐赠。

第三十五条 国家发展保险事业，建立国家财政支持的巨灾风险保险体系，并鼓励单位和公民参加保险。

第三十六条 国家鼓励、扶持具备相应条件的教学科研机构培养应急管理专门人才，鼓励、扶持教学科研机构和有关企业研究开发用于突发事件预防、监测、预警、应急处置与救援的新技术、新设备和新工具。

第三章 监测与预警

第三十七条 国务院建立全国统一的突发事件信息系统。

县级以上地方各级人民政府应当建立或者确定本地区统一的突发事件信息系统，汇集、储存、分析、传输有关突发事件的信息，并与上级人民政府及其有关部门、下级人民政府及其有关部门、专业机构和监测网点的突发事件信息系统实现互联互通，加强跨部门、跨地区的信息交流与情报合作。

第三十八条 县级以上人民政府及其有关部门、专业机构应当通过多种途径收集突发事件信息。

县级人民政府应当在居民委员会、村民委员会和有关单位建立专职或者兼职信息报告员制度。

获悉突发事件信息的公民、法人或者其他组织，应当立即向所在地人民政府、有关主管部门或者指定的专业机构报告。

第三十九条 地方各级人民政府应当按照国家有关规定向上级人民政府报送突发事件信息。县级以上人民政府有关主管部门应当向本级人民政府相关部门通报突发事件信息。专业机构、监测网点和信息报告员应当及时向所在地人民政府及其有关主管部门报告突发事件信息。

有关单位和人员报送、报告突发事件信息，应当做到及时、客观、真实，不得迟报、谎报、瞒报、漏报。

第四十条 县级以上地方各级人民政府应当及时汇总分析突发事件隐患和预警信息，必要时组织相关部门、专业技术人员、专家学者进行会商，对发生突发事件的可能性及其可能造成的影响进行评估；认为可能发生重大或者特别重大突发事件的，应当立即向上级人民政府报告，并向上级人民政府有关部门、当地驻军和可能受到危害的毗邻或者相关地区的人民政府通报。

第四十一条 国家建立健全突发事件监测制度。

县级以上人民政府及其有关部门应当根据自然灾害、事故灾难和公共卫生事件的种类和特点，建立健全基础信息数据库，完善监测网络，划分监测区域，确定监测点，明确监测项目，提供必要的设备、设施，配备专职或者兼职人员，对可能发生的突发事件进行监测。

第四十二条 国家建立健全突发事件预警制度。

可以预警的自然灾害、事故灾难和公共卫生事件的预警级别，按照突发事件发生的紧急程度、发展势态和可能造成的危害程度分为一级、二级、三级和四级，分别用红色、橙色、黄色和蓝色标示，一级为最高级别。

预警级别的划分标准由国务院或者国务院确定的部门制定。

第四十三条 可以预警的自然灾害、事故灾难或者公共卫生事件即将发生或者发生的可能性增大时，县级以上地方各级人民政府应当根据有关法律、行政法规和国务院规定的权限和程序，发布相应级别的警报，决定并宣布有关地区进入预警期，同时向上一级人民政府报告，必要时可以越级上报，并向当地驻军和可能受到危害的毗邻或者相关地区的人民政府通报。

第四十四条 发布三级、四级警报，宣布进入预警期后，县级以上地方各级人民政府应当根据即将发生的突发事件的特点和可能造成的危害，采取下列措施：

（一）启动应急预案；

（二）责令有关部门、专业机构、监测网点和负有特定职责的人员及时收集、报告有关信息，向社会公布反映突发事件信息的渠道，加强对突发事件发生、发展情况的监测、预报和预警工作；

（三）组织有关部门和机构、专业技术人员、有关专家学者，随时对突发事件信息进行分析评估，预测发生突发事件可能性的大小、影响范围和强度以及可能发生的突发事件的级别；

（四）定时向社会发布与公众有关的突发事件预测信息和分析评估结果，并对相关信息的报道工作进行管理；

（五）及时按照有关规定向社会发布可能受到突发事件危害的警告，宣传避免、减轻危害的常识，公布咨询电话。

第四十五条 发布一级、二级警报，宣布进入预警期后，县级以上地方各级人民政府除采取本法第四十四条规定的措施外，还应当针对即将发生的突发事件的特点和可能造成的危害，采取下列一项或者多项措施：

（一）责令应急救援队伍、负有特定职责的人员进入待命状态，并动员后备人员做好参加应急救援和处置工作的准备；

（二）调集应急救援所需物资、设备、工具，准备应急设施和避难场所，并确保其处于良好状态、随时可以投入正常使用；

（三）加强对重点单位、重要部位和重要基础设施的安全保卫，维护社会治安秩序；

（四）采取必要措施，确保交通、通信、供水、排水、供电、供气、供热等公共设施的安全和正常运行；

（五）及时向社会发布有关采取特定措施避免或者减轻危害的建议、劝告；

（六）转移、疏散或者撤离易受突发事件危害的人员并予以妥善安置，转移重要财产；

（七）关闭或者限制使用易受突发事件危害的场所，控制或者限制容易导致危害扩大的公共场所的活动；

（八）法律、法规、规章规定的其他必要的防范性、保护性措施。

第四十六条 对即将发生或者已经发生的社会安全事件，县级以上地方各级人民政府及其有关主管部门应当按照规定向上一级人民政府及其有关主管部门报告，必要时可以越级上报。

第四十七条 发布突发事件警报的人民政府应当根据事态的发展，按照有关规定适时调整预警级别并重新发布。

有事实证明不可能发生突发事件或者危险已经解除的，发布警报的人民政府应当立即宣布解除警报，终止预警期，并解除已经采取的有关措施。

第四章 应急处置与救援

第四十八条 突发事件发生后，履行统一领导职责或者组织处置突发事件的人民政府应当针对其性质、特点和危害程度，立即组织有关部门，调动应急救援队伍和社会力量，依照本章的规定和有关法律、法规、规章的规定采取应急处置措施。

第四十九条 自然灾害、事故灾难或者公共卫生事件发生后，履行统一领导职责的人民政府可以采取下列一项或者多项应急处置措施：

（一）组织营救和救治受害人员，疏散、撤离并妥善安置受到威胁的人员以及采取其他救助措施；

（二）迅速控制危险源，标明危险区域，封锁危险场所，划定警戒区，实行交通管制以及其他控制措施；

（三）立即抢修被损坏的交通、通信、供水、排水、供电、供气、供热等公共设施，向受到危害的人员提供避难场所和生活必需品，实施医疗救护和卫生防疫以及其他保障措施；

（四）禁止或者限制使用有关设备、设施，关闭或者限制使用有关场所，中止人员密集的活动或者可能导致危害扩大的生产经营活动以及采取其他保护措施；

（五）启用本级人民政府设置的财政预备费和储备的应急救援物资，必要时调用其他急需物资、设备、设施、工具；

（六）组织公民参加应急救援和处置工作，要求具有特定专长的人员提供服务；

（七）保障食品、饮用水、燃料等基本生活必需品的供应；

（八）依法从严惩处囤积居奇、哄抬物价、制假售假等扰乱市场秩序的行为，稳定市场价格，维护市场秩序；

（九）依法从严惩处哄抢财物、干扰破坏应急处置工作等扰乱社会秩序的行为，维护社会治安；

（十）采取防止发生次生、衍生事件的必要措施。

第五十条　社会安全事件发生后，组织处置工作的人民政府应当立即组织有关部门并由公安机关针对事件的性质和特点，依照有关法律、行政法规和国家其他有关规定，采取下列一项或者多项应急处置措施：

（一）强制隔离使用器械相互对抗或者以暴力行为参与冲突的当事人，妥善解决现场纠纷和争端，控制事态发展；

（二）对特定区域内的建筑物、交通工具、设备、设施以及燃料、燃气、电力、水的供应进行控制；

（三）封锁有关场所、道路，查验现场人员的身份证件，限制有关公共场所内的活动；

（四）加强对易受冲击的核心机关和单位的警卫，在国家机关、军事机关、国家通讯社、广播电台、电视台、外国驻华使领馆等单位附近设置临时警戒线；

（五）法律、行政法规和国务院规定的其他必要措施。

严重危害社会治安秩序的事件发生时，公安机关应当立即依法出动警力，根据现场情况依法采取相应的强制性措施，尽快使社会秩序恢复正常。

第五十一条　发生突发事件，严重影响国民经济正常运行时，国务院或者国务院授权的有关主管部门可以采取保障、控制等必要的应急措施，保障人民群众的基本生活需要，最大限度地减轻突发事件的影响。

第五十二条　履行统一领导职责或者组织处置突发事件的人民政府，必要时可以向单位和个人征用应急救援所需设备、设施、场地、交通工具和其他物资，请求其他地方人民政府提供人力、物力、财力或者技术支援，要求生产、供应生活必需品和应急救援物资的企业组织生产、保证供给，要求提供医疗、交通等公共服务的组织提供相应的服务。

履行统一领导职责或者组织处置突发事件的人民政府，应当组织协调运输经营单位，优先运送处置突发事件所需物资、设备、工具、应急救援人员和受到突发事件危害的人员。

第五十三条　履行统一领导职责或者组织处置突发事件的人民政府，应当按照有关规定统一、准确、及时发布有关突发事件事态发展和应急处置工作的信息。

第五十四条　任何单位和个人不得编造、传播有关突发事件事态发展或者应急处置工作的虚假信息。

第五十五条　突发事件发生地的居民委员会、村民委员会和其他组织应当按照当地人民政府的决定、命令，进行宣传动员，组织群众开展自救和互救，协助维护社会秩序。

第五十六条　受到自然灾害危害或者发生事故灾难、公共卫生事件的单位，应当立即组织本单位应急救援队伍和工作人员营救受害人员，疏散、撤离、安置受到威胁的人员，控制危险源，标明危险区域，封锁危险场所，并采取其他防止危害扩大的必要措施，同时向所在地县级人民政府报告；对因本单位的问题引发的或者主体是本单位人员的社会安全事件，有关单位应当按照规定上报情况，并迅速派出负责人赶赴现场开展劝解、疏导工作。

突发事件发生地的其他单位应当服从人民政府发布的决定、命令，配合人民政府采取的应急处置措施，做好本单位的应急救援工作，并积极组织人员参加所在地的应急救援和处置工作。

第五十七条　突发事件发生地的公民应当服从人民政府、居民委员会、村民委员会或者所属单位的指挥和安排，配合人民政府采取的应急处置措施，积极参加应急救援工作，协助维护社会秩序。

第五章　事后恢复与重建

第五十八条　突发事件的威胁和危害得到控制或者消除后，履行统一领导职责或者组织处置突发事件的人民政府应当停止执行依照本法规定采取的应急处置措施，同时采取或者继续实施必要措施，防止发生自然灾害、事故灾难、公共卫生事件的次生、衍生事件或者重新引发社会安全事件。

第五十九条　突发事件应急处置工作结束后，履行统一领导职责的人民政府应当立即组织对突发事件造成的损失进行评估，组织受影响地区尽快恢复生产、生活、工作和社会秩序，制订恢复重建计划，并向上一级人民政府报告。

受突发事件影响地区的人民政府应当及时组织和协调公安、交通、铁路、民航、邮电、建设等有关部门恢复社会治安秩序，尽快修复被损坏的交通、通信、供水、排水、供电、供气、供热等公共设施。

第六十条 受突发事件影响地区的人民政府开展恢复重建工作需要上一级人民政府支持的，可以向上一级人民政府提出请求。上一级人民政府应当根据受影响地区遭受的损失和实际情况，提供资金、物资支持和技术指导，组织其他地区提供资金、物资和人力支援。

第六十一条 国务院根据受突发事件影响地区遭受损失的情况，制定扶持该地区有关行业发展的优惠政策。

受突发事件影响地区的人民政府应当根据本地区遭受损失的情况，制订救助、补偿、抚慰、抚恤、安置等善后工作计划并组织实施，妥善解决因处置突发事件引发的矛盾和纠纷。

公民参加应急救援工作或者协助维护社会秩序期间，其在本单位的工资待遇和福利不变；表现突出、成绩显著的，由县级以上人民政府给予表彰或者奖励。

县级以上人民政府对在应急救援工作中伤亡的人员依法给予抚恤。

第六十二条 履行统一领导职责的人民政府应当及时查明突发事件的发生经过和原因，总结突发事件应急处置工作的经验教训，制定改进措施，并向上一级人民政府提出报告。

第六章　法律责任

第六十三条 地方各级人民政府和县级以上各级人民政府有关部门违反本法规定，不履行法定职责的，由其上级行政机关或者监察机关责令改正；有下列情形之一的，根据情节对直接负责的主管人员和其他直接责任人员依法给予处分：

（一）未按规定采取预防措施，导致发生突发事件，或者未采取必要的防范措施，导致发生次生、衍生事件的；

（二）迟报、谎报、瞒报、漏报有关突发事件的信息，或者通报、报送、公布虚假信息，造成后果的；

（三）未按规定及时发布突发事件警报、采取预警期的措施，导致损害发生的；

（四）未按规定及时采取措施处置突发事件或者处置不当，造成后果的；

（五）不服从上级人民政府对突发事件应急处置工作的统一领导、指挥和协调的；

（六）未及时组织开展生产自救、恢复重建等善后工作的；

（七）截留、挪用、私分或者变相私分应急救援资金、物资的；

（八）不及时归还征用的单位和个人的财产，或者对被征用财产的单位和个人不按规定给予补偿的。

第六十四条　有关单位有下列情形之一的，由所在地履行统一领导职责的人民政府责令停产停业，暂扣或者吊销许可证或者营业执照，并处五万元以上二十万元以下的罚款；构成违反治安管理行为的，由公安机关依法给予处罚：

（一）未按规定采取预防措施，导致发生严重突发事件的；

（二）未及时消除已发现的可能引发突发事件的隐患，导致发生严重突发事件的；

（三）未做好应急设备、设施日常维护、检测工作，导致发生严重突发事件或者突发事件危害扩大的；

（四）突发事件发生后，不及时组织开展应急救援工作，造成严重后果的。

前款规定的行为，其他法律、行政法规规定由人民政府有关部门依法决定处罚的，从其规定。

第六十五条　违反本法规定，编造并传播有关突发事件事态发展或者应急处置工作的虚假信息，或者明知是有关突发事件事态发展或者应急处置工作的虚假信息而进行传播的，责令改正，给予警告；造成严重后果的，依法暂停其业务活动或者吊销其执业许可证；负有直接责任的人员是国家工作人员的，还应当对其依法给予处分；构成违反治安管理行为的，由公安机关依法给予处罚。

第六十六条　单位或者个人违反本法规定，不服从所在地人民政府及其有关部门发布的决定、命令或者不配合其依法采取的措施，构成违反治安管理行为的，由公安机关依法给予处罚。

第六十七条　单位或者个人违反本法规定，导致突发事件发生或者危害扩大，给他人人身、财产造成损害的，应当依法承担民事责任。

第六十八条　违反本法规定，构成犯罪的，依法追究刑事责任。

第七章　附　　则

第六十九条　发生特别重大突发事件，对人民生命财产安全、国家安全、公共安全、环境安全或者社会秩序构成重大威胁，采取本法和其他有关法律、法规、规章规定的应急处置措施不能消除或者有效控制、减轻其严重社会危害，需要进入紧急状态的，由全国人民代表大会常务委员会或者国务院依照宪法和其他有关法律规定的权限和程序决定。

紧急状态期间采取的非常措施，依照有关法律规定执行或者由全国人民代表大会常务委员会另行规定。

第七十条 本法自 2007 年 11 月 1 日起施行。

附录 B 华盛顿特区危机管理组织体系

1. 华盛顿特区政府危机管理机构

华盛顿特区危机管理局（Emergency Management Agency，EMA）是华盛顿市负责危机管理的主要机构，危机管理局的前身是危机准备办公室，1998年更名为危机管理局，名称的变化同时也反映了该机构工作中心的变化：从简单地确保华盛顿市做好应付危机的准备工作，发展到对危机进行综合的治理。

危机管理局全年365天，每天24小时不间断地工作，在各政府部门中是极为少见的。管理局的操作人员连续不断地监控城市的各项活动，包括天气状况、火情和其他紧急情况；负责监控一年一度的庆典，以及游行、集会、抗议等活动；协调城市对灾难、危机、极端天气状况的反应行动也是危机管理局的主要任务。在大多数情况下，危机管理局并不孤立地行动，而是与首都警察局、哥伦比亚特区消防局、紧急医疗服务机构以及主要的能源公司和红十字会、救援部队等其他危机反应机构密切合作。通过各种计划和措施，危机管理局能够帮助减低市民和商业机构面临灾难的风险。

危机管理局执行中心是特区危机管理局最重要的分支机构，同样是一周七天全天候地工作。在危机发生期间，执行中心是负责各项事务具体操作和信息交流的主要部门，该中心利用最新的信息系统软件监控警察局、消防局和医疗服务机构的通信系统，并且通过电报交换机同国家气象局、华盛顿地区警报系统和国家警报系统保持联系。执行中心承担四项主要职能：① 作为应对地方和国家危机、灾难以及地方特殊事件的主要执行机构；② 在危机期间，收集、分析、记录和发布用于决策的主要信息；③ 为地区和联邦机构，包括哥伦比亚特区国民警卫队、特区军队、联邦危机管理局、市议会等提供信息交流的平台；④ 指派人员指导危机管理活动，确保危机期间最大限度利用各种资源。

在危机期间，执行中心是情报汇集处和资源调配中心。特区、联邦的职员以及私人机构都要向执行中心汇报工作，并作为联络人协同危机管理局解决危机所带来的种种问题。执行中心还有责任确保市内大型活动的安全进行，如社区节日、参观访问等，现场观察员和联络人具体负责监控这些活动，以便执行中心随时获取活动信息，了解可能发生的情况。

特区危机管理局的另一个重要分支机构是计划培训部，其主要职能是组织培训研讨会、工作组和相关会议；提供到国家危机管理学院培训的机会；协助实行应急计划；促进独立研究项目；进行危机预防的大众教育；推进危机应急计划，协调各种形式的危机反应行动；确定灾难易发地区，并着手减轻潜在的威胁；发展和检验保护生命财产的计划；确定必要的避难所和撤离路线。计划培训部的培训面向各级政府、代表处、商业机构、非营利组织的危机管理服务人员。培训的通知在全市范围内分发，培训日期和地点根据注册人员的具体情况决定。

2. 华盛顿特区危机管理支持系统

华盛顿危机反应计划确定了 15 个领域的责任，称作危机管理支持职能（Emergency Support Functions，ESFs）。这 15 项职能分为两部分，一是最急需的支持，如大众关注、健康医疗服务等；二是维持反应行动的支持，如交通、通信等。每个职能都由华盛顿特区一个相关政府部门负责，一般同该部门日常工作内容相一致，其他有类似职能的组织和部门配合主要部门的工作，在危机管理中共同承担角色。具体如下：

ESFl	交　　通	特区交通局（主要负责部门，下同）
ESF2	通　　信	特区技术办公室
EFS3	公共工程	特区公共建设工程局
EFS4	消　　防	特区消防及紧急医疗服务局
EFS5	信息计划	特区危机管理局
ESF6	大众关注	特区公共事业局
ESF7	资源支持	特区承包与采购办公室
ESF8	卫生医疗	特区卫生局
ESF9	搜索救援	特区消防及紧急医疗服务局
ESF10	危险物质	特区消防及紧急医疗服务局
ESF11	食　　品	特区公共事业局
ESF12	能　　源	特区能源办公室
ESF13	法律执行	特区警察局
ESF14	社区联系	特区市长执行办公室
ESF15	志愿捐助	特区危机管理局

各项支持职能在危机反应计划中有自己特定的位置，各相关政府职能部门各司其职，并在执行中心领导下形成了一种伙伴关系，各个层级间的信息发布和决策执行呈树状结构，如图 B－1 所示。

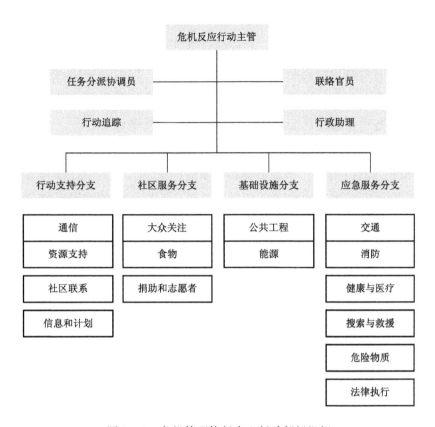

图 B-1　危机管理执行中心行动部门组织

　　特区危机反应行动根据不同需要，要利用到这 15 项职能的部分或全部职能。另外，其中部分职能还对应于特定的联邦政府部门，当需要联邦援助时，根据联邦危机反应计划实施危机管理的支持措施。虽然特区危机反应计划中的第 13、14、15 项支持职能未被纳入联邦危机反应计划中，但是如若现实需要，联邦可以派遣特别人员和部门辅助这三项职能的实施。

　　各项职能应当相互合作，以使各自的效用得以最大限度地发挥。为了防止这 15 项职能无法完全涵盖现实的需要，特区政府可以利用联邦的资源，通过特区合作办公室向联邦合作办公室请求联邦政府的协助。

3. 华盛顿特区各部门和组织的权利义务分配

　　在特区危机反应计划下，特定的组织和部门有明确的任务与职能，所有的组织和部门都按照支持危机管理的 15 项职能分门别类，以确定危机来临时所应承担的具体责任。当各个组织和部门的联络人在危机管理局执行中心集合之后，根据工作性质的相同与否，原有的 15 项支持职能被集合成四大部分，如图 B-2 所示：执行部、信息计划部、后勤部与财政管理部，共同组成危机后果管理部队，由管理部队的主管统一领导。该主管可以是特区市长或者市长任命的人，通常是特区危机管理局局长。

当特区危机反应计划开始实施，危机后果管理部队也已经组成的时候，各组织和部门的长官仍然要对其职责内的日常工作负责，同时兼顾管理部队指派的有关危机管理任务。危机后果管理部队的主管主要负责指导和管理整个部队的协作与行动，决定各项行动的优先顺序，以及随时改进行动计划。

以下的个人及部门无论在平常还是危机反应中都有应急责任。

（1）市长行政办公室。市长负责特区所有的危机防备工作。作为首席执行长官，市长在危机管理中扮演着领导和指导的角色。当公共危机发生时，市长及其手下职员要亲临危机现场，根据危机的现实状况和行动需要，决定反应行动的等级。市长可以作为危机后果管理部队的主管与执行中心直接合作，也可以指派其他官员直接指导管理部队，市长还可以进行官方的严重灾难宣告。市长和办公室的主要执行职员应该在特区危机反应计划的框架下进行危机管理的指导工作，如果形势需要，市长还应该积极与联邦政府联系，请求联邦支援以应对超出特区承受能力的重大危机。当然，市长也有权不经过联邦危机管理局而直接向总统提出援助请求。

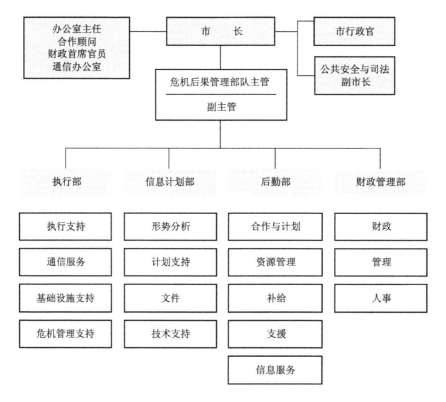

图 B - 2　危机后果管理部队示意图

（2）城市行政官。城市行政官负责监控和协助特区各政府部门运送特区范围内的资源。危机管理期间，当市长职位出现空缺时，拟由城市行政官代行市长之职，也可充任危机后果管理部队的主管。

（3）公共安全和司法副市长。公共安全和司法副市长主管城市所有的公共安全和司法部门，包括市警察局、特区消防局、紧急医疗服务机构、医疗检查办公室、犯罪校正处以及危机管理局。在危机管理中，公共安全和司法副市长就成为危机管理服务组的主席，同时和城市行政官共同领导危机管理准备委员会。公共危机一旦发生，公共安全和司法副市长则要承担从指挥市警察局到协助市长行动的多重任务。

资料来源：赵成根．国外大城市危机管理模式研究．北京：北京大学出版社，2006.

参 考 文 献

[1] 鲍勇剑，陈百助．危机管理：当最坏的情况发生时．上海：复旦大学出版社，2003．

[2] 林德布洛姆．决策过程．竺乾威，胡君芳，译．上海：译文出版社，1988．

[3] 陈力丹．舆论学．北京：中国广播电视出版社，1999．

[4] 陈天峰，王晶．高效执行案例及操作要点分析．北京：企业管理出版社，2005．

[5] 畅铁民．企业危机管理．北京：科学出版社，2004．

[6] 巴勒特．媒介社会学．赵伯英，译．北京：社会科学文献出版社，1989．

[7] 冯春梅．企业与利益相关者的危机沟通策略研究．北京：中国传媒大学，2006．

[8] 郭惠民．危机管理的公关之道．上海：复旦大学出版社，2006．

[9] 郭庆光．传播学教程．北京：中国人民大学出版社，1999．

[10] 胡百精．危机传播管理．北京：中国传媒大学出版社，2005．

[11] 胡百精．2006中国危机管理报告．北京：中国人民大学出版社，2007．

[12] 何海燕．危机管理概论．北京：首都经济贸易大学出版社，2006．

[13] 米勒．组织传播．袁军，译．北京：华夏出版社，2000．

[14] 希斯．危机管理．王成，宋炳辉，金瑛，译．2版．北京：中信出版社，2004．

[15] 刘钧．风险管理概论．2版．北京：清华大学出版社，2008．

[16] 刘建明．宣传舆论学大辞典．北京：经济日报出版社，1992．

[17] 科塞．社会冲突的功能．孙亚军，译．北京：华夏出版社，1989．

[18] 李瞻．政府公共关系．台北：理论与政策杂志社，1992．

[19] 泷泽正雄．企业危机管理：组织迈向安全经营的法则．香港：高宝国际有限公司，1999．

[20] 希特．布莱克威尔战略管理手册．闫明，胡涛，潘晓曦，等译．北京：东方出版社，2008．

[21] 雷吉斯特，拉尔金．风险问题与危机管理．谢新洲，译．北京：北京大学

出版社，2005.

[22] 危机管理．北京新华信商业风险管理有限责任公司，译校．北京：中国人民大学出版社，2004.

[23] 秦启文，周永康．形象学导论．北京：社会科学文献出版社，2004.

[24] FINK S. Crisis management：planning for the invisible. New York：American Management Association，1986.

[25] 单天才．企业危机管理与媒体应对．北京：清华大学出版社，2007：297.

[26] 沃克，马尔．利益相关者权力．赵宝华，刘彦平，译．北京：经济管理出版社，2005.

[27] 苏伟伦．危机管理：现代企业实务管理手册．北京：中国纺织出版社，2000.

[28] 唐钧．公共部门的危机公关与管理：政府与事业单位的危机公共关系解决方案．北京：中国人民大学出版社，2007.

[29] 田崎笃郎，儿岛和人．大众传播效果研究的展开．东京：东京北树出版社，1992.

[30] 汪传雷．基于生命周期的企业危机信息管理．合肥：安徽大学出版社，2007.

[31] 王曼，白玉苓，王智勇．消费者行为学．北京：机械工业出版社，2008.

[32] 薛澜，张强，钟开斌．危机管理：转型期中国面临的挑战，北京：清华大学出版社，2003.

[33] 肖鹏军．公共危机管理导论．北京：中国人民大学出版社，2006.

[34] 杨春伟，徐苑琳．全球饮料龙头：可口可乐．上海：上海财经大学出版社，2007.

[35] 周永生．现代企业危机管理．上海：复旦大学出版社，2007.

[36] 钟新．危机传播信息流及噪音分析．北京：中国传媒大学出版社，2007.

[37] 招志蕴．探析危机传播中的决策之道［D］．广州：暨南大学，2006.

本书封面贴有清华大学出版社防伪标签，无标签者不得销售。

版权所有，侵权必究。侵权举报电话：010 - 62782989　13501256678　13801310933

图书在版编目（CIP）数据

危机管理战略／余明阳等编著. — 北京：清华大学出版社；北京交通
大学出版社，2009. 9（2023. 7 重印）

ISBN 978 - 7 - 81123 - 726 - 9

Ⅰ. 危…　Ⅱ. 余…　Ⅲ. 紧急事件 - 管理学 - 教材　Ⅳ. C936

中国版本图书馆 CIP 数据核字（2009）第 158810 号

责任编辑：赵彩云
出版发行：清 华 大 学 出 版 社　邮编：100084　电话：010 - 62776969　http://www.tup.tsinghua.edu.cn
　　　　　北京交通大学出版社　邮编：100044　电话：010 - 51686414　http://press.bjtu.edu.cn
印　刷　者：北京虎彩文化传播有限公司
经　　　销：全国新华书店
开　　　本：185×260
印　　　张：19.5
字　　　数：350 千字
版　　　次：2009 年 10 月第 1 版　　2019 年 12 月第 1 次修订　　2023 年 7 月第 5 次印刷
书　　　号：ISBN 978 - 7 - 81123 - 726 - 9/C·71
定　　　价：59.00 元

本书如有质量问题，请向北京交通大学出版社质监组反映。对您的意见和批评，我们表示欢迎和感谢。
投诉电话：010 - 51686043，51686008；传真：010 - 62225406；E-mail：press@bjtu.edu.cn。